실리콘밸리 투데이

실리콘밸리 투데이

2021년 7월 7일 초판 1쇄 인쇄
2021년 7월 14일 초판 1쇄 발행

지은이 | 미스터 실리콘밸리
펴낸이 | 이종춘
펴낸곳 | (주)첨단

주소 | 서울시 마포구 양화로 127 (서교동) 첨단빌딩 3층
전화 | 02-338-9151
팩스 | 02-338-9155
인터넷 홈페이지 | www.goldenowl.co.kr
출판등록 | 2000년 2월 15일 제2000-000035호

본부장 | 홍종훈
디자인 | agentcat
전략마케팅 | 구본철, 차정욱, 나진호, 이동후, 강호묵
제작 | 김유석
경영지원 | 윤정희, 이금선, 최미숙

ISBN 978-89-6030-579-3 13320

황금부엉이에서 출간하고 싶은 원고가 있으신가요? 생각해보신 책의 제목(가제), 내용에 대한 소개, 간단한 자기소개, 연락처를 book@goldenowl.co.kr 메일로 보내주세요. 집필하신 원고가 있다면 원고의 일부 또는 전체를 함께 보내주시면 더욱 좋습니다. 책의 집필이 아닌 기획안을 제안해주셔도 좋습니다. 보내주신 분이 저 자신이라는 마음으로 정성을 다해 검토하겠습니다.

미국 주식 투자, 4차 산업 기업이 답이다!

▶ YouTube

실리콘밸리 투데이

미스터 실리콘밸리('실리콘밸리 투데이' 유튜버) 지음

BM 황금부엉이

4차 산업혁명의 중심지,
실리콘밸리로 초대합니다

테슬라, 애플, 구글, 페이스북, 넷플릭스, 엔비디아…, 이 기업들의 공통점은 무엇일까? 바로 현재 글로벌 시장에서 가장 시가총액이 높은 기업들 중 하나인 동시에 4차 산업혁명의 미래를 주도하고 있는 핵심 테크 기업이라는 점이다. 또 하나 중요한 공통점이 있다. 이 기업들이 설립되고 세계 최고의 기업으로 성장해 모여 있는 곳이 미국에서도 캘리포니아 북부의 '실리콘밸리'라는 공통점이다.

필자는 한국에서 대학교를 마치고 국내 기업에서 근무하다가 경영학 석사(MBA) 과정을 다니기 위해 미국으로 건너갔다. 미국에서 경영학을 공부하면서 세계 경제를 이끄는 선도 산업의 트렌드가 과거 제조업과 금융업에서 이제는 온라인과 모바일 중심의 테크 산업으로 완전히 바뀌는 모습을 생생하게 목격했다.

MBA 과정 중에 실리콘밸리의 유명 테크 기업들을 탐방하는 '테크트랙

(Techtrack)' 프로그램에 참가해 구글, 애플, 페이스북, 마이크로소프트 등을 실제 방문하기도 했다. 그리고 이 기업에서 일하고 있는 선배들과 네트워킹을 하면서 끊임없는 혁신과 도전이 일어나고 있는 실리콘밸리에서 언젠가 한 번은 일해보고 싶다고 생각했다.

지금은 그 생각이 현실이 되어 실리콘밸리에 있는 테크 기업에서 신사업 개발 업무를 담당하고 있다. 담당하는 업무가 신사업 개발이다 보니 실리콘밸리의 성공한 기업들이 처음에 어떻게 시작했고 어떠한 난관이 있었으며 어떤 전략을 갖고 성장하고 있는지 등과 관련해 자연스럽게 조사하고 공부하게 됐다. 좀 더 정확한 정보를 얻기 위해 기업 관계자들의 각종 인터뷰 기사, 기업 관련 뉴스, 사업보고서와 월가 애널리스트 리포트, 유명한 미국 기업 분석 사이트들의 자료와 기업 분석 칼럼 등을 찾아 공부했다. 그러면서 깊이 있고 재미있는 기업의 창업과 성장 스토리, 개인 투자자가 미국 기업에 투자할 때 반드시 알아야 하는 내용까지 알게 됐다.

이렇게 얻은 지식과 인사이트(Insight)를 필자 혼자만 알고 있기에는 아깝다는 생각을 하게 됐다. 그래서 유튜브에 실리콘밸리의 다양한 테크 기업의 이야기를 소개해주는 '실리콘밸리 투데이'를 시작했다. 이 유튜브를 시작하면서 큰 변화들이 생겼다. 무엇보다도 많은 구독자가 보내주는 다양한 의견과 연락이 필자에게 큰 자극이 됐다. 또한, 미국 한인 대상 라디오 채널로 유명한 라디오코리아에 매주 고정 게스트로 참여하게 됐고 이렇게 책으로도 만날 수 있게 됐으니 참으로 감사한 일이 생겼다고 생각한다.

애플이 아이폰을 처음 출시한 2007년 이후부터 도래한 모바일로 인해 세상이 완전히 바뀌는 것을 경험한 미국에서 지금 가장 급속한 산업 변혁기가 또다시 진행 중이다. 전대미문의 코로나19 사태(이하 '코로나')가 사람들의 생각과 행동 패턴을 강제로 바꿔 버리면서 먼 미래의 일이라고만 여겨졌던 4차 산업혁명 시대의 도래를 훨씬 더 앞당겨버린 것이다. 가장 좋은 예가 바로 재택근무의 확산과 더불어 이제는 당연시되어버린 온라인 화상회의의 일상화다.

미국에서는 코로나가 걷잡을 수 없이 심각하게 퍼지자 전국적인 록다운(Lockdown, 봉쇄) 조치가 실행됐다. 기업뿐만 아니라 학교, 쇼핑몰, 레스토랑 등 거의 모든 오프라인 활동이 금지되어 사람들은 집에서 온라인을 통해 활동해야만 하는 상황에 직면하게 된 것이다. 이런 상황 변화의 영향으로 크게 성장한 기업이 많은데 그중 하나가 온라인 화상회의 소프트웨어 기업인 줌이다. 몇 개월 만에 미국뿐만 아니라 전 세계 국가의 초등학생부터 직장인까지 일상적으로 사용하는 글로벌 브랜드가 됐다. 이로 인해 줌은 2019년 7,000억 원대였던 매출액이 불과 1년 만에 4배 이상 급증한 3조 원대에 이르게 됐고 창립 9년 만에 시가총액 100조 원이 넘기도 하는 등 급성장했다.

온라인 쇼핑 분야도 마찬가지다. 인터넷 강국인 한국과는 달리 미국은 그동안 여전히 현금을 사용하는 사람이 많았으며 쇼핑도 온라인보다는 오프라인 매장에서 하는 비중이 훨씬 높았다. 하지만 코로나로 사람들이 오프라인에서 물건을 더 이상 구매할 수 없게 되자 온라인 쇼핑을 하지 않던 사람들까지 어쩔 수 없이 아마존, 쇼피파이, 엣시 등의 온라인 쇼핑몰을 클릭할 수밖에 없게 된 것이다. 그 결과, 온라인 쇼핑몰의 매출이 코로나 이전 대비 30~40% 이상 증가했고 온라인 쇼핑몰을 운영하는 기업의 주가는 천정부지로 치솟았다.

또한, 코로나를 맞아 큰 성장이 기대되는 수많은 테크 기업에 대한 기대가 더욱 고조되는 상황에서 미국 정부가 경제를 떠받치기 위해 시중에 푼 엄청난 자금이 미국 테크 기업 주식으로 유입되어 테크 기업의 주가가 전체적으로 엄청나게 상승했다. 한국의 많은 개인 투자자까지 미국 테크 기업 주식 투자 붐에 편승한 결과, 이제는 미국 기업에 투자한다는 것이 전혀 낯설지 않게 됐다.

하지만 이제는 개인 투자자가 주의해야 할 시기가 왔다. 남들이 미국 주식으로 얼마를 벌었다, 어떤 종목으로 큰 수익을 보았다는 말에 혹해서 무턱대고 미국 주식을 매수했다가는 돈을 벌기는커녕 소중한 재산을 잃을 가능성이 매우 커졌기 때문이다. 전보다 더 미국 기업에 대해 심도 있게 공부하고 왜 이 기업이 좋은지, 미래에 성장 가능성이 얼마나 있는지 다양하게 분석한 다음, 확신이 섰을 때 투자해야 한다.

구글, 애플, 아마존 등 유명한 기업들에 대한 자료들은 한국에도 많이 소개되어 있다. 그런데 최근 새롭게 뜨고 있는 미국의 '최신 테크 기업'들에 대한 정보들은 국내 투자자들이 상대적으로 구하기가 쉽지 않다. 특히 미국의 유망한 테크 기업에 대한 정보는 주로 영어로 되어 있어서 영어에 익숙하지 않은 국내 투자자들이 접근하기에는 어려움이 있다. 미국 주식 정보가 정리된 사이트에 들어가도 영어로 검색해야 한다! 이러니 미국 주식에 투자하고 있거나 하려는 사람들 대부분이 어디서부터 무엇을 어떻게 공부하거나 알아봐야 하는지 막막한 것이 현실이다. 그런 투자자에게 하나의 길잡이가 되었으면 하는 바람으로 이 책을 집필했다.

그리고 또 하나의 집필 이유가 있다. 이미 뜬 기업의 주식보다 조만간에 뜰 가능성이 높은데 아직 사람들이 잘 몰라서 관심을 두지 않는 바람에 가격이 낮은 주식을 산다면 투자 수익률은 당연히 높아진다. 미국 주식 투자에서도 마찬가지다. 한국에는 상대적으로 잘 알려지지 않았지만 미국에서는 크게 주목받고 있거나 기대치가 더욱 높아져 '라이징 스타(Rising Star)'로 불리는 미국 테크 '성장주'의 이야기와 정보를 알려주기 위해 이 책을 집필했다. 남들보다 먼저 '제2의 ○○'이 될 주식을 사는 기회를 독자 여러분은 잡을 것이다.

1장에서는 미국 테크 기업의 성지라 불리는 실리콘밸리에 왜 주목해야하는지, 실리콘밸리는 어떤 곳인지, 실리콘밸리가 테크 기업들의 성지가될 수밖에 없었던 흥미진진한 배경과 역사를 설명했다. 또한, 세계를 선도하는 실리콘밸리에 사는 필자가 글로벌 테크 기업들을 보면서 알게 된 거시적인 테크 트렌드를 통해 앞으로 크게 성장할 영역은 어디인지, 그리고성공적인 주식 투자로 연결하는 방법은 무엇인지를 담았다.

2장에서는 본격적으로 펼쳐질 4차 산업혁명 시대에 큰 성장이 기대되는라이징 스타 테크 기업들의 창업과 사업 성장 스토리, 투자 포인트를 살펴볼 수 있다. 기업의 현황을 단편적인 수박 겉핥기식으로 나열하는 정도가아니라 실리콘밸리 테크 기업들의 과거와 현재 스토리, 그리고 미래 모습예상을 종과 횡으로 입체적으로 이해하게 해준다. 2장을 읽고 나면 현재실리콘밸리에서 선두 기업들이 일으키는 혁신을 통해 앞으로 우리 사회는어떤 모습으로 변할지 머릿속에 큰 그림을 그릴 수 있을 것이다.

마지막 3장에는 독자 여러분이 스스로 미국 기업에 대해 공부할 수 있도록 필자가 유튜브 '실리콘밸리 투데이'에 올릴 동영상을 만들 때 정보를얻는 사이트를 정리해 담았다. 동영상을 만들 때 어디서 자료를 얻는지 물어보는 구독자가 많았는데 이 책을 통해 알 수 있을 것이다. 이 3장이 독자여러분에게 있어 미국 기업의 주가, 재무 정보, 뉴스 등을 바로바로 확인하고 정리하는 방법을 터득할 수 있는 길잡이가 될 것으로 기대한다.

여기서 한 가지 강조하고 싶은 점이 있다. 필자는 이 책에서 소개되는 특정 기업들의 주식을 당장 사야 한다고 매매를 권유하는 것이 아니라는 점이다. 책에서 소개하는 기업들은 필자뿐만 아니라 여러 애널리스트가 미래를 기대하는 좋은 기업이기는 하다. 그렇다고 해도 주식에 투자하는 시기는 해당 기업을 심도 있게 공부하고 해당 기업의 미래 가치 대비 주가가 낮다는 확신이 생겼을 때 남들의 말이 아닌 '본인의 판단' 기준으로 정해야 한다.

미국 증시의 격언 중에 '아무리 좋은 기업이라도 잘못된 가격에 사면 돈을 잃는다'는 말이 있다. 아무리 미래가 좋아 보이는 기업이라도 주가가 크게 급등해 이미 기업 가치가 시장에서 많이 고평가된, 즉 비싸진 상황에서 주식을 매수하면 고점에서 물릴 위험이 크다는 이야기다.

좋은 기업이라고 해도 주가가 최근에 너무 급등했거나 비싸다고 판단된다면 자신이 원하는 주가 수준까지 내려오기를 인내심을 갖고 기다려야만 한다. 주변의 말에 휘둘려 남들이 사니 나도 산다는 식의 부화뇌동 매매를 했다가는 고점에서 사는 바람에 얼마 가지 못하고 큰 손해를 보며 손절(손해를 감수하고 팜)하거나 본의 아니게 오랜 기간 보유하면서 후회하는 사람을 그동안 많이 봤기 때문이다.

만약 주가가 다시 내려갈지, 더 올라갈지 모르는 상황에서 특정 주식을 어떻게든 매수하고 싶다면 자산 일부만을 투자하면서 위험을 반드시 분산시켜야만 한다. 또한, 한 종목에만 투자하지 말고 좋은 기업 여러 개를 골라 분산 투자를 하는 지혜도 필요하다. 분할 매매, 분산 투자는 개인 투자자들이 소중한 자산을 지키기 위해 반드시 명심해야 하는 매매 습관이다.

필자의 유튜브 '실리콘밸리 투데이' 프로필 사진은 미국 서부 최고의 명문이자 테크 기업 인재 양성의 산실인 스탠퍼드대학교 바로 뒤 언덕에 있는 '스탠퍼드 디쉬(Dish)'라고 불리는 전파 망원경이다. 이 언덕은 산책로가 매우 잘 되어 있어 필자도 종종 산책한다.

전파 망원경을 통해 우리가 미처 알지 못했던 멀리 떨어진 더 넓은 세계를 볼 수 있는 것처럼 이 책을 통해 독자 여러분도 여기 실리콘밸리에서 일어나는 다양한 혁신 활동과 세계 산업을 선도하는 테크 기업들이 만드는 엄청난 트렌드를 좀 더 쉽게 접하면서 뛰어난 미국 기업을 발굴하고 수식 투자를 계획함에 있어 도움을 받았으면 좋겠다.

차 례

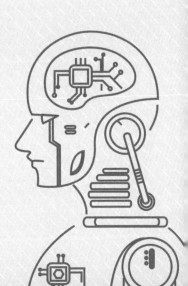

3장
미국 기업의 정보를 내 방에서 보다

한국에서 태어나 대학교를 졸업하고 직장생활을 했던 필자는 폭발적으로 성장하고 있는 세계 테크 산업의 중심지 실리콘밸리에서 언젠가 한 번쯤 일해보고 싶다는 생각을 오랫동안 했었다. 이후 그 꿈이 현실로 이뤄져 실리콘밸리에 자리를 잡았다.

실리콘밸리에서 끊임없는 혁신을 통해 세상의 예상보다 훨씬 더 역동적으로 세계 테크 산업을 이끄는 수많은 기업을 직접 보고 있다. 최근 들어서는 실리콘밸리의 테크 기업들을 잘 모르면 다가오는 4차 산업혁명 시대에 크게 뒤처질 수밖에 없다는 점도 피부로 생생하게 느끼고 있다.

이번 장에서는 바로 이 부분, 즉 4차 산업혁명 시대에 실리콘밸리의 테크 기업들이 왜 중요한지, 왜 반드시 알아야만 하는지에 대한 설명을 담았다. 현재 세계를 선도하는 산업의 트렌드는 과거 10년 전과는 완전히 달라졌다. 우리가 경험하지 못했던 전혀 새로운 시대가 다가오고 있다. 그리고 그 중심에는 지금 이 순간에도 혁신적인 기술 개발과 아이디어를 통해 미래 산업 트렌드를 선도하며 빠르게 성장하고 있는 실리콘밸리의 테크 기업들이 있다.

1장

실리콘밸리를
책에 담다

그다음으로는 실리콘밸리가 어떤 곳인지 궁금해하는 독자 여러분을 위해 한국 토박이였던 필자가 실리콘밸리로 와서 그동안 경험한 체험을 바탕으로 실리콘밸리의 삶과 환경에 대해 소개하고자 한다.

필자가 한국에 있었을 때 늘 궁금했던 것이 있었다. 미국의 수많은 지역 중 어떤 이유로 실리콘밸리가 글로벌 테크 산업을 이끄는 수많은 기업이 탄생하는 곳이 되었는지 말이다. 독자 여러분도 이러한 궁금증이 있었을 것이다. 그 궁금증에 대해서도 이번 장에서 실리콘밸리의 기원과 성장 과정을 역사적인 측면으로 답해주려고 한다.

마지막으로는, 그렇다면 바로 지금 실리콘밸리의 테크 산업은 어디로 가고 있는지. 즉 실리콘밸리의 테크 메가 트렌드는 무엇이며 우리가 주목해서 봐야 하는 라이징 스타 테크 기업들은 어디인지 리스트를 정리해봤다.

4차 산업혁명 시대,
왜 실리콘밸리의 기업들에 대해
알아야만 할까?

　수년 전, 샌프란시스코공항에 내려서 처음 밖으로 나왔을 때를 아직도 잊지 못한다. 따사로운 캘리포니아의 햇살, 활기찬 사람들, 미국 동부에서 경영학을 공부하면서 늘 동경해왔던 실리콘밸리, 그것도 그 중심인 팔로 알토에 드디어 살게 됐다는 가슴 벅찬 두근거림에 비행기를 타고 오는 내내 잠을 이루지 못할 정도였다.

　한국에서 대학교를 졸업하고 회사에 다녔던 필자는 왜 그토록 실리콘밸리에 한 번쯤 살아보고 싶었던 것일까? 그것은 한국의 개인 투자자들이 미국 주식에 투자하기에 앞서 실리콘밸리와 그 지역의 수많은 선도 테크 기업에 대해 반드시 알아야 하는 이유와 일맥상통한다. 애플, 구글, 페이스북, 테슬라, 엔비디아, 인텔, AMD, 우버 등 현재 우리가 사는 시대를 선도하는 최고의 기업들이 바로 실리콘밸리에 있기 때문이다. 또한, 지금 이 순간에도 세계 최고의 인재들이 모여들고 끊임없는 기술 혁신을 이뤄내면서 수많은 엄청난 스타트업이 탄생하는 지역이 바로 이곳 '실리콘밸리'이기 때문이다.

실리콘밸리가 어떤 곳인지, 왜 실리콘밸리가 중요한지, 그리고 실리콘밸리 기업들은 어떻게 새로운 기술을 만들어내고 세계를 선도하는 수백조 원, 수천조 원의 가치를 갖게 되는지에 대해 모르는 채 미국 주식에 무턱대고 투자하려고 한다면 미래 성장을 선도하는 기업들의 진정한 가치와 그 배경을 제대로 이해하지 못해 일생에 다시 오지 않을 좋은 투자 기회를 놓치고 마는 우(愚)를 범할 수 있다. 반대로 실리콘밸리를 중심으로 한 미국 선도 테크 기업들의 과거와 현재를 잘 이해한다면 우리는 미래의 주역이 될 산업과 기술 트렌드뿐 아니라 남들보다 한발 앞서는 귀중한 투자 아이디어를 얻을 수 있을 것이다.

그렇다면 궁금할 것이다. 정말 미국의 테크 기업들이 전 세계 산업의 성장을 선도하고 있는 것이 맞을까? 정말이다. 그런데 여기 한 가지 놀라운 사실이 있다. 미국의 테크 기업들이 세계 산업의 성장을 선도하게 된 시기가 실은 얼마 되지 않았다는 사실이다.

필자는 2000년대 초반에 국내의 다양한 대기업들을 대상으로 사업 성장 전략을 수립하는 프로젝트들을 진행한 적이 있었다. 그때까지만 해도 지금 우리가 아는 구글, 아마존, 애플 등의 글로벌 테크 기업들은 주요 벤치마크 대상이 전혀 아니었다. 그 당시에는 제조업과 금융업 관련 기업들이 혁신의 아이콘으로 인정받았으며, 국내 CEO들의 관심도 매우 뜨거웠다. 그중 가장 인기가 많았던 기업은 바로 GE(제너럴일렉트릭)였다. 특히 1980년대에 어려움에 부닥쳤던 GE를 기사회생시킨 당시 CEO였던 잭 웰치는 거의 전설적인 최고의 경영자로 인정받으며 경영학 관련 책에 늘 등장했다. 수많은 기업은 앞다퉈 GE가 도입했던 식스 시그마(Six Sigma, 100만 개 제품 중 3~4개 제품만 불량품이 나오도록 하는 거의 무결점에 가까운 완벽한 품질 관리를 추구하는 경영 기법) 프로그램을 도입했다. GE의 리더십 개발 센터인 크로톤빌연수원은 CEO 사관학교로 명성을 떨쳤고 국내 유수 대기업들도 이를 벤치마킹하여 리더십 개발 센터를 세우기도 했다.

그러나 2008년 금융위기 이후 구글, 아마존, 페이스북과 같은 인터넷 기업들이 빠른 속도로 기존 제조업과 금융업의 선두 기업들을 제치고 앞서 나가기 시작했다. 특히 2007년에 출시된 애플의 아이폰을 필두로 모바일 시장이 활짝 열리면서 우리의 생활 패턴뿐 아니라 전 세계 산업계의 지형도 완전히 바뀌게 됐다.

지금으로부터 불과 14년 전인 2007년만 해도 글로벌 시가총액 상위 기업들은 엑슨모빌, 쉘, GE, 씨티그룹, 토요타 등과 같은 정유사, 제조사, 금융사였으며 마이크로소프트가 유일하게 글로벌 시가총액 톱 10에 들어가 있는 테크 기업이었다. 그러나 지금 글로벌 시가총액 상위 기업들은 애플, 마이크로소프트, 아마존, 구글, 페이스북, 테슬라, 알리바바 등 대부분 테크 기업이다. 이것이 시사하는 점은 무엇인가?

바로 미래에 돈을 가장 많이 벌 것으로 예상하는 기업군은 이제 더 이상 제조업, 금융업, 석유업이 아니라 2000년 이전에는 아예 존재하지도 않았던 온라인 및 모바일 기업군이 되었다는 점이다. 그렇다. 20년 전에는 존재하지도 않았던 산업군이 이제는 세계를 지배하고 있다. 세상은 이미 온라인 및 모바일 시대로 완전히 전환된 것이다. 한국은행에서 집계한 한국의 2020년 실질 국내 총생산(GDP)이 약 1,830조 원이었다는 점을 감안하면 2021년 6월 초 기준 애플의 시가총액 2,300조 원은 상상을 초월하는 규모다.

그렇다면 온라인 및 모바일 사업들은 앞으로 10년, 20년 후에도 현재의 선두 위치를 그대로 지키고 있을까? 이미 변화의 조짐이 하나둘씩 보이기 시작한다. 대표적인 예가 바로 2020년 초만 해도 미국 시가총액 톱 10 리스트에 끼지 못했던 전기차 제조 기업인 테슬라다.

테슬라의 주가는 이후 엄청나게 상승해 시가총액 8위까지 올라갔다. 불과 2~3년 전만 해도 사람들 대부분은 이렇게 빨리 테슬라가 시가총액 톱 10에 들어가리라고는 생각하지 못했다. 전기차 시대가 이렇게 빨리 오리라고는 아무도 생각하지 못했던 것이다. 그러나 지금은 많은 사람이 전기차 산업이 미래에 가장 주목받는 산업군이 될 것이라고 이야기한다.

테슬라를 바라보는 시각의 변화를 예전 애플에서도 발견할 수 있다. 애플이 2007년에 아이폰을 내놓기 전까지 사람들은 스마트폰이라는 것 자체에 대해 몰랐지만 지금은 스마트폰이 삶에 필수적인 제품이 됐다. 스마트폰의 상징이 된 아이폰 덕분에 애플은 세계에서 가장 돈을 많이 버는 기업이 됐다. 4차 산업혁명 시대에도 어떤 사업 영역이 뜰 것인지 예측하고 이에 걸맞은 미래 사업을 미리 준비하는 기업이 다시금 가치가 가장 높은 기업의 자리를 꿰차게 될 것이다.

그렇다면 앞에서 이야기했던 2000년대 초반 혁신의 아이콘이라 불린 GE는 어떻게 됐을까? GE는 2000년대에 들어서면서 변화하는 시장 환경에 빠르게 대처하지 못했고 결국 어려움에 부닥쳤다. 주가는 2021년 6월 초 현재 13달러대로 1990년대 수준의 주가로 회귀한 상황이다.

GE는 단순한 가전 기업이 아니다. 1878년 우리가 잘 아는 미국 발명왕 에디슨이 세운 전구 기업이 모태인 미국 제조업의 상징이다. 전자제품 및 제조업의 대명사로 100년 이상 미국의 대표 기업으로 군림해왔으며, 특히 1990년대 제조업에서 벗어나 금융업에 진출하면서 전성기를 맞았다. 그러나 2008년 글로벌 금융위기의 여파로 승승장구하던 GE캐피탈이 직격탄을 맞으면서 그룹 전체가 파산의 위기에 처하게 된다. 이후 GE는 구글이나 애플처럼 빅데이터, AI(Artificial Intelligence, 인공지능) 관련 소프트웨어 개발 등을 통해 디지털 제조업 기업으로 거듭나기 위해 전력을 다하고 있다.

[GE의 30년간 주가 차트]

• 출처: tradingview.com

이처럼 아무리 현재 잘 나가는 기업이라고 해도 앞으로 3년, 5년, 10년 후에 어떻게 될지는 아무도 모른다. 앞으로 크게 성장할 산업군은 어디이며, 어떤 기업들일지, 왜 그러할지 끊임없이 공부해야 하는 이유다. 따라서 미국 주식 투자에 관심이 있다면 세계 최고의 테크 기업들이 오늘도 탄생하고 있는 실리콘밸리에 대해 반드시 알아야 한다.

그렇다면 궁금해지는 부분이 또 생긴다. 도대체 실리콘밸리는 어떤 곳이 길래 미국의 수많은 테크 기업이 탄생하고, 또한 미래를 위한 혁신과 변화를 이끄는 테크 기업의 성지가 된 것일까?

02

테크 기업들의 중심지,
실리콘밸리는 어떤 곳일까?

테크 기업에 관심 있는 사람이라면 실리콘밸리라는 지역명은 한 번쯤 들어봤을 것이다. 실리콘밸리는 미국 어디에 있을까? 지리적으로는 미국 서부 캘리포니아의 샌프란시스코만 남부 일대다.

이 지역에는 미국 서부 최고의 명문이자 하버드대학교와 쌍벽을 이루는 스탠퍼드대학교가 있는 팔로알토, 애플 본사가 있는 쿠퍼티노, 구글이 있는 마운틴뷰, 페이스북이 있는 멘로파크, 엔비디아가 있는 서니베일, 한인이 많이 사는 한인타운이 있는 산호세 등이 모두 포함된다.

#사시사철 온화하고 따뜻한 날씨

실리콘밸리의 날씨는 사시사철 온화한 편이라 살기가 매우 좋다. 처음 샌프란시스코공항에 도착한 날이 아직도 기억에 생생하다. 4월이었는데 비행기에서 내려 밖으로 나오자 너무나도 맑은 공기에다 하늘은 구름 한

점 없이 파랗고 햇볕은 따사로워 첫눈에 이곳 실리콘밸리에 반해버렸다.

여름에도 일주일 정도 기온이 40도까지 높이 올라가지만 건조한 사막 기후라서 그늘에만 있으면 시원하고 쾌적하다. 습한 여름을 가진 한국처럼 불쾌지수가 높이 올라가는 일은 거의 없다. 겨울을 제외하고는 비도 거의 내리지 않는 사시사철 화창한 날씨다. 12월부터 2월까지 비가 자주 오기는 하지만 매우 추운 날이라도 보통 10도 정도라 한국의 늦가을 날씨 같다. 이곳으로 이사를 올 때 혹시나 해서 가져왔던 두툼한 파카를 몇 년째 옷장에서 한 번도 꺼내지 않았다.

필자가 한국에서 가져온 옷 중 실리콘밸리에 와서 지난 몇 년간 한 번도 입지 않은 옷이 또 하나 있다. 무엇일까? 바로 양복과 와이셔츠, 그리고 넥타이다. 한국에서는 매일 양복을 입고 다녀야 해서 나름대로 비싼 돈을 주고 좋은 제품으로 샀지만 여기 실리콘밸리에 와서는 옷장 구석에 지난 몇 년간 그대로 걸려 있을 뿐이다.

실리콘밸리에서는 검은 양복과 와이셔츠, 넥타이 차림으로 회사에 출근하는 사람은 좀처럼 보기 힘들다. 모두 자유로운 복장인데 청바지와 티셔츠가 기본이며 겨울처럼 날씨가 좀 추우면 후드티나 바람을 막아주는 살짝 두꺼운 점퍼 정도를 더 입는다. 은행과 같은 금융회사나 법률회사에 가면 간혹 양복을 입은 사람들을 볼 수 있기는 하다. 딱딱한 격식이나 전통보다는 개발자 중심의 자유롭고 혁신적인 사고와 아이디어를 추구하는 모습이 복장에서도 그대로 드러난다고 할 수 있다.

#아름다운 대자연으로 둘러싸여 있다

실리콘밸리는 말 그대로 밸리(Valley), 즉 골짜기 지형이다. 실제로 와서 보면 저 멀리 산들에 둘러싸여 있기는 한데 땅이 워낙 넓고 탁 트여 있어 골짜기에 있다는 생각보다 끝도 없는 드넓은 평야 지형에 있다는 생각이 든다. 주변에 아름다운 언덕과 공원이 수없이 많아서 주말에는 자전거를 타거나 하이킹을 하기에도 무척 좋다. 바다와 인접해 있기도 해서 차를 타고 1시간만 가면 태평양을 접하고 있는 수많은 아름다운 해변가에서 가족이나 친구들과 피크닉을 언제든 즐길 수도 있다. 특히 산타크루즈라는 해변가는 서핑을 좋아한다면 반드시 들러야 하는 매우 유명한 서핑족의 성지이기도 하다.

실리콘밸리에서 북쪽으로 2시간 정도만 차를 타고 가면 미국 최대의 와인 산지인 나파밸리를 만날 수 있다. 와인을 좋아하는 사람들에게 실리콘밸리만큼 살기 좋은 곳도 없을 것이다. 나파밸리에는 한국에도 잘 알려진 오퍼스원 와이너리, 미국을 대표하는 로버트 몬다비 와이너리, 파리의 심판으로 유명한 스택스 립 와이너리 등 유명한 와이너리가 많이 있다. 이 와이너리들은 각각 특색에 맞게 꾸며져 있고 테이스팅을 할 수 있도록 실내뿐 아니라 야외 시설도 잘 갖춰져 있다. 주말이나 휴일에 가족, 친구들과 함께 캘리포니아의 파란 하늘 아래 드넓게 펼쳐진 포도나무밭을 배경으로 와인 테이스팅을 하며 여유를 즐길 수도 있다.

조금 멀기는 하지만 차로 북쪽으로 4시간 정도 거리에는 멋진 호숫가로 유명한 휴양지인 레이크 타호가 있다. 산들이 둘러싸고 있어서 겨울에는 스키장으로 유명하며 여름에는 카약, 자전거, 하이킹 등 다양한 야외활동을 할 수 있는 천혜의 휴양지다. 특히 바닥이 다 보일 정도로 맑은 물이라고 해서 에메랄드 호수라고 불리기도 한다. 호텔, 카지노 등 많은 숙박 시설이 있는데도 성수기에는 미리 예약하지 않으면 방을 구하기 힘들다.

실리콘밸리 동쪽으로는 미국에서 가장 유명한 국립공원 중 하나인 요세미티국립공원이 있다. 깎아지른 듯 솟은 웅장한 기암절벽들로 절경을 이루고 있는 요세미티국립공원은 그 크기부터 방문자를 압도한다. 서울 면적의 약 5배 크기라고 한다. 공원 내 가장 핵심이 되는 요세미티밸리에는 해발 2,700미터에 달하는 화강암 덩어리가 수직으로 잘라져 있는 요세미티국립공원의 상징인 하프돔이 있다. 보는 이의 입을 딱 벌어지게 할 정도로 엄청나다.

요세미티국립공원에서 자동차로 몇 시간 내려가면 전 세계에서 가장 큰 나무품종인 세쾨이어나무가 모여 있는 세쾨이어국립공원이 있다. 나무 하나하나가 얼마나 큰지 자동차가 나무 한가운데에 뚫려 있는 구멍 사이로 지나다닐 정도다. 실제로 보지 않고는 믿기 힘들 정도로 큰 나무가 즐비하다. 이곳에서는 세계에서 가장 큰 나무인 셔먼 트리를 볼 수 있기도 하다. 실리콘밸리에 방문한다면 반드시 방문해야 하는 곳 중 하나다.

실리콘밸리는 전 세계 테크 산업의 중심지이기도 하지만 거의 매주 주말마다 가벼운 차림에 먹을 것을 챙긴 다음, 차를 몰고 자연을 만끽하러 다녔을 만큼 멋지고 광활한 대자연에 둘러싸인 곳이기도 하다.

#다양한 인종과 개방적인 문화

실리콘밸리는 다양한 인종과 문화가 어우러져 살아가는 곳이다. 백인을 보는 것보다 다른 인종을 보는 것이 더 쉬울 정도로 백인의 비중이 작고 아메리칸 드림을 위해 다른 나라에서 이민을 온 수많은 이민자가 많이 사는 곳이기도 하다.

미국의 테크 기업에 취업하기 위해 엔지니어로 이민을 온 중국인과 인도인이 점점 많아지고 있으며 실리콘밸리에서 아시아인 비중이 이제 30% 가 넘는다고 한다. 특히 실리콘밸리에서 석사 이상의 고학력자가 일하는 기술 분야에서는 이민자의 점유율이 무려 60%를 넘는다. 이는 현재 미국 실리콘밸리의 선도 테크 기업들을 이끄는 많은 수장만 봐도 알 수 있다. 테슬라의 CEO 일론 머스크는 남아공 출신의 이민자이며 마이크로소프트 의 CEO 사티아 나델라와 구글의 CEO 순다 피차이는 모두 인도에서 태어 나 대학교를 미국에서 마치고 실리콘밸리에 취업해 성공한 케이스다. 떠 오르는 반도체 회사 AMD의 CEO 리사 수, 4차 산업혁명의 총아로 떠오른 엔비디아 CEO 젠슨 황은 모두 대만 출신의 이민자다.

이렇게 다양한 나라와 문화적 배경을 지닌 여러 이민자가 실리콘밸리의 테크 산업 생태계를 떠받치고 있다 보니 나와 다름을 존중하고 다양한 의 견을 좀 더 열린 사고로 받아들이는 자유롭고 혁신적인 시도들이 자연스 럽게 실리콘밸리의 특징 중 하나로 자리 잡고 있다. 실리콘밸리에서는 다 양성과 개방성, 그리고 이를 바탕으로 한 서로 간의 열린 네트워킹이 무척 중요하지만 반대로 차별과 편견을 지닌 사람은 살아남기 힘들다. 인종, 성 별, 나이와 관계없이 누구든 좋은 아이디어와 능력만 있으면 스타트업을 시작하고 수십조 원 이상의 가치를 지닌 기업으로 크게 성장시킬 수 있는 곳이 바로 실리콘밸리다.

필자도 공부하는 동안 미국 동부에서 살아본 적이 있는데 동부와 서부 의 문화는 많이 다르다. 뉴욕 맨해튼을 중심으로 한 동부는 금융의 중심지 로 전통과 격식을 중시하며 좀 더 보수적인 분위기라고 할 수 있다. 반면, 서부의 실리콘밸리는 다양성과 개방성, 혁신과 끊임없는 도전을 중시하고 격려하는 분위기다. 또한, 자유롭고 좀 더 여유 있다고 할 수 있다. 사시사철 따뜻한 캘리포니아 날씨와도 연관이 있는 것 같기도 하다.

#실리콘밸리의 한국인

페이스북, 구글, 애플 등 유명한 세계 일류 테크 기업들이 전 세계의 똑똑한 IT 인력들을 진공청소기처럼 빨아들이고 있다. 실리콘밸리에서는 중국인과 인도인이 가장 많다고 하지만 한국인도 꽤 많이 살고 있다. 물론 대부분은 엔지니어다. 전 세계에서 엔지니어들이 가장 높은 연봉을 받고 우대받는 곳이 바로 실리콘밸리이기 때문이다.

한국에서 공대, 특히 컴퓨터공학 쪽을 전공했거나 실리콘밸리에서 뜨고 있는 분야에서 일하고 있는데 영어로 업무를 할 수 있는 정도라면 실리콘밸리에서 일자리를 얻는 것은 전혀 불가능하지 않다. 본인이 불가능하다고 생각해서 문을 두드리지 않기 때문에 기회가 없는 것이다. 유창하지 않더라도 업무 수준의 영어만 가능하다면 엔지니어가 부족한 실리콘밸리의 많은 기업이 기꺼이 취업 비자를 지원해주면서 높은 연봉을 주고 데려가는 것을 수없이 봤다. 실리콘밸리에서 문제는 본인의 의지와 적극성일 뿐이다.

실리콘밸리에도 산호세에 한인타운이 있다. LA의 한인타운보다 규모는 작아도 대형 한국 슈퍼도 여러 개 있고 한국 음식점도 꽤 많다. 일주일에 한두 번은 장을 보러 가거나 한국 음식을 먹으러 간다. 보통 여기에서 한국인 선후배들을 만난다. 한국 슈퍼에서는 한국에서 판매되는 식재료, 생필품을 대부분 구매할 수 있어서 매우 편리하다.

#실리콘밸리의 단점

실리콘밸리에도 단점은 있다. 가장 큰 단점은 물가가 너무 비싸다는 점이다. 특히 렌트(Rent) 값, 즉 월세가 매우 비싸다.

여기 팔로알토는 그중에서도 집값이 꽤 비싸기로 유명한데 미국의 대표적인 부동산 사이트인 질로우에서 쉽게 확인할 수 있다. 좀 괜찮은 단독주택이라면 40억 원 정도가 기본이다. 지금은 고인이 된 스티브 잡스의 집이 있는 올드 팔로알토에는 100억 원을 넘는 고가의 단독주택이 즐비하다(팔로알토의 중심부 일부 지역을 올드 팔로알토라고 부르는데 실리콘밸리 내에서도 손꼽히는 부촌 중의 부촌이다).

미국에는 전세 개념이 없다. 실리콘밸리에서 고가의 집을 구매할 수 없다면 월세를 내며 살 수밖에 없다. 보통 방이 2개인 괜찮은 아파트의 월세가 한화로 300~400만 원 정도 한다. 교통이 더 좋거나 신축이라면 가격이 훨씬 더 뛴다.

물론 실리콘밸리의 소프트웨어 엔지니어 연봉은 전 세계 최고 수준이다. 대졸 신입사원 초봉이 10만 달러, 한화로 1억 1,000만 원이 넘는다. 하지만 세금을 떼고 월세를 내고 나면 빠듯할 수 있어 젊은 부부의 경우 맞벌이가 대부분이다.

예전에는 아이들의 교육 때문에 미국에 이민 오는 가정도 많았다. 아이들 교육이라고 하면 미국이 한국보다는 강도가 약하다고 생각할 수 있지만 결코 그렇지 않다. 여기 팔로알토의 잘 사는 가정은 한국보다 더 심할 정도로 사교육에 신경을 쓴다. 특히 중국인과 인도인 가정의 교육열은 한국 부모 이상으로 높다.

문제는 한국처럼 잘 갖춰진 좋은 학원이 많지 않고, 있어도 가격이 매우 비싸서 아이들 교육에 의외로 생각보다 많은 지출이 발생할 수 있다. 미국은 차가 없으면 생활이 거의 불가능해서 아이들의 등하교뿐 아니라 학원도 모두 부모 중 한 명이 차로 매일 태워 줘야 하는 라이드(Ride) 인생이 시작될 가능성이 높다.

03

실리콘밸리는
어떻게 테크 산업의 중심지가 됐을까?

앞에서 말했던 것처럼 지리적으로나 기후적으로나 실리콘밸리가 살기 좋은 지역인 것은 맞다. 그래서 실리콘밸리에 사람이 많이 몰린다고 할 수 있다. 그런데 더 큰 이유가 있다. 바로 셀 수 없을 정도로 많은 세계 최고의 테크 기업이 자리 잡고 있기 때문이다.

우리가 알고 있는 미국의 테크 기업들 중 대다수가 실리콘밸리에 있다고 보면 된다. 지금 이 순간에도 4차 산업혁명의 근간을 이루는 인공지능, 자율주행, 빅데이터, 클라우드 컴퓨팅, VR(Virtual Reality, 가상현실) 및 AR(Augmented Reality, 증강현실) 등 최첨단 기술 개발을 선도하는 연구가 바로 여기 실리콘밸리를 중심으로 활발히 진행되고 있으며 미래를 이끌어 갈 수많은 혁신적인 스타트업이 하루가 멀다고 새롭게 설립되고 있다.

스타트업이 크게 성공해 수조 원의 기업 가치를 지닌, 일명 유니콘 기업 [기업 가치가 10억 달러(1조 1,000억 원) 정도이면서 창업한 지 10년 이하인 비

상장 스타트업을 일컬음. 유니콘은 뿔이 하나 달린 말과 비슷하게 생긴 전설의 동물인데 상상에나 존재하는 유니콘처럼 희귀하다는 의미로 사용했다고 보면 됨]이 되는 경우가 허다하게 발생하고 있다. 그래서 더 많은 혁신과 성공을 꿈꾸는 전 세계의 뛰어난 젊은이들이 실리콘밸리로 모여들고 있다.

아직 꿈 많은 아이를 둔 부모라면 한 번쯤 실리콘밸리에 데려가 전 세계를 무대로 꿈을 펼칠 수 있도록 투어를 해보는 것도 무척 좋다고 생각한다. 실리콘밸리만큼 개발자들 보수가 높고 대우가 좋으며 커리어상으로도 성장 가능성이 높은 곳도 없으니 소프트웨어 프로그래머나 테크 분야에서 일하고 싶다면 반드시 이곳에서 일할 수 있도록 문을 두드려 보기를 추천한다.

그렇다면 실리콘밸리는 어떻게 세계를 바꾸는 혁신적인 테크 기업들이 모여 있는 곳이 되었을까? 필자와 같이 재미있는 실리콘밸리의 기원과 역사를 알아보자.

#실리콘밸리 탄생의 기반, 스탠퍼드대학교

실리콘밸리 역사의 뿌리에는 서부 최대의 명문 스탠퍼드대학교가 있다. 서부 철도 사업으로 큰 부를 축적한 철도 재벌인 리랜드 스탠퍼드는 1876년 현재 실리콘밸리 중심부인 팔로알토에 광대한 용지를 매입해 캘리포니아에서 가장 큰 말 목장을 운영하기 시작했다. 그러다가 아끼던 15살 난 아들이 장티푸스로 죽자 아들을 기리기 위해 아들의 이름, 즉 리랜드 스탠퍼드 주니어의 이름으로 말 목장 자리에 대학교를 설립했다. 그 대학교가 바로 1885년에 설립된 스탠퍼드대학교다. 이 때문에 아직도 스탠퍼드대학교는 '농장(The Farm)'이라는 애칭으로도 불린다.

스탠퍼드대학교는 들어가는 입구부터 900만 평이 넘는 어마어마한 캠퍼스의 크기와 아름다운 건축물, 거대한 공원에 들어와 있는 듯한 멋있는 조경으로 방문하는 사람을 압도한다. 팔로알토의 다운타운인 유니버시티 애비뉴를 벗어나자마자 스탠퍼드대학교의 입구가 시작되는데 도로 양옆으로 하늘 높이 치솟은 야자수들이 일렬로 쭉 늘어서 있는 일직선 도로[팜 드라이브(Palm Drive, 야자수 길)라고 불림]는 미국 어느 대학교에서도 볼 수 없는 스탠퍼드대학교만의 엄청난 위용을 자랑한다. 황토색 사암과 붉은 기와, 각종 아름다운 아치로 구성된 건물들과 수많은 종려나무는 마치 이곳이 대학교가 아니라 고급 리조트에 와있는 듯한 느낌마저 받게 해준다. 처음 스탠퍼드대학교를 방문하는 사람들은 들어서는 입구의 도로를 볼 때부터 감탄을 연발한다. 크리스마스가 되면 스탠퍼드대학교 중앙에 있는 교회에서 콘서트를 하는데 누구든 예약만 하면 참석이 가능하다.

필자가 팔로알토에서 가장 좋아하는 곳이기도 하다. 머리가 복잡할 때 책 한 권 들고 좋은 음악을 들으며 아름다운 스탠퍼드대학교 캠퍼스에 앉아 있으면 모든 스트레스가 날아간다. 아이가 있는 부모라면 꼭 한 번 들러서 자녀들에게 미래에 대한 꿈과 포부를 심어 주어도 무척 좋다.

현재 스탠퍼드대학교는 AI, 머신 러닝(Machine Learning), 빅데이터, 컴퓨터공학을 비롯한 최첨단 테크 연구 분야에서 동부의 하버드대학교, MIT와 함께 톱을 달리며 수많은 선도 테크 기업의 창업가를 배출해 내고 있다. 실리콘밸리 성공 신화의 원동력을 제공하는 핵심 리더로 자리 잡았다고 할 수 있다.

그런데 1900년대 초만 해도 스탠퍼드대학교는 테크 관련 분야에서 아주 뛰어난 연구소와 교수진을 보유했다고 할 수 없었다. 1940년대 2차 대전이 벌어지면서 스탠퍼드대학교는 공대 부문에서 동부의 하버드대학교, MIT와 어깨를 겨룰 만큼의 괄목할 만한 성장을 하게 된다. 대체 무슨 일이 있었길래 2차 대전이 스탠퍼드대학교, 특히 공대의 연구·개발 부문을 크게 발전시킨 것일까?

#실리콘밸리의 아버지

2차 대전 당시 독일은 뛰어난 레이더 기술을 총동원하여 캄후버 라인(Kammhuber Line)이라고 불리는 고성능 방공 레이더망을 독일 북부에서 점령지인 프랑스에까지 설치한다. 접근해 오는 미국과 영국의 폭격기들을 감지하다가 캄후버 라인을 넘어오기만 하면 격추해 버린다. 캄후버 라인은 요제프 캄후버 장군의 이름에서 따온 것인데 요제프 캄후버 장군이 바로 독일 국경 전역에 레이더망을 촘촘하게 설치해서 독일 전역의 야간 방공을 물 샐 틈 없이 총괄했던 독일군 장교다.

독일의 군사 시설을 파괴하기 위해 칠흑 같은 야간에 날아온 미국과 영국의 연합군 폭격기들이 캄후버 라인에 근접하면 독일군의 뛰어난 레이더망은 이를 미리 파악하여 전투기 부대에 즉각 조기 경보한다. 독일의 야간 전투기 편대들은 연합군 폭격기가 캄후버 라인을 넘어오자마자 기습적으로 달려들어 연합군 폭격기를 격추했다. 만에 하나 운이 좋아 연합군 폭격기가 독일 전투기들의 수차례 기습을 뚫고 목표 지점에 도착한다고 해도 이미 레이더로 폭격기의 위치를 훤히 알고 있는 독일군의 대공포화와 해당 지역을 전담하는 독일 전투기들이 총동원되어 미사일을 쏟아부었다. 이로 인해 연합군 폭격기가 속수무책으로 격추됐고 엄청난 사상자가 발생했다.

미국 국방부는 독일군이 사용하는 레이더를 방해하거나 교란하기 위한 기술 개발 및 연구에 착수하게 됐고 하버드대학교에 비밀 연구소인 라디오리서치연구소(Radio Research Lab)를 설립한다. 이 연구소에 소속된 850여 명의 과학자를 총지휘할 인물을 뽑았는데 그가 바로 후에 실리콘밸리의 아버지라 불리게 되는 프레데릭 터만 교수다.

1900년에 태어난 프레데릭 터만은 스탠퍼드대학교에서 학부와 석사를 마친 후 MIT에서 전자공학 박사과정을 수료하고 1925년 스탠퍼드대학교로 돌아와 후학을 양성하고 있었다. 그러다가 국가의 부름을 받고 하버드대학교에서 레이더, 전파, 통신 관련 연구를 총괄 지휘하게 된 것이다. 실제로 연구는 성공적으로 잘 이뤄졌고 레이더를 교란하는 기술을 개발해서 연합군이 큰 성과를 냈다고 한다.

2차 대전이 끝나자 프레데릭 터만은 모교인 스탠퍼드대학교로 돌아와 1944년부터 1958년까지 공대 학장을 맡는다. 당시 미국 국방부는 국방력 증대를 위해 지속적으로 레이더, 전파, 통신 분야에 대한 연구·개발이 필요한 상황이었다. 이런 상황을 간파한 프레데릭 터만은 국방부의 연구개발비를 받기 위해 스탠퍼드대학교의 과학, 통계, 그리고 엔지니어링 부문을 크게 확장했다. 이러한 프레데릭 터만의 노력으로 스탠퍼드대학교는 국무성으로부터 많은 연구지원금을 받았으며 그 결과, 대학교 내에서 수많은 연구·개발이 진행됐고 특허도 받게 된다. 프레데릭 터만을 통해 받은 연구지원금이 오늘날 스탠퍼드대학교가 전 세계 최고의 교육 및 연구기관으로 발돋움하는 데 큰 밑거름이 된 것이다.

이 당시만 해도 산업이 발달한 동부에는 일자리가 많았지만 스탠퍼드대학교가 있는 실리콘밸리는 허허벌판으로 목장과 농장이 있을 뿐이었고 대학교 졸업생들을 위한 일자리는 거의 전무했다. 스탠퍼드대학교 학생들은 졸업과 동시에 직업을 찾아 타지역으로 떠났다. 이를 안타깝게 생각한 프레데릭 터만은 스탠퍼드대학교 근교를 부흥시키기 위해 1953년 스탠퍼드 인더스트리얼 파크라고 불리는 산업단지를 조성한다. 신생 테크 기업들을 스탠퍼드대학교 근처에 유치해 학생들이 졸업하고 취직할 수 있도록 해서 실리콘밸리를 부흥시킬 수 있는 발판을 마련한 것이다.

1950년대와 1960년대는 미국과 소련 간의 군비 및 우주 사업 경쟁이 치열할 시기였다. 이러한 분위기를 타고 관련된 기술을 연구하는 기업 등 40개가 넘는 신생 하이 테크 기업들이 이 산업단지에 입주하면서 드디어 창업의 붐이 시작됐다. 이때 초기에 입주한 기업으로는 우리도 잘 아는 휴렛팩커드, 이스트만 코닥, GE, 록히드 마틴 등이 있다.

이렇게 프레데릭 터만은 스탠퍼드대학교에 기업가 정신을 확립시켰고 많은 학생이 졸업해 창업에 뛰어들도록 장려하면서 자신의 사재를 털어 제자들의 기업에 투자하기도 했다. 그렇게 물심양면으로 실리콘밸리의 부흥을 지원해 현재의 실리콘밸리가 있도록 만든 시초, 즉 '실리콘밸리의 아버지'로 불리게 됐다.

#실리콘밸리 첫 번째 벤처 기업의 탄생

그렇다면 실리콘밸리의 1세대 첫 벤처 기업은? 바로 프레데릭 터만의 제자였던 스탠퍼드대학교 졸업생 윌리엄 휴렛과 데이비드 팩커드가 설립한 휴렛팩커드(HP)다.

윌리엄 휴렛과 데이비드 팩커드는 스탠퍼드대학교에서 같은 기계공학을 전공하며 친구가 됐고 1938년 스승이었던 프레데릭 터만의 권유로 창업을 마음먹는다. 1938년 윌리엄 휴렛과 데이비드 팩커드는 현재 돈으로 환산하면 1,000만 원 정도였던 538달러를 초기 투자자금으로 해 데이비드 팩커드가 결혼해서 살고 있던 팔로알토 집에 딸린 차고에서 사업을 시작한다. 이 차고는 현재 휴렛팩커드 거라지(Garage, 차고)라고 불리며 지금도 누구나 방문해서 볼 수 있는 팔로알토의 명소가 됐다. 스탠퍼드대학교 바로 앞에는 팔로알토에서 가장 번화가인 유니버시티 애비뉴가 있다. 여기서 10분 정도만 걸어가면 바로 휴렛팩커드 거라지가 나온다. 스탠퍼드대학교를 방문했다면 근처에 있는 스티브 잡스의 집과 함께 방문해봐도 좋을 것이다.

윌리엄 휴렛과 데이비드 팩커드는 회사 이름을 지을 때 휴렛팩커드로 할지, 팩커드휴렛으로 할지 동전을 던져 정하기로 했다. 그렇게 해서 데이비드 팩커드가 이겼으나 데이비드 팩커드는 팩커드휴렛보다 휴렛팩커드가 듣기가 더 낫다고 해 회사 이름은 휴렛팩커드가 됐다고 한다.

이들이 회사를 설립하고 처음 만든 제품은 HP 200A라고 불리는 오디오 발진기였다. 오디오 발진기는 영어로는 오디오 오실리테이터(Oscillator)라고 하는데 특정 음역의 주파수를 생성하는 테스트 장비였다. 초기 주요 고객 중에는 디즈니가 있었다. 디즈니의 음향감독이었던 버드 호킨스는 HP 200A의 다음 모델인 HP 200B 발진기를 8대 구입해서 1940년에 상영한 애니메이션 '판타지아'의 음향 모니터링에 활용했다고 한다.

휴렛팩커드는 2차 대전 시기와 맞물려 군대에서 필요로 하는 다양한 음향 및 전파 분석 관련 기기를 개발하고 납품하면서 급성장하게 된다. 많은 희생이 따랐던 2차 대전이 아이러니하게도 기술의 발전을 가속하는 동력이 됐다. 물론, 휴렛팩커드가 실리콘밸리 벤처 기업 1호이고 현재도 가장 성공한 테크 기업 중 하나이지만 흥미롭게도 실리콘밸리의 산업을 더 크게 부흥시킨 사람들은 따로 있었다. 그들은 과연 누구였을까?

#실리콘과 윌리엄 쇼클리

바로 실리콘밸리의 이름에 '실리콘'이 들어가게 만든 사람들이다. '실리콘'은 어디에 쓰이는 재료일까? 모든 전자기기에 들어가는 핵심 부품인 반도체에 없어서는 안 될 재료가 실리콘이다. 그렇다. 실리콘밸리의 산업 기반은 프레데릭 터만과 휴렛팩커드 등으로 대표되는 통신 및 전파 분야에서 다져졌지만 실리콘밸리의 산업을 더 크게 부흥시킨 분야는 바로 반도체 산업이었다. 참고로, '실리콘밸리'라는 말을 처음 쓴 사람은 누구일까? 저널리스트인 돈 회플러가 1971년 1월 한 주간지에 '실리콘밸리 USA'라는 칼럼에서 처음 사용했다고 한다.

실리콘밸리라는 단어가 퍼지게 된 시기는 실리콘이 핵심 재료인 반도체가 들어가는 개인용 컴퓨터 시장이 폭발적으로 성장하기 시작한 1980년대 초반이다. 그렇다면 이러한 반도체는 누가 만들었을까? 반도체는 실리콘밸리에서 발명됐을까? 그렇지 않다. 반도체의 시초가 되는 트랜지스터는 미국 동부의 뉴저지에 있는 벨연구소에서 1947년 3명의 연구원(존 바딘, 월터 브래튼, 그리고 윌리엄 쇼클리)에 의해 발명됐다. 여기에서 우리가 기억해야 하는 이름이 바로 윌리엄 쇼클리다.

#트랜지스터를 발명한 비운의 천재

윌리엄 쇼클리는 1910년 영국 런던에서 태어났지만 자란 곳은 캘리포니아의 팔로알토였다. 윌리엄 쇼클리는 캘리포니아공과대학교(칼텍)를 졸업한 후, MIT에서 박사학위를 받았으며 1948년 벨연구소에서 동료인 존 바딘, 월터 브래튼과 함께 세계 최초로 트랜지스터를 발명해 1956년 노벨 물리학상을 받았다.

윌리엄 쇼클리는 천재이지만 독재적이고 변덕스러우며 편집광적인 성격으로 벨연구소에서도 동료들에게 배척당했고 승진에서도 계속 떨어지는 바람에 연구가 이상의 대접은 받지 못했다. 더 나은 보상과 대우를 받기 원했던 윌리엄 쇼클리는 자신의 연구소를 만들기로 한다. 그리고 몸이 좋지 않은 어머니가 사는 팔로알토와 가까운 곳에 거주하기 위해 캘리포니아 마운틴뷰로 돌아온다. 1956년 윌리엄 쇼클리는 마운틴뷰에 위치한 베크만인스트루먼트의 한 부서로 쇼클리반도체연구소를 설립해 실리콘 재료를 기반으로 한 반도체 개발 연구를 시작한다.

윌리엄 쇼클리는 자신이 세운 연구소에서 같이 일할 동료들이 필요했다. 과거에 일했던 벨연구소의 동료들을 데려오고 싶었지만 편집광적이고 괴팍한 윌리엄 쇼클리의 성격을 이미 겪어봤던 동료들은 합류하는 것을 모두 거절했다. 결국 윌리엄 쇼클리는 미국 전역의 유명한 공대를 돌아다니며 학교별로 매우 똑똑하고 재능 있는 졸업생들만을 뽑아 세계 최강의 반도체 연구팀을 꾸리게 된다. 이 당시 윌리엄 쇼클리는 노벨상을 받은 경력 때문에 미국에서는 이미 최고의 물리학자 및 반도체 개발자로 유명했다. 그래서 당시에 대학교를 갓 졸업한 젊은 특급 인재들이 윌리엄 쇼클리가 세운 연구소에 주저 없이 합류한 것이다. 이로 인해 미국 전국 각지의 천재급 공학도들은 모두 실리콘밸리의 스탠퍼드대학교 앞 쇼클리반도체연구소로 집결하게 된다.

#실리콘밸리 부흥의 주역, 8명의 배신자

다른 사람의 말을 듣지 않고 변덕스러웠던 윌리엄 쇼클리는 1957년 후반에 갑자기 실리콘을 기반으로 한 반도체 연구를 중단하겠다고 선언한다.

윌리엄 쇼클리의 독선적인 경영 방식, 편집광적인 성격에 불만을 품고 있었던 천재급 연구원 8명은 실리콘을 기반으로 한 반도체가 미래에 큰 성공을 거둘 것이라고 믿고 있었다. 자신들의 의견이 묵살당하자 아이디어를 실현하기 위해 집단 퇴사를 모의한다. 그런데 처음에는 퇴사를 해야 할지, 말아야 할지 걱정이 무척 많았다고 한다. 퇴사한다고 해도 8명이나 되는 연구원을 받아줄 만한 회사를 그 당시에는 찾기 어려웠기 때문이다.

하지만 결국 자신들의 미래를 운명에 맡긴 채 집단으로 퇴사를 감행하고 만다. 이 8명이 바로 전 세계 반도체의 역사를 영원히 뒤바꾼 '8명의 배신자(Traitorous Eight)'로 불리는 고든 무어, 로버트 노이스, 셸던 로버츠, 제이 라스트, 유진 클라이너, 진 호에니, 빅터 그리니치, 그리고 줄리어스 블랭크이다. 윌리엄 쇼클리는 이 8명이 집단 퇴사를 하자 '8명의 배신자'라고 부르며 맹비난했다. 그래서 이 8명 천재 공학도의 별명이 '8명의 배신자'가 됐다. 이 8명은 자신들도 그 당시에는 상상하지 못했던 인류 역사상 길이 남을 어마어마한 업적을 달성하게 된다.

8명의 배신자는 자신들을 한꺼번에 모두 받아주고 반도체를 만들 수 있도록 후원해줄 회사를 찾아야만 했다. 8명 중 1명이었던 유진 클라이너는 아버지의 친구가 근무하고 있던 뉴욕의 헤이든 스톤 앤 컴퍼니라는 투자회사에 자신들이 개발하려고 하는, 당시에는 무척 생소한 '반도체'라는 제품을 설명하는 글과 함께 투자를 요청하는 편지를 보낸다. 이 편지는 이 투자회사에 갓 입사해 투자 실적을 올릴 기회를 호시탐탐 찾고 있던 한 직원의 눈에 띄게 된다. 이 직원으로 인해 전 세계 기술 분야의 역사를 새로 쓰게 되는 반도체 산업 부흥의 시대가 시작된다. 이 직원의 이름이 바로 지금은 벤처캐피털(Venture Capital)계의 전설이 된 '아서 록'이다.

지금이야 VC라고도 불리는 벤처캐피털이 흔하다. 하지만 1950년대에는 여러 투자자에게서 돈을 모아 스타트업에 투자하고 운용 수수료와 투자 수익 일부를 챙기는 벤처캐피털이라는 개념 자체가 아예 없었다. 아서 록은 이러한 개념을 도입해서 역사상 최초의 벤처 투자를 이 8명의 배신자에게 한다.

유진 클라이너와 아서 록은 새로운 반도체 회사에 투자해줄 만한 30개의 기업 명단을 만든 다음, 하나하나 연락을 해본다. 결과는? 모든 회사가 다 거절한다. 그러나 아서 록은 포기하지 않았다. 마지막으로 한 번 더 다른 기업에 연락을 하기로 결정한다. 이 기업이 바로 2차 대전 당시 군사 작전용 항공 사진을 전문적으로 제공해 큰돈을 번 페어차일드 카메라 앤 인스트루먼트였다.

아서 록은 창업자인 셔먼 페어차일드를 만나서 열심히 설득한다. 셔먼 페어차일드는 모르지만 뭔가 꽤 복잡해 보이는 반도체 사업의 이야기를 잠잠히 들은 다음, 8명의 천재 연구원이 반도체를 만들 수 있도록 자신의 회사에 페어차일드반도체라는 부서를 만들어주고 투자금을 지원해줬다. 얼마 되지 않아 페어차일드반도체는 엄청난 성공을 거두며 승승장구한다.

8명의 배신자를 셔먼 페어차일드에게 소개해준 일등 공신인 아서 록은 이후 1961년 캘리포니아로 옮겨 친구 토마스 데이비스와 함께 데이비스 앤 록이라는 벤처 투자사를 설립하고 다른 벤처 투자로도 크게 성공한다. 그중에서 1978년 장발에다 후줄근한 티셔츠와 청바지를 입고 차고에서 창업했다는 별 볼 일 없어 보이는 히피 스타일 청년 2명에게 투자한 것이 가장 유명하다. 이 두 청년이 누구였을까? 바로 애플의 창업자 스티브 잡스와 스티브 워즈니악이다.

8명의 배신자는 페어차일드반도체가 큰 성공을 거두면서 돈을 많이 벌게 된다. 이후 하나둘씩 퇴사해 각자 자기만의 회사를 설립한다. 이들이 세운 회사들 역시 현재의 실리콘밸리를 있게 해주는 엄청난 기업들로 또 다시 재탄생한다. 참고로, 윌리엄 쇼클리가 세운 쇼클리반도체연구소는 이익도 제대로 내지 못하고 망했다. 윌리엄 쇼클리는 1989년에 쓸쓸히 사망했는데 곁에는 두 번째 부인만 자리를 지켰고 자녀들도 사망 소식을 나중에 알았다고 한다. 어떻게 보면 윌리엄 쇼클리가 8명의 천재 공학도를 실리콘밸리 한자리에 모아놓지 않았다면 현재의 실리콘밸리가 없었을지도 모른다.

8명의 배신자가 후에 세운 기업 중 가장 유명한 기업은 무엇일까? 바로 고든 무어와 로버트 노이스가 1968년 7월 페어차일드반도체를 퇴사하고 창업한 인텔이다.

고든 무어는 너무나도 유명한 '무어의 법칙'을 만든 인물이다. '무어의 법칙'이란, 반도체 집적회로 성능이 2년마다 또는 1년 6개월마다 2배로 증가한다는 법칙이다. 쉽게 말하면, 컴퓨터에 들어가는 반도체의 성능이 2년마다 2배씩 더 좋아진다는 의미다. 지난 50년간 인텔은 이 법칙에 따라 반도체의 성능을 고도화시켜 왔다. 이 무어의 법칙은 2016년 인텔이 공정 전환주기를 2년에서 3년으로 바꾸면서 사실상 폐기됐다고 한다. 로버트 노이스는 여러 개의 트랜지스터를 결합한 집적회로, 즉 IC(Integrated Circuit)를 최초로 발명했다. 시기상으로는 텍사스인스트루먼트의 잭 킬비가 6개월 정도 먼저 집적회로의 원리를 발표했지만 로버트 노이스가 더 완성도 높고 실용성 있는 실리콘 산화물 코팅에 구멍을 내서 전선을 이은, 현재 우리가 쓰고 있는 집적회로의 기본이 되는 제품을 내놓았다.

'Integrated Electronics'의 약자인 인텔(Intel)은 설립 이후 첫 번째 직원으로 앤디 그로브를 채용한다. 앤디 그로브는 고든 무어, 로버트 노이스와 함께 인텔을 성장시키는 주역으로 활약한다. 인텔은 1969년 첫 메모리 칩인 '3101'을 출시하면서 1980년대 초까지 메모리 시장을 독식한다. 그러나 1980년대에 들어서 일본 기업들이 저가로 반도체를 내놓기 시작하자 앤디 그로브는 메모리칩 분야를 과감하게 포기하고 CPU에만 집중하기로 전략을 바꾸는데 이 전략은 대성공을 거둬 인텔이 CPU 분야에서 현재까지 시장을 선도하며 성장해오는 데 중요한 역할을 한다.

유진 클라이너는 실리콘밸리 최고의 벤처캐피털 중 하나인 클라이너퍼킨스를 설립하고 본격적인 벤처 투자자로 나섰다. 클라이너퍼킨스는 이후 선마이크로시스템즈, 넷스케이프, 구글, 아마존 등을 비롯한 수많은 기업에 투자해 엄청난 이익을 거뒀다. 8명의 배신자 중 줄리어스 블랭크와 빅터 그리니치 역시 컴퓨터칩과 메모리 관련 회사를 설립했다가 매각하고 다시 창업하는 등 연쇄 창업자로 이름을 날리게 된다. 진 호에니와 셸던 로버츠는 텔라다인을 설립했다.

8명의 배신자가 세운 회사는 아니지만 최근 들어 인텔의 대항마로 크게 주목받는 실리콘밸리의 한 반도체 제조사의 설립자도 페어차일드반도체에서 나오게 된다. 어떤 기업일까? 바로 대만계 이민자인 리사 수가 이끄는 반도체 기업인 AMD(Advanced Micro Devices)다. AMD는 현재 라이젠 시리즈로 컴퓨터의 중앙 처리 장치 CPU 분야에서 인텔과 경쟁하고 있고

GPU 분야에서는 엔비디아와 경쟁하고 있다. 이 AMD를 최초 설립한 사람이 바로 페어차일드반도체 출신인 제리 샌더스다. 제리 샌더스는 1969년 페어차일드반도체를 퇴사하면서 7명의 이사를 데리고 나와 AMD를 설립하고 1970년에 자사 최초의 제품인 AM 2501 논리 계산기를 발표한다. 이후 레지스터와 RAM 등을 개발해 판매했으며 인텔이 1971년 마이크로프로세서를 내놓으며 반도체 시장을 장악하기 시작하자 인텔의 클론칩을 생산하며 마이크로프로세서 시장에 뛰어들어 인텔과 함께 반도체 시장을 키워 나갔다.

#IBM의 아버지 토머스 왓슨

1960년대와 1970년대 실리콘밸리에서 페어차일드반도체, 인텔, AMD를 비롯한 수많은 반도체 관련 기업들이 탄생하며 반도체 붐을 일으키고 있을 무렵, 반대편인 동부의 뉴욕에서는 실리콘밸리의 반도체를 사용한 기업용 컴퓨터를 개발해 엄청난 성공을 거두며 파죽지세로 성장하고 있는 IT 대기업이 있었다. 바로 기업용 컴퓨터를 판매하던 IBM이다[기업 이름 자체가 국제 기업용 머신(International Business Machines)임]. 당시 미국 서부 실리콘밸리에 IT 대기업으로 휴렛팩커드가 있었다면 동부에는 IBM이 있었던 것이다. 실리콘밸리의 반도체 사업은 IBM의 컴퓨터 사업이 전 세계적으로 엄청나게 성공하자 더불어 더 크게 부흥한다.

IBM의 전신은 1911년 허만 홀러리스가 설립한 (천공카드를 사용해 대용량 자료를 처리할 수 있게 해주는) 천공카드 기계 제작회사, 윌러드 번디가 설립한 출퇴근 기록 기계회사, 줄리어스 피트랩이 만든 저울회사, 그리고 알렉산더 듀이가 설립한 다이얼 레코더, 총 4개의 회사를 합병해 만든 '컴퓨

팅 타뷸레이팅 레코딩(Computing Tabulating Recording)' 컴퍼니, 즉 CTR
이라 불리는 회사다. 당시 찰스 플린트라는 CEO가 경영하고 있었는데 이
미 오랜 기간 적자에 허덕이고 있는 등 문제가 많았다.

그러다가 1914년에 입사해 만성 적자투성이의 CTR을 흑자로 바꾸고
후에 회장이 되어 세계적인 기업인 IBM으로 재탄생시킨 사람이 있다. 바
로 1900년대 초반, 경영의 귀재로 불렸던 토머스 J. 왓슨(이하 '토머스 왓
슨')이다. 그런데 더 중요한 사실이 있다. 매우 놀랍게도 토머스 왓슨은 20
대 초반 때만 해도 실패자이자 낙오자로 여겨졌던 인물이었다.

토머스 왓슨은 1874년생으로 젊은 시절에는 고향인 뉴욕의 핑거레이크
에서 오르간과 피아노를 근처 농장에 판매하는 영업사원으로 일했다. 박
봉인 영업사원으로 일하면서 겨우 모은 돈을 갖고 버펄로로 가 정육점을
개업한다. 그러나 정육점은 곧 망했고 토머스 왓슨은 20대 초반에 완전 무
일푼의 빈털터리 신세가 된다. 모든 것을 잃고 돈 한 푼 없던 토머스 왓슨
은 도대체 어떻게 세계 최고의 테크 기업인 IBM 회장이 되어 미국 최고의
부자 반열에까지 오르게 된 것일까?

토머스 왓슨은 다른 사람에게 망한 정육점을 넘기면서 NCR(National
Cash Register)이 만든 금전 등록기의 남은 할부 계약도 넘기기 위해 NCR
을 방문한다. 그렇게 NCR을 방문해 보고는 향후 금전 등록기 사업이 유망
하겠다고 판단한 토머스 왓슨은 수습 영업사원으로 써달라고 버펄로 영업
매니저인 존 레인지에게 간청했다. 당연히 한 번에 받아들여지지 않았다.
여러 번 거절을 당한 끝에 1896년 11월 존 레인지 밑에서 수습 영업사원
자리를 얻게 된다.

실제로 매우 뛰어난 영업 매니저였던 존 레인지 밑에서 토머스 왓슨은

성공적인 세일즈와 영업 조직을 관리하는 기법을 체계적으로 배우면서 영업사원으로 성공 가도를 달리게 된다. 특히 경쟁사의 제품으로 고전하고 있던 뉴욕 로체스터의 영업을 총괄하는 총책임자로 임명된 후에는 NCR의 금전 등록기의 시장 점유율을 거의 독점 수준으로 끌어올리는 사업 수완을 발휘했다. 실력을 인정받아 더 큰 지역의 영업 총괄을 맡게 되는 등 NCR에서 토머스 왓슨은 승승장구했다.

그런데 경쟁하는 다른 금전 등록기 기업들을 시장에서 몰아내기 위해 존 패터슨 NCR 회장이 경쟁사에 대한 중상모략이나 경쟁사 제품을 몰래 파손시키는 등의 불법적인 일들을 직원들에게 종용했고 토머스 왓슨도 가담하게 된다. NCR뿐만 아니라 토머스 왓슨을 포함한 임직원들은 1912년, 법안을 발의한 존 셔먼 의원의 이름을 따서 만들어진 '셔먼 반독점법' 위반 혐의로 기소됐고 토머스 왓슨은 1년의 징역형을 선고받는다.

1915년 항소심에서 토머스 왓슨은 무죄로 풀려났지만 존 패터슨 회장은 그동안 호의를 베풀었던 토머스 왓슨에게 갑자기 등을 돌렸다. 결국 토머스 왓슨은 그동안 회사 내에서 쌓아 올려온 지위를 다 잃고 NCR을 그만두게 된다. 그러나 이러한 어려움이 오히려 토머스 왓슨에게는 더 큰 성공의 기회가 된다. NCR에 계속 있었으면 가지 않았을 CTR에 들어간 것이다.

토머스 왓슨은 앞에서 잠깐 이야기한 CTR에 1914년 부장으로 합류했는데 NCR에서 배운 역량을 총동원해 뛰어난 세일즈 결과를 보여줬다. 그 결과, 불과 8개월 만에 사장의 자리에 오르게 된다.

토머스 왓슨은 직원들에게 '생각하라(Think)'라는 슬로건을 내세웠고 상업용 저울, 산업용 타임 레코더, 출퇴근 체크 기계 등 다양한 제품을 보유한 CTR의 사업을 빠르게 유럽, 남아메리카, 아시아, 호주로까지 확장한다.

그리고 1924년 2월 사명을 IBM으로 변경한다.

2차 대전이 터지자 미사일의 탄도를 계산하는 계산기나 암호 해독을 위한 장비를 개발해 군에 납품하면서 사업은 날개를 달고 더욱 번창한다. 1956년 토머스 왓슨이 타계할 당시 IBM의 매출액은 8억 9,700만 달러에 달했고 직원 수는 7만 2,500명이나 됐다. IBM은 명실공히 세계 최고의 기업 중 하나로 우뚝 서게 된다.

1964년 IBM은 상업용 및 연구용으로 활용 가능한 획기적인 컴퓨터 시스템인 'IBM 시스템/360'을 출시했고 실리콘밸리에서 반도체 기술이 빠른 속도로 발전하자 자사의 기업용 컴퓨터에 새로운 반도체를 탑재하면서 더 크게 성장하게 된다. 그런데 IBM은 1970년대 말까지만 해도 개인용 컴퓨터(PC) 시장에 들어가는 것은 아직 이르다고 생각했다. IBM의 이러한 생각을 바꿔주는 역사적인 사건이 1970년대 말에 터진다. 바로 세계 최초로 개인용 컴퓨터를 대량 생산해 판매하기 시작한 애플의 등장이다.

#애플과 개인용 컴퓨터 시대의 시작

1976년 컴퓨터 천재였던 스티브 워즈니악은 대학교를 졸업하고 당시 실리콘밸리 최고의 IT 기업이었던 휴렛팩커드에서 근무하고 있었다. 스티브 워즈니악은 회사에서 남아도는 부품들을 가져다가 자신만의 컴퓨터를 만들어보곤 했는데 1976년 3월 우리가 알고 있는 애플 I 의 설계도를 처음으로 완성한다.

스티브 워즈니악은 말 그대로 컴퓨터 천재였다. 애플 I 의 하드웨어, 서킷 보드(회로 기판), 운영 시스템까지 모두 다 혼자 디자인한 것이다.

당시만 해도 보급용 개인용 컴퓨터라는 것 자체가 없었다. 기업용 컴퓨터를 개발해 판매하던 IBM, 휴렛팩커드는 개인용 컴퓨터의 시장이 매우 작다고 생각하고 아예 흥미도 갖지 않았으며 진출하지도 않았다. 스티브 워즈니악은 자신이 만든 애플 I 의 설계도를 당시 일하고 있던 휴렛팩커드의 간부들에게 보여주면서 개인용 컴퓨터를 만들자고 제안했다. 그러나 휴렛팩커드의 간부들은 스티브 워즈니악의 제안을 5번이나 거절했다.

스티브 워즈니악의 가장 친한 친구이자 그의 천재성을 간파하고 있었던 스티브 잡스는 회사를 직접 세우고 개인용 컴퓨터를 만들어 팔자고 제안한다. 가난했던 스티브 워즈니악은 자본금도, 좋은 인맥도 없는 자신들이 어떻게 회사를 성공시킬지 매우 회의적이었다. 그러나 스티브 잡스의 끈질긴 설득에 스티브 워즈니악은 스티브 잡스의 집 차고에서 회사를 시작한다.

1976년 4월 스티브 잡스와 스티브 워즈니악, 두 히피 청년은 애플을 설립했고 1977년 4월 웨스트 코스트 컴퓨터 페어(West Coast Computer Fair)에 기념비적인 애플 II를 선보인다. 애플 II는 말 그대로 대박을 치게 되어 날개 돋친 듯 미국 전역으로 판매되면서 전 세계에서 가장 성공적으로 대량 생산해 판매된 첫 번째 개인용 컴퓨터가 된다.

애플로 인해 미국에 개인용 컴퓨터 시장이 열리게 됐고 이후 수많은 경쟁사가 개인용 컴퓨터 시장에 뛰어든다. 이 당시 게임기로 유명했던 아타리, 코모도어, 일본의 기업들, 그리고 IBM까지 1980년대 초부터 본격적으로 개인용 컴퓨터 시장에 진입한다.

#IBM의 몰락과 부활

IBM은 개인용 컴퓨터 시장의 폭발적인 성장 분위기를 타고 애플을 비롯한 다른 컴퓨터 제조업체들과 경쟁하며 1980년대 후반까지는 큰 성장을 지속했다. 그러나 이후 컴퓨터 하드웨어 분야에 수많은 경쟁사가 들어오자 흔들리기 시작한다. 그런 와중에 과거 IBM에 반도체와 컴퓨터 운영체제를 제공하던 기업에 불과했던 인텔과 마이크로소프트가 엄청난 이익을 거두며 초대형 IT 기업으로 성장했다.

IBM은 컴팩, 델 등 신생 제조업체들에도 밀려 1990년대 초반부터 대규모 적자를 기록했다. 어떻게 된 일일까? 1980년대를 지나 1990년대에 들어서면서 사람들에게는 컴퓨터 제조업체가 어디인지보다 어떤 운영체제와 CPU를 사용하는지가 더 중요해지기 시작한 것이다. 결과적으로 IBM은 그동안 마이크로소프트와 인텔이 시장을 지배하는 데 큰 도움을 준 셈이다.

IBM은 1993년 무려 80억 달러의 적자를 기록한다. IBM 이사회는 망하기 일보 직전인 회사를 되살리기 위해 새로운 CEO를 필사적으로 찾아 나서야만 했다. 마이크로소프트의 빌 게이츠, 애플의 존 스컬리, GE의 잭 웰치, 모토로라의 조지 피셔 등 내로라하는 IT 업계의 CEO들에게 제안했다. 그러나 당시 테크 분야에서 유명한 경영자들은 이미 사형 선고를 받아 죽기 일보 직전인 IBM의 CEO로 와달라는 제안에 모두 고개를 절레절레 저었다. 하는 수 없이 이사회가 급하게 찾아낸 인물이 누구였을까? 뜻밖의 인물이었다. IBM을 구원할 수장으로 오레오, 리츠, 칩스 아호이 등의 과자로 유명한 RJR 나비스코의 사장을 데려왔다. 훗날 망하기 일보 직전의 IBM을 극적으로 부활시켰다고 인정받은 전설적인 CEO인 루이스 거스너였다.

IT와는 거리가 먼 식품회사의 루이스 거스너가 IBM의 CEO로 온다는 소식을 듣자 많은 사람이 '감자칩'과 '컴퓨터칩'도 구분하지 못하는 사람 아니냐고 수군거렸다. 그러나 루이스 거스너는 사망 직전까지 몰렸던 IBM을 철저하게 뜯어고쳐 기존에 안주하고 있던 컴퓨터 하드웨어 제조 중심의 사업을 기업이 원하는 IT 서비스를 제공하는 고부가가치 IT 솔루션 기업으로 환골탈태시킨다.

당시 시장에는 수많은 소프트웨어 제조사들과 하드웨어 제조사들이 기업용 컴퓨터 시스템 시장에서 각축을 벌이며 치열하게 경쟁하고 있었다. 기업으로서는 각각의 소프트웨어와 하드웨어를 사다가 자신의 상황에 맞는 통합된 시스템을 만들어야 했다. 그런데 개별 기업이 이것을 모두 하기는 무척 어려웠다. 루이스 거스너는 이러한 기업 고객의 니즈(Needs)를 들은 다음, 원하는 대로 통합된 IT 시스템을 설계해주고 만들어주는 일이 미래에 큰 성장 가능성이 있을 것이라고 봤다. 이 예상이 적중했다.

루이스 거스너의 새로운 리더십 아래 IBM은 살아나기 시작한다. 루이스 거스너가 취임한 1993년 IBM의 시가총액은 290억 달러였지만 그가 은퇴한 2002년 IBM의 시가총액은 1,680억 달러로 5배 이상 올랐다.

#1990년대 후반 인터넷 시대의 개막

1993년 모자이크(Mosaic)라고 불리는 웹 브라우저가 출시되면서 일반 컴퓨터 사용자들도 현재 우리가 흔히 웹(Web)이라 부르는 월드 와이드 웹(World Wide Web) 접속이 가능해졌다.

1990년에서 1997년 사이에 미국 내 개인용 컴퓨터를 소지한 가구 수는 15%에서 35%로 많이 늘어났다. 그동안 컴퓨터라고 하면 직장에서 주로 사용하고 개인이 집에서 사용하기에는 비싼 사치품으로 생각했는데 이제는 가정에서도 점점 필수품이 되어 가고 있었다.

참고로, 최초의 웹 브라우저인 모자이크의 공동 창업자 중 1명이 현재 실리콘밸리에서 유명한 벤처캐피털인 안데르센 호로위츠를 설립한 마크 안데르센이다. 안데르센 호로위츠는 페이스북, 포스퀘어, 깃허브, 핀터레스트, 트위터 등의 초기 투자자로 매우 유명하다. 마크 안데르센은 넷스케이프커뮤니케이션을 창업하고 모자이크를 더 발전시킨 넷스케이프를 내놓았다. 넷스케이프커뮤니케이션은 1995년에 IPO(기업 공개)를 했고 마크 안데르센은 그해 〈타임〉의 표지 모델이 됐다.

30대 후반 이상이라면 기억할 가능성이 높은데 한국에서도 1990년대 중후반에는 개인용 컴퓨터, 노트북의 급속한 확산과 함께 '삐—', '삐—' 하는 접속 음으로 시작하는 천리안, 하이텔, 나우누리 등의 PC 통신의 시대가 막이 올랐다. 1990년대 후반부터 전국적으로 초고속 인터넷망이 깔리기 시작하면서 인터넷 사업이 폭발적으로 성장하며 IT 강국의 기틀을 다지게 됐다.

미국 실리콘밸리에서도 1990년대 중후반부터 수많은 인터넷 기업이 탄생했다. 우리가 잘 아는 야후는 1994년 서니베일에서, 구글은 1998년 4월 마운틴뷰에서 탄생했다. 마이크로소프트는 인터넷 브라우저 시장을 빼앗기 위해 자사의 윈도우에 인터넷 익스플로러를 기본으로 탑재했다가 반독점법 소송을 맞기도 한다(그렇게 위기에 봉착하는 것 같았지만 결국 합의로 끝났다).

이때 미국에서는 인터넷 산업의 급속한 발전과 더불어 인터넷 버블이 만들어졌다. 1998년 1,300포인트대였던 나스닥 지수는 2년만인 2000년 초에 무려 4배가량 오른 5,000포인트를 돌파했다. 그러나 2000년 3월 이후 2년간은 하락을 지속해 2002년 10월경에는 1,100포인트까지 주저앉았다. 이 시기에 경쟁력이 없던 수많은 닷컴 기업은 문을 닫거나 다른 기업과 통폐합되는 등 옥석 가리기가 시작됐다.

그러는 사이에도 2004년 마크 저커버그의 페이스북이 새롭게 등장해 소셜 네트워크라는 새로운 시장을 폭발적으로 성장시켰고 이베이, 페이팔, 아마존 등을 통해 온라인 쇼핑 시장 역시 급격히 성장했다. 애플에 CEO로 복귀한 스티브 잡스는 새로운 디자인의 아이맥과 온라인 음악 시장의 혁명을 가져온 아이팟, 아이튠즈를 시장에 내놓아 큰 성공을 거뒀다. 특히 2007년 아이폰을 출시해 컴퓨터를 주머니에 넣고 다니는 것과 같은 스마트폰 시대를 열었고 이는 바로 모바일 시대까지 열게 만들었다.

실리콘밸리의 테크 메가 트렌드

#넥스트 빅 씽

앞에서 실리콘밸리 테크 기업들의 역사를 통해 실리콘밸리에서도 크게 흥하는 산업들이 지속적으로 변화해왔음을 확인했다. 지금은 애플, 아마존, 구글, 마이크로소프트, 페이스북 등 모바일·온라인·소프트웨어 기업이 시가총액 상위를 차지하고 있다. 과연 이 기업들은 10년 후에도 선두의 자리를 지키고 있을 수 있을까? 단언할 수는 없지만 향후 현재의 온라인 및 모바일 시대를 넘어선 '새로운 시대'가 올 것이며 이에 빠르게 대처하고 변화하지 못하는 기업은 도태된다는 점은 확실하다.

그렇다면 이 '새로운 시대'란 무엇일까? 정확한 답은 아무도 모르겠지만 초일류 기업들이 미래를 위해 준비하고 있는 사업이 무엇인지 보면 힌트를 얻을 수 있다.

다음 표를 보면 실리콘밸리의 톱 5 기업들이 향후 주력할 영역이라고 선포하고 육성 중인 사업 분야가 서로 겹치는 것이 선명하게 보인다. 세계 시장을 선도하는 글로벌 테크 기업들이 주목하고 있는 분야가 겹친다는 이야기는 이 영역들이 향후 넥스트 빅 씽(Next Big Thing), 즉 미래에 산업을 선도할 분야가 될 가능성이 높다는 것을 의미한다.

글로벌 테크 기업들의 수많은 사업과 관련한 이야기는 이미 뉴스를 통해 많이 듣고 접한다. 하지만 정작 우리에게는 그 수많은 사업 분야, 기술 영역 중 어떤 것이 가장 우선순위가 되는 넥스트 빅 씽이 될지가 중요하다.

[글로벌 테크 기업의 미래 주력 사업]

기업명	미래 주력 사업			
	3개 기업 이상 겹치는 분야			
애플	인공지능	사물인터넷	가상·증강현실	자율주행
마이크로소프트	인공지능	사물인터넷	가상·증강현실	·
아마존	인공지능	사물인터넷	가상·증강현실	자율주행
구글	인공지능	사물인터넷	가상·증강현실	자율주행
페이스북	인공지능	사물인터넷	가상·증강현실	·

• 출처: 각 사 사업보고서

글로벌 테크 기업들이 미래 먹거리로 선포하고 집중적으로 연구·개발을 하는 분야는 인공지능, 사물인터넷(IoT), 가상현실(VR) 및 증강현실(AR), 자율주행 등 4가지다. 이 중 인공지능은 타 사업들을 유기적으로 연결해주는 가장 핵심적인 역할을 할 것으로 전망된다.

필자에게 가장 흥미로웠던 분야는 가상현실과 증강현실이다. 2000년대 초반에는 인터넷이, 2000년대 후반부터 현재까지는 모바일이 테크 산업의 중심이었다. 그렇다면 모바일 다음은 무엇일까? 이에 대한 힌트가 가상현실과 증강현실이라고 보기 때문에 가장 흥미를 갖게 됐다. 그래서 글로벌 테크 기업들이 모두 이 분야에 총력을 다하고 있다고 본다.

애플은 2007년에 시작한 '모바일 사업'을 통해 2020년 기준, 연간 매출액이 약 2,745억 달러(약 302조 원)나 되는 전 세계 1위 기업으로 등극했다.

글로벌 테크 기업들이 미래 사업으로 인공지능, 사물인터넷, 가상현실 및 증강현실, 자율주행을 주목하고 개발하고 있다는 것은 해당 분야가 애플의 '모바일 사업'처럼 미래에 가장 큰돈을 벌어줄 사업이라고 보고 있다는 말이다. 즉, 해당 분야에서 선두를 점하는 기업이 세계 최고의 기업이 될 가능성이 높다. 연결해서 생각해보면, 삼성전자, LG전자, 네이버, 카카오 등 국내 기업들도 해당 분야에 투자하고 준비하지 않으면 다가오는 미래 글로벌 테크 산업의 큰 흐름 속에 뒤처질 수도 있다는 말이 된다.

#실리콘밸리의 테크 메가 트렌드 ① 인공지능

앞으로 다가올 미래 사회를 이끌 핵심 영역으로 인공지능, 사물인터넷, 가상현실 및 증강현실, 자율주행 등을 들 수 있는데 이 중에서 핵심은 인공지능(Artificial Intelligence, AI)이다. 왜 인공지능이 핵심일까? 인공지능이 다른 수많은 4차 산업혁명 관련 사업들을 '좀 더 효과적으로 실행이 가능'하게 해주는 두뇌의 역할을 할 것이기 때문이다.

인공지능이라고 하면 일반인들은 공상과학영화에 나오거나 영화 '터미네이터'에 나오는 스스로 생각하고 움직이는 로봇을 떠올릴 수 있다. 하지만 일반적으로 비즈니스에서 이야기하는 인공지능은 개념이 조금 다르다. 쉽게 설명하면, 일상생활이나 산업 부문에서 다양한 기기를 통해 취득하게 되는 수많은 데이터를 컴퓨터가 빠르게 분석하고 학습해 현재 발생하고 있는 문제나 미래에 발생할 문제에 대한 가장 좋은 해결책을 스스로 제시해주는 기술을 의미한다.

과거에는 컴퓨터의 성능도 제한적이었고 유의미한 정보를 대량으로 신속하게 취합하고 분석하는 일도 어려웠기에 인공지능 기술이 발전하는 데 큰 한계가 있었다. 그러다가 2000년대에 들어서면서 인터넷 통신 기술 및 사물인터넷 관련 기술이 급속도로 발전하자 각종 기기로부터 필요한 정보를 시간과 공간의 제약 없이 취합할 수 있게 됐고, 특히 엔비디아 등이 개발하는 대규모 연산 처리가 가능한 GPU가 인공지능 기술의 개발에 적합하다는 사실이 밝혀지면서 더욱더 가속도가 붙었다. 여기에 데이터를 다양한 수학적인 알고리즘을 통해 컴퓨터가 스스로 학습하며 가장 적합한 솔루션을 찾아내는 기술인 머신 러닝이 발전하면서 인공지능은 이제 단순히 기업들의 현재 문제에 대한 솔루션을 제공해주는 범위를 벗어나 미래에 어떤 문제가 어디에서 발생할지도 알려주는 예측의 영역으로까지 진화하고 있다.

구글은 자사의 광고 시스템에 인공지능 기술을 결합해 광고주가 더 쉽고 효율적으로 광고를 게재할 수 있도록 함으로써 수익은 극대화하고 비용은 최소화하고 있다. 페이스북은 인종차별이나 증오, 거짓 뉴스, 사기 등과 같은 포스팅을 자동으로 잡아내는 데 인공지능을 활용하고 있다. 만약 사람이 일일이 확인하고 걸러내야 한다면 엄청난 시간과 비용이 소요될 것이다. 아마존은 자사의 쇼핑몰 사업 등에 인공지능을 활용할 뿐 아니라 클라우드 서비스를 제공하는 AWS(Amazon Web Services)를 이용하는 기업 고객들에도 인공지능 솔루션을 제공해 아마존 클라우드 생태계 안으로 끌어들이고 있다.

미래에는 인공지능의 활용이 어느 기업이든 당연하게 여겨지는 때가 올 것이다. 이를 통해 기업들은 복잡하고 방대한 데이터를 빠르게 분석하고 관리할 수 있게 된다. 과거보다 훨씬 더 효율적인 사업 및 마케팅 전략 수립, 생산 효율성 증대 등 전반적인 사업의 경쟁력 강화가 가능해질 것이다.

#실리콘밸리의 테크 메가 트렌드 ② 사물인터넷

사물인터넷(Internet of Things, IoT)은 말 그대로 우리 주변의 각종 사물(냉장고, 전등, 세탁기, TV, 자동차 등)에 센서와 통신 기능을 탑재해 인터넷에 연결하는 기술을 말한다.

이렇게 사물들이 인터넷에 연결되면 뭐가 좋을까? 사용자는 각 사물을 먼 거리에서도 편리하게 조종할 수 있으며 사물들로부터 수집되는 다양한 데이터를 유용하게 사용할 수 있게 된다. 대표적인 예가 스마트 홈 시스템이다. 아마존이나 구글 등에서 내놓는 작은 스마트 스피커를 집안 곳곳에 놔두면 음성만으로도 편리하게 집안 어디에서든 전등이나 냉난방기를 끄거나 킬 수 있으며 마당에 물을 주거나 TV 등을 작동시킬 수 있다. 이미 삼성전자나 LG전자는 각종 가전제품에 사물인터넷 기술을 적용한 고부가 서비스 제품을 출시하고 있으며 이를 통해 자사의 스마트 홈 생태계를 넓히려고 노력 중이다.

우리가 손목에 차고 있는 스마트 워치(손목시계)도 사물인터넷을 대표하는 제품 중 하나다. 애플 워치와 같은 스마트 워치를 손목에 차고 있으면 사용자의 운동량, 심박 수, 수면 시간 등의 건강 관련 데이터가 자동으로 쌓이게 되면서 너무 자리에 오래 앉아있거나 몸에 이상이 감지되면 알람을 주는 등 개인의 건강까지도 챙겨준다.

이게 다가 아니다. 사물인터넷은 산업 부문에서도 크게 사용된다. 각 기계장치에 센서가 부착되어 실시간으로 장치의 움직임을 데이터화하고 모니터링하여 작업 효율성을 증대시키고 각종 사고나 문제 발생을 미리 감지해 최소화할 수 있다.

정부는 공공장소나 도로의 CCTV 정보, 대기 상태나 쓰레기 양 등의 정보까지 모두 데이터화를 하면 교통 체증을 완화할 수 있고 환경오염을 최소화할 수 있다. 공공 부문에서도 업무 효율성이 극대화되는 것이다.

사물인터넷은 우리의 삶을 한층 더 풍요롭고 편리하게 해주는 중요한 기술로 자리를 잡아가고 있다.

#실리콘밸리의 테크 메가 트렌드 ③ 가상현실 및 증강현실

현재 실리콘밸리에서 가장 핫하게 연구·개발이 진행되고 있는 분야 중 하나가 바로 가상현실(Virtual Reality, VR)과 증강현실(Augmented Reality, AR) 분야다.

가상현실은 컴퓨터가 만든 가상세계를 머리에 쓰는 관련 기기를 통해 실제처럼 체험할 수 있도록 하는 기술을 말한다. 가상현실의 구현이 정말 가능할까? 그리고 어느 정도나 구현이 가능할까?

여기에 대한 답은 페이스북이 2020년 10월에 일반인도 쉽게 사용하도록 출시한 '오큘러스 퀘스트 2'를 사용해보면 바로 알 수 있다. 헤드셋을 쓰는 순간 눈앞에 펼쳐지는 새로운 세계는 내가 정말 다른 세상에 와있는 것과 같은 엄청난 몰입감을 선사해준다. 영화 '스타워즈'의 주인공이 되어 우주선을 조종하며 제국군의 군대를 공격할 수도 있고 지구 반대편에 있는 친구들과 같이 가상세계의 영화관에서 같이 영화도 감상할 수 있다. 심지어 내가 모르는 사람들과 같이 운동도 할 수 있다. 궁금하다면 매장에 가서라도 꼭 한번 체험해보기를 권한다.

가상현실 관련 헤드셋 가격이 과거에는 100만 원이 넘는 고가였지만 페이스북은 오큘러스 퀘스트 2를 30만 원대로 출시했다. 일반인도 비교적 쉽게 살 수 있도록 가격을 상당히 낮췄다. 이미 가상현실은 매우 높은 수준으로 구현이 되며 관련 기술은 매해 더 빠른 속도로 발전하고 있다.

가상현실이 헤드셋을 쓰고 실제가 아닌 가상의 세상을 경험하게 해주는 기술이라면 증강현실은 현실을 토대로 그 위에 가상의 사물이나 정보를 합성해 눈앞에 마치 가상의 사물들이 실제 존재하고 있는 것처럼 보이게 하는 기술이다. 수년 전에 큰 인기를 끌었던 '포켓몬 고' 게임이 바로 증강현실의 대표적인 사례다. 실제로 포켓몬은 존재하지 않지만 스마트폰으로 게임을 실행하면 스마트폰의 화면을 통해 보이는 눈앞의 현실 세계에 다양한 포켓몬이 보이게 된다. 그렇다면 증강현실은 게임을 좋아하는 사람들이나 쓸 것 같은 기술인데 왜 중요하다고 하는 걸까? 그 답은 바로 증강현실을 이용한 스마트 안경에 있다.

증강현실의 기술이 적용된 스마트 안경을 쓰면 눈앞에 TV나 컴퓨터가 나타나서 음성이나 손짓으로 원하는 정보를 검색하거나 영화, 음악을 감상할 수도 있고 내가 사용하는 전자 기기들도 손쉽게 조종이 가능하다. 이러한 기술이 정말 가능할까?

이미 구글이나 마이크로소프트는 기업용으로 관련 제품을 출시했고 기업들은 이를 산업 현장에서 활용하고 있다. 페이스북, 애플, 아마존 역시 증강현실의 기술 개발에 박차를 가하고 있다. 왜 글로벌 선두 테크 기업들은 증강현실에 큰돈을 투자하며 개발에 매진하고 있을까? 답은 바로 스마트 안경이 미래 스마트폰을 대체할 가장 유력한 기기이기 때문이다.

애플은 스마트폰을 출시해 세상을 모바일 중심으로 바꿨고 수년 만에 전 세계에서 기업 가치가 가장 큰 기업으로 도약했다. 앞으로는 스마트 안경의 시장을 먼저 선점하는 기업이 현재 애플의 자리를 대체할 수 있다는 말까지 나오고 있다.

스마트 안경에 대한 개발은 아직도 한창 진행 중이며 상용화되어 대중에게 출시되기까지는 시간이 좀 더 걸릴 것으로 예상된다. 출시 초기에는 비싼 가격, 쓰고 다니기 부담스러운 큰 사이즈 등의 이유로 스마트폰과 혼용해서 사용하는 정도, 혹은 부분적으로 대체하는 정도일 수 있다. 그러다가 소형화, 대량 생산으로 인한 가격 하락이 시작되면 스마트폰이 대중화됐던 것처럼 스마트 안경 역시 대중화가 될 것으로 전망된다. 그렇게 되면 스마트 안경에서 볼 수 있는 킬러 콘텐츠가 디바이스 확대에 매우 중요해지면서 스마트 안경에 적합한 새로운 콘텐츠, 광고와 관련한 시장이 새롭게 열릴 것이다.

#실리콘밸리의 테크 메가 트렌드 ④ 자율주행

'자율주행'이란, 운전자가 없는 상태에서 차량이 스스로 목적지까지 안전하게 운행할 수 있도록 만드는 기술이다.

SAE(미국자동차기술학회)에 따르면, 자율주행 관련 기술에는 0단계부터 5단계까지, 총 6가지 단계가 있다. 0단계는 운전자가 전적으로 모든 조작을 하는 단계, 1단계는 스마트 크루즈 컨트롤(SCC)과 같이 특정 주행 모드에서 시스템이 운전대의 조향(操向)이나 페달을 통한 가속 또는 감속 중 하나를 스스로 수행하는 단계다. 요즘 한국의 고급 차량에서 볼 수 있는 시스템인 자동으로 조향 및 가속·감속, 2가지를 모두 수행하는 고속도로 주행 보조(HDA)가 2단계에 해당한다. 0단계부터 2단계까지는 운전자가 기본적으로 주행을 담당한다.

그런데 3단계부터는 자동차가 기본적으로 운전을 담당하게 된다. 3단계에서는 자동차가 기본적인 운행을 책임지지만 긴급상황일 때는 탑승자가 운전한다. 언제든지 긴급상황이 발생할 수 있어 운전자는 절대 주행 상황에서 눈을 떼면 안 되는 단계다. 4단계는 3단계와 기본적으로 같은데 눈을 떼도 되는 차이가 있다. 운전 중 잠을 자도 되는 단계가 바로 4단계다. 긴급상황에서도 사람이 아닌 자동차가 운전을 한다.

마지막 5단계는 아예 운전자가 없는 단계다. 4단계는 자율주행을 할 수 있는 지역이어야 하는 제한이 있지만 5단계 기술이 구현되면 지역 제약이 아예 없어진다. 교통량이 많고 복잡한 도심처럼 고도의 운전 기술이 필요한 지역에서도 마음 편하게 책을 보거나 잠을 자도 상관이 없는 기술이 구현되는 단계가 바로 5단계다.

현대차를 비롯해 많은 자동차 제조사가 옵션으로 2단계에 해당하는 다양한 운전 보조 기능을 제공하고 있으며 그 수준도 상당하다. 하지만 자동차 업계에서는 아직 3단계 이상의 자율주행 기술을 완벽하게 구현해낸 제조사는 없다고 보고 있다. 2021년 4월 기준으로 테슬라가 3단계에 근접하기는 했지만 엄밀히 말하면 여전히 2단계 후반이라고 보고 있다.

현재 테슬라, 구글, 애플, 엔비디아 등 테크 기업뿐 아니라 자동차 제조사들, 그리고 스타트업들도 자율주행 기술의 개발에 뛰어들었다. 시장 조사 업체인 스트래티지 애널리틱스는 4단계 이상의 자율주행은 2030년이 돼서야 본격적으로 상용화될 것으로 예상했다. 그래도 앞으로 2~3년 내에 점차 진화된 자율주행 기술이 하나둘씩 차량에 탑재되는 모습을 볼 것이다. 이로 인한 자동차 실내 공간의 변화, 자동차와 관련된 생활 행태의 변화도 경험할 것이다. 특히 차 안에서 더 이상 운전하지 않게 되면 운전대는 사라질 것이다. 그리고 운전 대신 남는 시간을 어떻게 보내느냐, 즉 차 안에서 소비하는 콘텐츠의 중요성이 더욱더 높아질 것이다. 여기에서 광고, 음악, 영상 콘텐츠 판매, 서브스크립션(Subscription, 정기 구독) 등 새로운 수익 창출 기회가 크게 발생할 것이다. 애플, 구글 등 테크 선두업체들이 이 시장을 선점하려고 눈독을 들이고 있는 것도 이 때문이다. 자율주행차는 달리는 궁극의 스마트폰이 될 수도 있기 때문이다.

#실리콘밸리의 라이징 스타

다음 2장에서는 이러한 실리콘밸리의 메가 트렌드와 더불어 최근 떠오르고 있거나 그동안 주목받았는데도 또 다른 성장이 기대되어 다시 주목을 받는 테크 기업들을 하나씩 자세히 소개하려고 한다(표현 편의상 '라이징 스타'라는 카테고리로 담았다). 향후 좀 더 높은 투자 수익률을 기대하는 미국 주식에 투자하고 싶다면 반드시 알고 있어야 하는 기업들이기도 하다(필자는 그동안 실리콘밸리에서 근무하면서 이 기업들이 만드는 제품이나 서비스 대부분을 직접 사용해봤다). 실제로 큰 폭의 성장을 이루고 있거나 큰 성장 가능성이 있다고 평가받고 있어서 '제2의 ○○'이 될 가능성이 높기 때문이다.

이미 주가가 많이 오른 기업보다 저평가됐거나 상승 요인이 있는 기업에 투자하면 좀 더 높은 수익률을 기대할 수 있는데 이 라이징 스타 테크 기업이 그럴 것으로 기대된다.

또한, 2장을 통해 독자 여러분은 실리콘밸리의 테크 기업들이 어떻게 설립됐고 성장하고 있는지 더욱 잘 이해할 수 있을 것이다. 실리콘밸리에서 벌어지는 다양한 혁신의 전체적인 큰 흐름도 좀 더 생생하게 느낄 수 있을 것이다.

[향후 큰 성장이 기대되는 분야 및 관련 기업]

	분야	메인 사업	기업
1	반도체	GPU	엔비디아
2	온라인 스트리밍	온라인 스트리밍	넷플릭스
3		스트리밍 기기	로쿠
4	자율주행	라이다	벨로다인 라이다
5			루미나 테크놀로지스
6	핀테크	온라인 • 모바일 결제	페이팔
7			스퀘어
8	빅데이터 • 클라우드	데이터 분석	스노우플레이크
9			스플렁크
10			C3.AI
11	기업 생산성 향상 솔루션	CRM	세일즈포스닷컴
12		화상회의	줌
13		인사 관리	워크데이
14		전자 서명	도큐사인
15		구매 관리	쿠파
16		온라인 인증 관리	옥타
17	메타버스		유니티소프트웨어
18	우주여행		버진갤럭틱

• 주: 2021년 6월 기준

물론 이 기업들 외에도 미국에는 좋은 기업이 수없이 많다. 이 기업들만 볼 필요는 없다. 또한, 각 영역에서의 선두 기업이라도 주가가 고평가되어 있다면 주식을 사야 하는 타이밍은 아니다. 가격이 적정한 시점까지 오기를 기다려야 할 수도 있다. 따라서 앞의 표에서 말한 기업들에 대해 매매를 권유하는 것이 아니라는 점을 반드시 숙지하기 바란다.

그래도 표에서 말한 기업들은 미국 테크 산업 내 대표적이거나 주목을 받고 있는 기업들이기 때문에 이 책의 내용을 중심으로 본다면 분명 미국의 테크 기업과 산업을 보는 시야를 크게 넓힐 수 있다. 여기에서 얻은 지식을 바탕으로 내가 관심 있는 분야가 어디인지 고민해보고, 자신만의 미국 주식 투자 포트폴리오를 어떻게 만들고 어떤 기업들을 좀 더 공부할지에 대한 하나의 가이드 역할을 하는 책이 되면 좋겠다. 이 책을 쓴 목적이기도 하다.

필자는 앞에 나온 표의 기업들 외에도 현재 실리콘밸리에서 이슈가 되고 있거나 투자자들이 관심 있어 하는 기업들을 분석한 영상을 유튜브 '실리콘밸리 투데이' 채널에 꾸준히 올리고 있다. 이 책과 함께 본다면 미국 기업과 투자에 대한 더 다양한 지식과 혜안을 얻을 수 있을 것이다. 자, 그렇다면 이제 본격적으로 실리콘밸리에서 뜨고 있는 테크 기업들에 대해 알아보자.

실리콘밸리에는 워낙 테크 기업이 많다 보니 오다가다 뜻하지 않게 숨어 있는 테크 기업들의 본사를 보게 된다. 실리콘밸리에 사는 즐거움이자 특권 중 하나다.

산타클라라의 한인 식당으로 가다가 크고 너무나도 멋진 건물이 나오길래 '뭐지?' 하고 자세히 봤더니 엔비디아의 본사였다. 친구를 만나러 샌머테이오라는 동네에 갔다가 스노우플레이크의 본사와 마주치기도 했다. 산호세의 다운타운에 친구를 만나러 갔다가는 화상회의 소프트웨어 기업인 줌의 본사가 있다는 것을 처음 알게 됐다.

이렇게 전 세계에서 가장 핫한 테크 기업들을 바로 눈앞에서 보게 되면서 실리콘밸리의 테크 기업들에 자연스럽게 관심이 더 가게 됐고 어떻게 이 기업들이 이렇게 크게 성공할 수 있었는지 궁금해졌다. 그런데 의외로 미국의 테크 기업, 특히 한창 성장하고 있는 기업들에 대한 한글 자료는 찾기가 매우 힘들었다. 필자는 직접 영문으로 된 뉴스 기사나 각종 인터뷰, 관련 영문 서적, 미국 애널리스트들의 자료를 참고하며 공부했다.

2장

앞으로
큰 성장이 기대되는
라이징 스타

이번 장에서는 필자가 실리콘밸리에 살면서 더욱더 관심을 두고 잘 알게 된, 향후 큰 성장이 기대되는 테크 기업들에 대해 하나하나 자세하게 소개하려고 한다. 각 기업의 단순한 재무정보 나열이 아니라 해당 기업이 누구에 의해 어떤 철학을 갖고 어떻게 탄생해 성장했는지 등 각각의 독특하고도 재미있는 '스토리'를 독자 여러분에게 전달하는 데 주안점을 뒀다.

이번 장을 다 읽고 나면 미국의 테크 기업들이 어려움을 어떻게 이겨내며 성장했는지, 그리고 미래를 위해 어떤 방향으로 나아가고 있는지 큰 흐름이 보일 것이다.

엔비디아
자율주행차 시장의 야심가

엔비디아(Nvidia, 티커: NVDA)는 2020년 전까지만 해도 게임을 좋아하는 사람들만 주로 알고 있던 기업이었다. 그러나 2020년 코로나는 4차 산업혁명에 핵심적인 역할을 하는 테크 기업으로 게임에 전혀 관심이 없던 사람들에게까지 엔비디아의 이름을 널리 알렸다.

엔비디아의 주가 역시 코로나 이후 1년 만에 무려 3배 가까이 폭등하기도 했다. 또한 2020년 6월 엔비디아는 벤츠와 파트너십을 맺고 자사의 자율주행차용 인공지능 플랫폼을 2024년부터 벤츠의 차량에 장착해 출시하기로 발표하면서 자율주행 분야에서도 큰 영향력을 행사하는 기업으로 주목받게 됐다. 도대체 엔비디아는 무엇을 만드는 회사이길래 이렇게 갑자기 투자자들에게 인기가 많아졌고 4차 산업혁명의 최대 수혜주로 각광받고 있는 것일까?

#그래픽 카드에 들어가는 칩셋 GPU를 만들다

엔비디아는 컴퓨터에서 이미지를 처리하는 데 특화된 컴퓨터 그래픽 처리장치, 즉 GPU(Graphics Processing Unit)를 설계하고 만드는 기업이다. 엔비디아 이전에는 인텔, AMD 등이 만든 중앙 처리장치 CPU(Central Processing Unit)가 그래픽까지 모두 처리했다. 엔비디아 창업자 젠슨 황은 컴퓨터 그래픽 분야가 뜰 것을 일찌감치 예상하고 1990년대 초반에 뛰어들어 이전에는 없던 시장을 새롭게 만들어냈다. 이제는 젠슨 황이 개발한 GPU가 4차 산업혁명에서는 없어서는 안 되는 매우 중요한 제품이 됐다.

컴퓨터에서 그래픽 처리가 가장 많이 필요한 분야가 어디일까? 바로 컴퓨터 게임이다. 사업 초기인 1990년대부터 최근까지 엔비디아의 매출 대부분을 책임졌던 주력 사업 분야는 당연히 컴퓨터에 들어가는 그래픽 카드였다. 그렇다면 젠슨 황은 왜 갑자기 GPU를 만드는 회사를 설립했고 엔비디아는 어떻게 성장한 것일까?

#게임광이었던 청년

엔비디아의 창업자는 대만계 이민자인 젠슨 황이다. 젠슨 황은 1963년에 대만 남부의 타이난에서 태어났으며 어렸을 때 미국에 이민을 오게 된다. 1984년 오리건주립대학교를 졸업하고 스탠퍼드대학교에서 전자공학 석사를 취득한 다음, LSI로직, AMD 등 반도체 관련 기업에서 마이크로프로세서 설계 디자이너로 일했다.

1990년대에도 개인용 컴퓨터 산업 시장은 빠르게 성장하고 있었지만 그래도 컴퓨터 전체 시장에서는 차지하는 비중이 미미했다. 생산되는 컴퓨터 대부분은 사무용으로 사용되고 있었다. 그래서인지 몰라도 그 당시 컴퓨터 게임 산업은 거의 미미한 수준이었다. 물론 컴퓨터로 지금과 같은 수준의 초고화질의 동영상을 보는 것은 상상조차 할 수 없었던 때였다.

컴퓨터의 두뇌 역할을 하며 복잡한 연산을 빠르게 처리하는 CPU, 즉 중앙 처리장치 부문은 인텔이 기술 혁신을 선도하며 빠르게 성장하고 있었지만 그래픽 처리장치 부문은 발전이 매우 더디었다. 젠슨 황은 이러한 시장 상황이 마음에 들지 않았다. 왜였을까? 젠슨 황은 컴퓨터 게임을 무척 좋아하는 게임광이었기 때문이다. 그 당시의 구식 그래픽 처리장치로는 좋은 그래픽의 게임이 아예 나올 수 없다는 점을 누구보다 잘 알고 있었다. 보통 사람 같으면 불평만 하고 말았겠지만 젠슨 황은 친구 2명과 이야기를 나눈 끝에 좋은 그래픽 처리장치를 직접 만들기로 마음먹는다. 그래서 만든 회사가 바로 엔비디아다. 컴퓨터 게임을 너무 좋아했던 젠슨 황은 게임 산업이 미래에는 훨씬 더 크게 성장할 것이라고 믿었다. 그리고 그의 선견지명은 10년 후 그대로 적중한다.

여기에서 한국 부모들에게 당부하고 싶은 말이 있다. 아이들이 컴퓨터 게임을 좋아한다고 너무 나무라지만 말라는 것이다. 컴퓨터 게임은 아이들이 컴퓨터에 관심을 두게 되는 가장 큰 계기가 된다. 아이들은 게임을 하기 위해 컴퓨터에 대해 스스로 공부하고 배워가며 문제를 해결하는 방법을 찾는다. 필자의 주변에 개발자로 크게 성공한 사람들이 있는데 다들 공통점이 있다. 어렸을 때 게임을 무척 좋아했고 그렇게 컴퓨터 프로그래밍에 입문하게 됐다는 점이다. 만약 아이가 컴퓨터 게임을 너무 좋아한다면 코딩 스쿨에 보내서 컴퓨터 프로그래밍을 배우도록 해보는 것은 어떨까? 스스로 게임을 만들어 보라고 하는 것이다. 페이스북의 마크 저커버그도, 마이크로소프트의 빌 게이츠도, 젠슨 황도 모두 어렸을 때는 컴퓨터를 너무나 좋아하던 아이들이었다. 물론 게임에만 너무 빠지는 것을 막기 위해 사용 시간제한 등이 필요하겠지만 무조건 게임은 나쁘다고 생각하지 말고 아이들이 상상의 나래를 펼치고 호기심을 생산적인 방향으로 바꿀 수 있도록 코딩을 배우게 하는 등 동기부여를 주는 것은 어떨까?

#컴퓨터 그래픽 카드를 통한 성장

젠슨 황은 1993년 선마이크로시스템즈의 그래픽 칩 설계 디자이너였던 커티스 프리엠, 전기 엔지니어였던 크리스 말라초스키와 함께 단돈 4만 달러, 당시 환율로 한화 4,000만 원 정도를 모아 엔비디아를 창업한다.

엔비디아(Nvidia)라는 이름은 '다음 버전'이라는 의미의 'NV(Next Version)'와 질투를 의미하는 라틴어인 'Invidia'를 합쳐서 지었다고 한다. 당시 실리콘밸리에서 가장 유명한 벤처 투자사인 세콰이어캐피탈은 엔비디아의 장래성을 보고 220억 원을 투자했다. 엔비디아는 2년간의 노력 끝에 1995년 NV 1이라는 GPU를 처음 출시했다.

NV 1은 2D와 3D 그래픽뿐만 아니라 음성까지 처리할 수 있었고 다른 제품보다 뛰어난 성능의 그래픽 프로세서였다. 하지만 가격이 비싸고 독자적인 기술이라서 호환성이 떨어진다는 약점이 존재해 시장에서 크게 성공하지 못했다. 그런데 일본의 게임회사인 세가가 NV 1을 자사의 새턴 게임 콘솔에 탑재하기로 하면서 엔비디아는 전환점을 맞는다. 세가로부터 받은 돈으로 다음 버전인 NV 2를 만들 수 있게 된 것이다. 이후 NV 3, NV 4 등 더 나은 성능의 GPU를 지속적으로 개발하고 출시하면서 엔비디아는 서서히 시장에서 명성을 얻게 된다. 특히 1990년대 말에 출시된 NV 4와 NV 5의 GPU는 큰 성공을 거뒀고 1999년 말에 출시된 NV 10은 지포스

256이라는 새로운 이름으로 출시되었는데 현재의 지포스(GeForce) 제품 시리즈의 시초가 된다. 시장에서 GPU라는 단어가 널리 사용되기 시작한 것도 바로 이때부터였다. 특히 1990년대 후반에는 개인용 컴퓨터의 가격이 더 저렴해지고 더 많이 보급되면서 게임 시장도 급속도로 성장했고 레인보우식스 등의 3D 게임들을 끊김 없이 부드럽게 플레이할 수 있게 해준 엔비디아의 GPU는 시장의 표준이 되면서 큰 인기를 얻게 된다.

초기에 이러한 성장 과정이 있어서 '엔비디아' 하면 컴퓨터 그래픽 카드를 떠올리는 사람이 아직도 많다. 여전히 엔비디아는 컴퓨터 그래픽 카드에 사용되는 GPU 부문 최고의 회사이며 2020년 9월에 출시한 엔비디아의 최신 그래픽 카드인 RTX 30 시리즈 역시 판매 개시 후 바로 품절이 됐을 정도로 엄청난 인기를 끌고 있다.

관심이 없는 사람들은 잘 모를 수 있으나 소득 수준 증가와 함께 엔터테인먼트 분야가 동반성장하면서 글로벌 게임 산업 역시 점차 빠르게 성장해가고 있다. 따라서 더 현실적인 그래픽을 구현해 내는 것이 중요한 미래의 게임 산업에서 엔비디아가 만드는 고(高)사양의 게임용 그래픽 카드 사업은 성장 전망이 좋을 수밖에 없다. 실제로 엔비디아의 게임용 그래픽 카드 부문 매출은 전체 매출 중 42%를 차지하고 있으며 전년 대비 25% 이상 성장했다. 하지만 이보다 더 중요한 것이 있다. 엔비디아의 GPU가 게임 이외에 다른 부분에서도 활발하게 쓰이기 시작한 것이다. 대체 어디에서 사용되는 것일까?

#기대되는 전문 시각화 그래픽 카드 사업

컴퓨터 그래픽이 많이 쓰이는 분야를 생각해 보면 답이 나온다. 바로 정밀한 CG 작업 등이 많이 필요한 영화 산업이다. 요새는 영화, 드라마를 제작할 때 컴퓨터 그래픽이 폭넓게 사용되고 있으며 이제는 현실인지, CG인지 구분이 안 되는 경우가 많을 정도로 고도화된 그래픽 기술이 사용되고 있다. 이때 대용량의 이미지 데이터를 재빠르게 처리해줄 수 있는 칩셋(Chipset)이 필요한데 바로 엔비디아의 GPU가 전문 그래픽 프로그램을 구동해 고사양의 CG 작업을 신속하게 처리하는 데 사용되고 있다.

영화의 CG나 3D 그래픽, 최근 미래 사업으로 각광받는 가상현실이나 증강현실 분야 등에 사용되는 GPU를 설계 및 제작하는 사업 부문을 '전문 시각화 그래픽 카드 사업'이라고 부른다. 넷플릭스의 '아이리시맨', 마블의 흥행 대작 '어벤져스: 엔드 게임' 등을 제작할 때에도 엔비디아의 쿼드로 GPU가 시각적 특수효과 장면을 만들어 내는 데 사용됐다. 이 사업 부문은 게임 그래픽 카드 부문보다 규모는 작지만 고부가가치 사업 영역인데 엔비디아의 전체 매출 중 5%를 차지하고 있다. 향후 커질 가상현실 및 증강현실 시장을 따라 이 사업 부문도 덩달아 커질 수밖에 없다.

#인공지능 및 대용량 데이터 처리 강자 GPU

그동안 엔비디아의 그래픽 처리장치인 GPU는 컴퓨터 그래픽을 처리하는 데 주로 사용됐다. 그런데 최근 GPU를 인공지능이나 대용량 데이터 처리 부문에 사용하면 큰 가성비를 낼 수 있다는 사실이 각종 연구를 통해 밝혀지면서 GPU가 인공지능과 대용량 데이터 처리 부문에서 크게 사용되기 시작했다. 이미 수많은 전문가나 뉴스가 클라우드 컴퓨팅 사업 부문이 미래에 5G 인프라의 구축과 함께 4차 산업혁명을 이루는 근간이 될 것이고 아마존, 마이크로소프트, 구글 등 일류 테크 기업들이 앞다퉈 뛰어들면서 크게 확장하고 있다고 말하고 있다.

　이러한 클라우드 컴퓨팅 사업을 하려면 대규모 데이터센터를 전 세계 여러 지역에 지어야 하는데 이때 수많은 데이터를 빠르게 처리하기 위해 엄청난 양의 GPU가 필요하다. 따라서 GPU 시장의 최강자인 엔비디아 역시 데이터센터용 GPU 분야에서 엄청난 성장을 전망할 수 있게 됐다. 이미 2020년 2분기에 사상 최초로 엔비디아의 데이터센터 부문 매출이 전체 매출의 45%로 게임 그래픽 카드 부문을 앞질러 버렸다. 특히 2019년 대비 매출은 거의 3배 이상 큰 폭으로 상승했다.

　창사 이후 주 매출이 컴퓨터 게임용 그래픽 카드 부문이었는데 이제 데이터센터 부문의 매출이 더 크게 발생한다는 것은 향후 엔비디아의 주력 산업이 어떻게 급격하게 바뀌고 있는지 명확하게 보여주는 매우 중요한 사건이라고 할 수 있다. 이제 엔비디아의 GPU가 컴퓨터 게임이나 영화 등에서 고화질의 그래픽을 처리하기 위해 사용되고, 또한 인공지능 및 데이터센터 부문에서 대량의 데이터를 좀 더 효율적으로 신속하게 처리할 때 사용된다는 것은 이해할 수 있게 됐다. 그런데 도대체 엔비디아의 GPU와 자율주행 간에 무슨 연관이 있길래 앞에서 잠깐 말한 것처럼 엔비디아가 자율주행 시스템을 만든다고 하는 것일까?

#GPU는 자율주행 시스템의 핵심 부품

　GPU와 자율주행은 매우 밀접한 관계가 있다. 왜 그럴까? '자율주행'이라는 것을 자세히 살펴보면 쉽게 이해할 수 있다. 자율주행 시스템은 크게 두 부분으로 나눠진다. 컴퓨터 비전 부분, 그리고 운행 판단 및 실제 운전을 위한 인공지능 제어장치 부분이다.

컴퓨터 비전 부분은 차량에 탑재된 카메라로 차량 앞에 있는 물체가 자동차인지, 사람인지, 건물인지 등을 각각 분리해 인식하고 컴퓨터가 처리할 수 있도록 처리 가능한 데이터의 형태로 빠르게 만들어주는 기술을 의미한다. 이때 다양한 대용량 그래픽 데이터를 순식간에 처리하는 데 특화된 엔비디아의 GPU가 사용된다. 각 카메라에 찍힌 영상들이 엔비디아의 AGX라는 플랫폼 위에 빠르게 인식되는 것이다.

이렇게 이미지가 인식됐다고 끝이 아니다. 이미지 등의 수집된 데이터를 컴퓨터가 순식간에 분석해서 차량이 직진해야 하는지, 멈춰야 하는지, 아니면 옆으로 피해야 하는지 등의 판단을 실시간으로 해야 사고까지 막으면서 완벽한 자율주행을 이룰 수 있기 때문이다. 이와 관련된 것이 인공지능 제어장치 부분이다.

데이터센터 부문에서도 언급했듯이 이러한 인공지능을 구동시킬 때에도 GPU가 필수적으로 사용된다. 인공지능이 순식간에 주변 사물에 대한 이미지 데이터를 분석하고 실시간으로 판단해 주어진 상황에 대응해야 하므로 대량의 데이터를 순식간에 분석하는 인공지능 연산 처리에 가장 적합한 장치인 GPU가 여기서도 꼭 필요하다.

따라서 엔비디아가 자율주행 시스템 개발에 나서는 것은 결코 우연이 아니다. 자율주행 시스템 개발에 가장 적합한 반도체 칩의 형태인 GPU를 생산하고 있기 때문에 인텔, AMD 등의 경쟁사들과의 경쟁에서 이기고 사업의 존속과 성장을 위해서는 엔비디아에 자율주행은 필연적으로 가야만 하는 방향이다. 테슬라도 처음 자율주행 기능을 개발할 때에는 모빌아이라고 하는 스타트업의 시스템을 사용하다가 결별하고 한때는 엔비디아의 반도체 칩을 사용하기도 했다. 참고로, 테슬라는 현재 엔비디아와도 결별하고 아예 자체적으로 자율주행을 위한 반도체 칩을 설계해 삼성전자가 위탁 생산을 하고 있다. 그렇다면 엔비디아의 자율주행 사업 부문의 미래 성장성은 어떠할까?

현재 엔비디아의 자율주행 부문의 매출액은 1억 달러(1,100억 원) 정도로 전체 매출액에서 약 2.9%밖에 되지 않는다. 게다가 전년 대비 거의 반토막이다. 매출 추이를 봐도 하락세다. 그렇다면 엔비디아의 자율주행 사업 부문은 장래가 어두운 것일까?

아니다. 현재의 매출 규모나 추이를 보고 섣불리 판단하는 것은 이르다. 왜냐면 자율주행 부문은 아직 걸음마 단계이기 때문이다. 향후 모든 차에 자율주행 기능이 탑재되는 시대가 본격화된다면 어느 자동차 제조사든 쉽게 장착이 가능한 '엔드 투 엔드(End to End, '처음부터 끝까지'의 의미)' 형태의 자율주행차용 플랫폼을 제공하는 엔비디아가 가장 큰 수혜를 입는, 즉 가장 폭발적인 성장이 예상되는 기업이 될 수 있다.

#엔드 투 엔드

여기에서 중요한 점이 바로 '엔드 투 엔드'라는 말에 있다. 과거 엔비디아는 자율주행에 필요한 여러 부분 중에서 주로 GPU 칩 관련된 부분만을 제공했다. 그런데 이제는 GPU 칩만을 공급하는 것이 아니라 기존의 자동차 제조사가 원하기만 하면 탑재가 가능한 자율주행 자동차용 인공지능 플랫폼 전체를 통째로 제공할 수 있다. 그래서 '엔드 투 엔드'라고 한 것이다.

엔드 투 엔드, 이것이 엔비디아 자율주행 시스템 사업의 무서운 점이라고 할 수 있다. 테슬라가 독자적으로 자율주행 시스템을 개발하고 있지만 벤츠, 아우디, 폭스바겐 등 기존의 완성차 업체들은 저마다 독자적으로 자율주행 시스템을 만드는 것이 절대 쉽지 않다. 엔비디아가 이번 벤츠와의 파트너십을 통해 자율주행 시스템의 전 부분을 아우르는 원스톱 솔루션을 출시하고 벤츠의 모든 차량에 성공적으로 탑재시킨다면 다른 완성차 업체들도 엔비디아의 자율주행 시스템을 탑재할 가능성이 높아진다. 미래에는 수천, 수백만 대의 차량에 엔비디아의 솔루션(자율주행 시스템)을 채택하는 상황이 올 수도 있다는 이야기다.

현재 이 분야에서 엔비디아의 경쟁사가 인텔밖에 없다는 점도 매우 중요하다. 따라서 2020년 벤츠와의 파트너십은 미래 자율주행차용 인공지능 플랫폼을 선점하려는 엔비디아에 매우 큰 의미가 있다.

이뿐만이 아니다. 엔비디아는 토요타, 폭스바겐, 아우디, 볼보 등 다른 완성차 업체들과 적극적으로 파트너십을 맺고 있다. 또한, 트럭 관련 업체, 로봇 택시 스타트업, 무인 셔틀 스타트업, 차량용 부품 공급 업체, 카메라 이미징 등 센서 관련 하드웨어 부문의 글로벌 톱 기업들과도 협력해 자율주행차용 인공지능 솔루션을 개발하고 있다.

현재 엔비디아의 자율주행 플랫폼은 드라이브 AGX라고 불리는 컴퓨팅 플랫폼이다. 자비에와 페가수스, 2가지 플랫폼으로 되어 있다. 자비에는 운전자의 적극적인 제어가 필요한 오토파일롯(Autopilot) 시스템의 목적으로 설계됐고, 훨씬 더 강력한 성능을 보유한 페가수스는 슈퍼 컴퓨팅을 통한 완전 자율주행을 목적으로 설계됐다. 특히 엔비디아의 드라이브 생태계 역시 개방적이고 확장 가능한 플랫폼을 채택해 테슬라와 같이 무선으로 업데이트가 되고 지속적으로 시스템이 개선되는 형태를 취하고 있다.

엔비디아는 벤츠와 파트너십을 통해 공동으로 기술을 개발해 2024년부터 벤츠의 모든 차세대 차량에 자율주행 소프트웨어를 제공하기로 밝혔다. 이번 파트너십으로 개발되는 플랫폼의 이름은 '엔비디아 드라이브 AGX 오린(Orin)'이다. 이 플랫폼은 기존 자동차의 전자 제어장치를 대신해 차량의 모든 제어와 정보 처리를 맡는다고 한다. 목적지까지 운전자의 개입 없이 완전히 자율주행하는 것이 목표이고 우선 자율주행 4단계 수준까지 구현할 계획이라고 한다. 벤츠는 이러한 엔비디아의 드라이브 자율주행 아키텍처(Architecture)가 향후 벤츠의 모든 차량의 표준이 될 것이라고 밝히기도 했다. 물론 이러한 개발에는 시간이 많이 소요되므로 어떻게 이 소요 시간을 단축할지가 관건일 것이다.

#엔비디아의 ARM 인수

엔비디아의 미래 자율주행 사업과 관련해 또 하나 관심 있게 지켜봐야 하는 것이 있다. 바로 최근 큰 이슈를 만든 ARM 인수다.

엔비디아는 2020년 9월 일본 소프트뱅크그룹으로부터 ARM을 400억 달러(44조 원)에 인수하겠다고 발표했다. ARM은 모바일에 들어가는 칩셋 설계로 유명하다. 엔비디아는 그동안 컴퓨터용 그래픽 카드 시장에서는 매우 강했지만 모바일 시장 부문에서는 영향력이 미미했다. 엔비디아가 ARM을 인수하면 모바일용 그래픽 부문이 크게 강화될 것은 쉽게 예상할 수 있다. 그런데 왜 ARM 인수가 엔비디아의 자율주행 플랫폼 개발에도 중요하다고 하는 것일까? 바로 ARM은 자율주행용 인공지능 분야에서도 다양한 글로벌 파트너와 함께 폭넓은 연구·개발을 지속해왔기 때문이다.

ARM은 이미 자율주행 관련 AI 부문에서 퀄컴, 삼성전자, 다임러, 아우디, NXP, 미디어텍 등과 같은 다양한 파트너와 공동으로 기술을 개발하고 있다. 2018년 말에는 자율주행차의 센서로부터 나오는 데이터 스트림(Data

Stream)을 실시간으로 핸들링할 수 있는 새로운 칩의 디자인을 공개했다. 특히 2020년에는 자율주행차에 들어가는 칩과 시스템을 표준화하기 위해 토요타, GM과 파트너십을 맺었다고 발표했다.

2021년 6월 초 현재 엔비디아의 ARM 인수는 여러 난관에 봉착해 있다. 본사가 영국인 ARM은 유럽연합(EU)과 중국에도 사무실을 두고 있는 관계로 인수가 완료되려면 미국, 영국, 유럽연합, 중국 정부의 승인을 받아야만 한다. 그런데 중국 정부가 미국의 영향력 확대를 이유로 인수 불허를 예고하고 있고 영국 정부도 국가안보 영향을 고려해서 결정하겠다는 성명을 2021년 4월 19일에 발표했다. 따라서 엔비디아의 ARM 인수가 성공할지는 좀 더 시간을 두고 지켜봐야 한다. 만약 엔비디아가 ARM을 성공적으로 인수한다면 ARM은 엔비디아가 자율주행 개발을 가속화하는 데 큰 도움을 줄 것이다.

#엔비디아의 신성장 동력

엔비디아는 2035년경에는 자율주행 플랫폼 사업이 600억 달러(66조 원) 규모로 성장하고 그중 400억 달러(44조 원)는 자율주행차에서, 200억 달러(22조 원)는 로봇 택시에서 나올 것으로 예상하고 있다. 현재 엔비디아의 사업 포트폴리오에서 가장 작은 비중을 차지하고 있는 자율주행이 엔비디아의 미래를 떠받쳐줄 중요한 미래 사업의 한 분야인 것이다.

완전한 자율주행 기술이 도입되면 운전하지 않는 사람이 급격하게 늘어나면서 자동차 안에서 운전 대신 책이나 영화를 보는 등 다른 일을 하는 모습이 일상화될 것이다. 일반 양산차에도 자율주행을 위한 소프트웨어와 하드웨어가 탑재되기 시작하면 이미지 분야 관련 딥러닝 기술 구현에 필수적인 고성능 GPU가 대량 생산되어야 하므로 이 분야의 선두주자인 엔비디아의 사업은 더욱더 성장할 것이다.

다시 한번 말하는데 엔비디아의 자율주행 사업에서 가장 중요한 것은 '엔드 투 엔드(End to End)'이다. 즉, 자율주행차의 개발자들이 사용하는 프로그래밍 언어부터 차량으로부터 수집되는 각종 데이터를 저장하는 데이터센터, 차량 제어를 위한 인공지능 플랫폼 등 자율주행의 전 과정에 필요한 원스톱 자율주행 솔루션을 완성차 제조업체와 관련 서비스 업체들에 제공할 수 있는 개방형 자율주행 인공지능 플랫폼을 보유한 유일한 회사가 바로 엔비디아가 될 것이다.

#엔비디아의 실적

엔비디아의 재무 상황을 살펴보자. 엔비디아의 매출액은 2017년 약 69

[엔비디아의 매출]

Annual Data	Millions of US $ except per share data		2021-01-31	2020-01-31	2019-01-31	2018-01-31	2017-01-31
Revenue	ⅼⅈⅈ	$16,675	$10,918	$11,716	$9,714	$6,910
Cost Of Goods Sold	ⅼⅈⅈ	$6,279	$4,150	$4,545	$3,892	$2,847
Gross Profit	ⅼⅈⅈ	$10,396	$6,768	$7,171	$5,822	$4,063
Research And Development Expenses	ⅼⅈⅈ	$3,924	$2,829	$2,376	$1,797	$1,463
SG&A Expenses	ⅼⅈⅈ	$1,940	$1,093	$991	$815	$663
Other Operating Income Or Expenses	ⅼⅈⅈ	-	-	-	-	-
Operating Expenses	ⅼⅈⅈ	$12,143	$8,072	$7,912	$6,504	$4,976
Operating Income	ⅼⅈⅈ	$4,532	$2,846	$3,804	$3,210	$1,934
Total Non-Operating Income/Expense	ⅼⅈⅈ	$-123	$124	$92	$-14	$-29
Pre-Tax Income	ⅼⅈⅈ	$4,409	$2,970	$3,896	$3,196	$1,905
Income Taxes	ⅼⅈⅈ	$77	$174	$-245	$149	$239
Income After Taxes	ⅼⅈⅈ	$4,332	$2,796	$4,141	$3,047	$1,666
Other Income		-	-	-	-	-
Income From Continuous Operations	ⅼⅈⅈ	$4,332	$2,796	$4,141	$3,047	$1,666
Income From Discontinued Operations		-	-	-	-	-
Net Income	ⅼⅈⅈ	$4,332	$2,796	$4,141	$3,047	$1,666

• Revenue: 총매출액 / Cost of Goods Sold: 매출 원가 / Gross Profit: 매출 총이익 / Research And Development Expenses: 연구개발비 / SG&A Expenses: 판매관리비 / Operating Income: 영업 이익 / Net Income: 순이익
• 단위: 백만 달러 │ 출처: macrotrends.net

억 달러(약 7조 6,000억 원)에서 현재 약 166억 달러(약 18조 3,000억 원)로 2배 이상 성장했다. 순수익은 약 43억 달러(약 4조 7,000억 원)이다.

보유한 현금은 2021년 1월 말 기준 115억 달러(약 12조 7,000억 원) 정도다.

[엔비디아의 자산 현황]

Annual Data | Millions of US $ except per share data		2021-01-31	2020-01-31	2019-01-31	2018-01-31	2017-01-31
Cash On Hand	📊	$11,561	$10,897	$7,422	$7,108	$6,798
Receivables	📊	$2,429	$1,657	$1,424	$1,265	$826
Inventory	📊	$1,826	$979	$1,575	$796	$794
Pre-Paid Expenses	📊	$239	$157	$136	$86	$118
Other Current Assets		-	-	-	-	-
Total Current Assets	📊	$16,055	$13,690	$10,557	$9,255	$8,536
Property, Plant, And Equipment	📊	$2,149	$1,674	$1,404	$997	$521
Long-Term Investments		-	-	-	-	-
Goodwill And Intangible Assets	📊	$6,930	$667	$663	$670	$722
Other Long-Term Assets	📊	$2,144	$118	$108	$319	$62
Total Long-Term Assets	📊	$12,736	$3,625	$2,735	$1,986	$1,305
Total Assets	📊	**$28,791**	**$17,315**	**$13,292**	**$11,241**	**$9,841**
Total Current Liabilities	📊	$3,925	$1,784	$1,329	$1,153	$1,788
Long Term Debt	📊	$5,964	$1,991	$1,988	$1,985	$2,014
Other Non-Current Liabilities	📊	$1,375	$775	$633	$632	$277
Total Long Term Liabilities	📊	$7,973	$3,327	$2,621	$2,617	$2,291
Total Liabilities	📊	**$11,898**	**$5,111**	**$3,950**	**$3,770**	**$4,079**
Common Stock Net	📊	$1	$1	$1	$1	$1
Retained Earnings (Accumulated Deficit)	📊	$18,908	$14,971	$12,565	$8,787	$6,108
Comprehensive Income	📊	$19	$1	$-12	$-18	$-16
Other Share Holders Equity		-	-	-	-	-
Share Holder Equity	📊	**$16,893**	**$12,204**	**$9,342**	**$7,471**	**$5,762**

- Cash On Hand: 보유 현금 / Receivables: 매출 채권 / Inventory: 재고 / Pre-Paid Expenses: 선급 비용 / Total Current Assets: 총 유동자산(1년 안에 현금화할 수 있는 자산) / Total Assets: 총자산 / Total Current Liabilities: 단기 부채(1년 안에 만기가 돌아오는 부채) / Total Liabilities: 총부채 / Share Holder Equity: 자기 자본
- 단위: 백만 달러 │ 출처: macrotrends.net

이번에 인수하려는 ARM의 기업 가치가 약 47조 원이니 현재 보유한 현금으로는 많이 부족하다. 엔비디아는 부족한 현금만큼 자사 주식으로 지급할 계획이라고 한다. 현재 인수 완료 목표 기한은 2022년 3월이지만 ARM이 여러 나라와 이해관계가 얽혀 있어서 인수가 쉽지 않을 것이라는

전망도 나오고 있다.

엔비디아 본사는 팔로알토에서 차로 15분 정도 떨어진 산호세에 있는데 본사 건물이 매우 멋지다. 지나갈 때마다 필자가 2000년대 초반 컴퓨터를 직접 조립하기 위해 용산의 전자상가에서 엔비디아의 그래픽 카드를 샀던 기억이 난다. 2000년대 초반만 해도 인텔과 같이 큰 회사도 아닌 그냥 조그만 회사로만 알고 있었지 이렇게 엄청난 회사로 성장하리라고는 당시에는 꿈에도 생각하지 못했었다. 물론 필자가 지금처럼 실리콘밸리에 살 것이라고도 전혀 생각하지 못했었다.

현재 엔비디아가 주력하고 있는 데이터센터 사업과 자율주행 사업은 인공지능, 자율주행 등을 바탕으로 향후 성장할 수밖에 없는 분야다. 상용화에 시간이 걸릴 수는 있겠지만 시장이 점차 이 방향으로 나아가고 있고 현재는 매출 규모가 더 큰 인텔보다 향후 기업 가치가 더 커질 수 있다는 이야기까지 듣고 있다. 엔비디아가 앞으로 얼마나 더 크게 성장할지 장래가 무척 기대된다.

[엔비디아 투자 포인트]

- 엔비디아는 GPU를 설계하고 만드는 회사다.

- 과거에는 GPU가 주로 컴퓨터 게임용 그래픽 카드 사업에 사용됐으나 최근 인공지능을 위한 컴퓨팅이나 대용량 데이터 처리에 사용하면 큰 가성비를 낼 수 있다는 사실이 밝혀지면서 4차 산업혁명에 핵심적인 역할을 하는 기업으로 투자자들의 큰 관심을 받고 있다.

- 미래에 큰 성장이 예상되는 클라우드 사업에 데이터센터가 꼭 필요하다. 이 데이터센터에 엔비디아의 GPU가 사용되면서 데이터센터 사업 부문이 빠르게 성장하고 있다.

- 특히 자율주행 시스템의 두 축인 컴퓨터 비전과 인공지능 제어장치, 모두 GPU가 사용되기 때문에 엔비디아는 차세대 신성장 동력으로 자율주행 시스템 개발에 박차를 가하고 있다.

- 2020년 9월 엔비디아는 모바일용 그래픽 칩셋을 설계하는 ARM을 인수하겠다고 발표했다. 그러나 중국과 영국 정부의 인수 불허 가능성이 있어 실제 인수가 성공할지 관심 있게 지켜봐야 한다.

넷플릭스
온라인 스트리밍 시장의 황제

실리콘밸리로 처음 왔을 때 필자가 한 일 중 하나가 바로 인터넷 설치였다. 미국에는 인터넷과 케이블 TV 서비스를 제공하는 회사가 의외로 몇 개 없어서 울며 겨자 먹기식으로 컴캐스트의 인터넷 서비스를 이용할 수밖에 없었다. 컴캐스트는 케이블 TV 시장을 거의 독점하다시피 하는 유선 케이블 및 인터넷 회사인데 가격이 매우 비싼 것으로 예전부터 악명이 높았다. 하지만 대체할 말한 다른 서비스가 없어서 쓸 수밖에 없었다(다른 회사의 서비스는 더 좋지 않다).

이사하면서 컴캐스트의 서비스를 신청할 때 미국의 다양한 TV 방송을 볼 수 있게 해주는 케이블 TV 수신 서비스는 신청하지 않았다. 미국의 케이블 TV 방송을 볼 때 뉴스를 제외하고는 필자가 좋아하는 프로그램을 찾기 힘들 뿐만 아니라 매달 내야 하는 수신료가 한화로 5~6만 원으로 매우 비싸기 때문이다. 인터넷 사용료의 경우 가장 저렴한 플랜이 매달 5만 원 정도이다. 인터넷에다 케이블 TV까지 신청하면 10만 원이 훌쩍 넘는 비용을 매달 내야 한다. 필자는 케이블 TV 대신 넷플릭스를 신청했다.

넷플릭스(Netflix, 티커: NFLX)는 매달 9~15달러(9,900~1만 6,500원) 정도만 내면 인터넷이 연결되는 스마트 TV, 스마트폰, 컴퓨터 등으로 언제든 재미있는 영화, 드라마를 시청할 수 있게 해주는 온라인 스트리밍 서비스다(최근 들어 많이 언급되는 OTT라고 생각해도 된다). 요즘에는 '킹덤', '사랑의 불시착'과 같이 한국에서 히트한 드라마들도 거의 동시에 볼 수 있어 넷플릭스를 본 이후부터는 값비싸고 볼 게 그다지 없는 케이블 TV를 봐야 할 이유를 전혀 느끼지 못하고 있다. 주변의 미국인들에게 물어봐도 과거부터 케이블 TV를 하나의 습관처럼 보던 세대를 제외하고는 젊은 친구들 대부분은 케이블 TV를 설치하지 않고 넷플릭스나 훌루, 디즈니 플러스를 신청해서 구독한다.

이렇게 기존 TV 방송 시장을 장악했던 케이블 TV를 구독하지 않고 넷플릭스와 같은 온라인 스트리밍 서비스를 구독하는 현상을 미국에서는 케이블 TV 선을 잘라버린다는 의미의 '코드 커팅(Code Cutting)'이라고 부른다. 미국에서는 코드 커팅의 추세가 점점 가속화되고 있다. 어릴 적부터 케이블 TV를 보고 자랐던 구세대와는 다르게 케이블 TV를 어릴 적부터 접하지 않은 신세대들은 머릿속에 넷플릭스가 TV 시청이라고 생각한다.

그런데 재미있는 사실이 있다. 넷플릭스가 이렇게 우리 삶에 깊이 파고든 시기가 의외로 얼마 되지 않았다는 것이다. 또한, 넷플릭스가 처음부터 온라인 스트리밍 서비스 회사가 아니었다면 믿겠는가? 넷플릭스는 처음에는 도대체 무엇을 하는 회사였을까?

#DVD 대여 사업을 시작하다

한국에도 진출해 빠른 속도로 많은 사랑을 받고 있는 넷플릭스는 1997년 8월 캘리포니아의 스콧츠밸리에서 리드 헤이스팅스와 마크 랜돌프가 설립했다. 스콧츠밸리는 실리콘밸리에서 차로 1시간 정도 걸리는 곳인데 작고 예쁜 도시다. 넷플릭스(Netflix)라는 이름은 인터넷을 뜻하는 'Net'와 영화를 의미하는 'Flick(s)'을 합성해 만들어졌다. 현재는 넷플릭스의 본사역시 실리콘밸리로 이전해 스탠퍼드대학교에서 차로 20분가량 거리인 로스 가토스에 있다.

넷플릭스의 설립자인 리드 헤이스팅스는 1960년에 동부 보스턴에서 태어났다. 1983년 보든대학교를 졸업한 후, 다른 사람들과는 다르게 직장 대신 미국 평화봉사단에 들어가 아프리카 스와질란드의 한 고등학교에서 수학을 2년간 가르치고 돌아온다. 리드 헤이스팅스는 이때가 향후 스타트업의 사업가 정신을 배운 시기였고 아프리카를 주머니에 10달러만 넣고 히치하이크하며 종단해보면 사업을 하는 것도 그리 무섭지 않을 것이라고 이야기했다.

리드 헤이스팅스는 머리도 매우 똑똑했다. 아프리카에서 돌아오고 나서는 또래 친구들 대부분이 직장에 다니고 있을 무렵인 28살이라는 비교적 늦은 나이에 서부 최고의 명문 스탠퍼드대학교에 들어가 컴퓨터공학 석사학위를 취득한다. 졸업 후에는 컴퓨터공학 전공을 살려 소프트웨어의 디버깅 툴(Tool)을 만드는 개발자로 어댑티브테크놀러지에서 잠시 일하다가 1991년에 퇴사한다. 그리고 회사에서 배운 기술로 자신만의 회사를 차린다. 이 회사가 바로 소프트웨어의 버그를 찾아주는 프로그램을 개발하는 퓨어소프트웨어다. 리드 헤이스팅스는 이 회사를 1997년 래셔날소프트웨어에 매각해 큰돈을 번다. 매각 후 CTO가 됐지만 또 다른 스타트업을 차리기 위해 회사를 떠난다.

1997년 새로운 사업을 구상하던 리드 헤이스팅스는 어느 날, 대여한 비디오테이프를 6주나 늦게 반납하는 바람에 연체금 40달러를 물게 됐다. 리드 헤이스팅스는 연체 사실을 와이프가 알면 혼날 것을 알았다. 와이프에게 사실대로 이야기할까 말까 고민하며 스포츠센터에 가다가 한 가지 사업 아이디어가 불현듯 떠올랐다. 신문을 정기 구독하듯 매달 일정 금액을 내면 보고 싶은 만큼 비디오를 마음대로 대여해서 보게 해주는 사업이 바로 그것이었다.

리드 헤이스팅스는 사람들이 그 서비스를 이용할지, 안 할지 전혀 감이 잡히지 않았지만 사업을 일단 추진해보기로 마음먹는다. 이렇게 해서 1997년 세계 최초로 우편 배송을 활용한 영화 DVD 대여 서비스인 넷플릭스의 사업이 시작된다.

1990년대 말에는 DVD 플레이어가 꽤 비싸서 대중에게 많이 보급되지 않았다. 그렇다면 왜 당시 대중적으로 사용되던 비디오테이프 대신 DVD로 대여 사업을 시작했을까? 비디오테이프는 (DVD보다) 크고 보관과 우편 배송이 어려운 반면, DVD는 보관과 우편 배송이 매우 간편하고 배송 비용도 적었기 때문이다. 물론 리드 헤이스팅스는 미래에는 DVD가 비디오테이프를 대체할 것이라는 믿음도 있었다.

리드 헤이스팅스는 자신의 돈 약 30억 원을 투자했고 30명의 직원과 925개의 DVD 타이틀로 시작했다. 그러나 초기 2년간은 지금과 같은 정기 구독 모델이 아니었고 당시 비디오테이프 대여점 1위인 블록버스터와 비슷한 형태로 대여 요금과 만기일을 가진 평범한 DVD 대여 서비스였다.

1999년에 들어서야 정기 구독 모델을 도입하기 시작했다. 당시 작고 붉은 색의 DVD 우편 패키지는 넷플릭스를 상징하는 아이콘과 같은 존재였다. 그렇다면 리드 헤이스팅스의 이 사업은 성공했을까? 안타깝게도 전혀 그렇지 않았다.

#부도 위기에서 기적이 일어나다

넷플릭스는 2000년에 30만 명의 정기 구독자를 확보했지만 손실액이 무려 5,700만 달러, 당시 환율 기준으로 한화 720억 원에 달했다(우편 배송은 미국의 우체국 서비스인 USPS에 의존했다). 리드 헤이스팅스와 마크 랜돌프는 넷플릭스를 약 600억 원에 매각하기 위해 당시 미국의 비디오테이프 대여점 1위인 블록버스터에 찾아간다(2021년 6월 초 넷플릭스의 시가총액이 약 250조 원이니 지금으로 보면 600억 원이 정말 헐값인 것을 알 수 있다). 그러나 그 당시에 승승장구하던 블록버스터의 CEO는 망해가는 넷플릭스의 제안을 고려해볼 가치도 없다며 일언지하 거절했다.

2001년이 되자 넷플릭스는 더 힘들어졌다. 닷컴 버블이 붕괴해 테크 관련 기업의 주가가 폭락했고 9·11 사태가 발생하면서 소비는 더욱 위축되어 더 큰 손실을 입은 것이다. 전체 직원 120명 중 3분의 1을 해고해야 하는 뼈아픈 상황에 직면하는데 얼마 있지 않아 불행 중 다행으로 기적과 같은 일들이 넷플릭스에도 일어나기 시작한다.

무슨 일이 있었던 것일까? 2001년과 2002년 사이에 DVD 플레이어의 가격이 200달러대로 하락한 것이다. 이와 함께 비디오테이프 대신 화질이 훨씬 더 선명하고 음질도 좋은 DVD 시장이 폭발적으로 성장하기 시작했다. 넷플릭스의 정기 구독자 수도 폭발적으로 증가했다. 설립한 지 7년만인 2003년 넷플릭스는 처음으로 매출 3,000억 원에 약 70억 원의 흑자를 기록하게 된다. 참고로, 2001년 넷플릭스의 인수 제안을 거절했던 미국 1위의 비디오테이프 대여점인 블록버스터는 이러한 시장의 변화에 더디게 대응하다가 결국 2010년 파산하게 되는 운명을 맞게 된다.

#온라인 스트리밍 시장의 미래를 예견하다

DVD 우편 대여 모델로 대박을 친 넷플릭스의 리드 헤이스팅스는 인터넷으로 인해 시장이 급변하고 있음을 직감했다. 유튜브의 성장을 유심히 지켜보다가 2007년 온라인 비디오 스트리밍이 미래에 대세가 될 것을 확신했다. 주문형 온라인 비디오 서비스인 VOD 서비스를 론칭하고 점차 집중하기 시작한다.

지금은 온라인 스트리밍 서비스를 모두 당연하게 받아들이겠지만 당시만 해도 리드 헤이스팅스의 이러한 결정은 결코 쉬운 결정이 아니었다. 2007년만 해도 아이폰이 처음 출시되어 스마트폰이 막 태동했던 시기였다. 당시에 필자는 한국에서 직장을 다니고 있었는데 인터넷으로 고화질의 영화를 마음대로 본다는 것은 상상하기 어려웠다. 특히 지하철이나 버스를 타고 이동하면서 스트리밍으로 영화나 동영상을 마음대로 보는 것은 당시 값비싼 데이터 비용을 생각했을 때 상상조차 하기 힘든 일이었다. 그래서 보통은 PMP(Portable Media Player)라고 불리는 휴대용 미디어 재생 기기에 다운로드를 받은 영상을 넣어서 지하철 등에서 봤다.

리드 헤이스팅스의 선구자적인 온라인 스트리밍 서비스 수요 폭발에 대한 예상은 적중했다. 인터넷 기술이 LTE로 바뀌고 인터넷의 다운로드 속도가 획기적으로 향상되면서 넷플릭스는 점차 기존의 미국 내 케이블 TV

를 완전히 대체하는 새로운 드라마, 영화 등의 영상 시청 서비스로 자리 잡게 됐다. 실제로 넷플릭스의 가입자 수는 매년 두 자릿수 이상으로 급성장한 반면, 케이블 TV의 가입자 수는 점점 줄어들었다. 2017년에 드디어 미국 내 넷플릭스 가입자 수가 케이블 TV 가입자 수를 넘어섰다. 이후에도 이러한 추세가 계속될 것이라는 점이 중요하다. 최근 몇 년 사이에 넷플릭스의 주가도 크게 치솟았다.

[넷플릭스와 케이블 TV 가입자 수 변화]

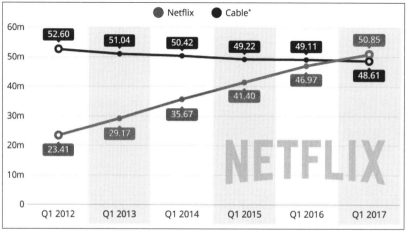

• 단위: 백만 명
• 출처: statista.com

#넷플릭스의 성공 요인

그렇다면 이렇게 넷플릭스가 성공하게 된 요인은 무엇일까? 여러 가지가 있겠지만 무엇보다도 '저렴한 가격'으로 너무나도 손쉽게 다양한 드라마, 영화를 언제 어디서든 시청할 수 있게 해줬기 때문이다.

앞에서 말한 대로 과거에 TV 방송을 보려면 울며 겨자 먹기식으로 값비싼 케이블 TV 수신료를 내야만 했다. 그런데 넷플릭스가 온라인 스트리밍 서비스를 시작하면서 매달 단돈 15달러(가장 저렴한 플랜은 8.99달러)에 방대하고 수준 높은 영화나 드라마를 손쉽게 즐길 수 있게 됐다. 게다가 온라인으로 스트리밍되기 때문에 TV를 통해서만 시청할 필요도 없다. 스마트폰의 보급과 함께 언제 어디서든 와이파이만 연결되면 볼 수 있으니 넷플릭스의 온라인 스트리밍 서비스가 대세가 된 것은 지극히 당연한 결과다.

그리고 '첫 달 무료 서비스'로 한 달간 스트리밍 서비스를 테스트해볼 겸 무료로 볼 수 있게 했고 이후 언제든 소비자가 원하면 구독을 취소할 수 있는 과감한 정책을 펼친 것도 주효했다(2019년부터 첫 달 무료 서비스는 국가별로 종료되고 있다). 즉, 가벼운 마음으로 구독을 해볼 수 있게 해줘서 소비자가 서비스를 선택할 때의 장벽을 낮춘 것이다.

두 번째 성공 요인은 수준 높은 우수한 콘텐츠에 있다. 처음에는 넷플릭스를 외면했던 할리우드의 대형 영상 제작사인 파라마운트, 라이온스게이트, MGM 등도 넷플릭스가 점점 커지자 어쩔 수 없이 자사 영화의 스트리밍 계약을 체결하고 일정 기간 제공하는 등 합류했다. 더 많은 좋은 콘텐츠가 더 많은 구독자를 끌어들였고 더 많은 구독자는 영화나 드라마 제작사들이 넷플릭스에 더 참여할 수밖에 없는 구도를 만든 것이다. 여기에서 멈추지 않고 넷플릭스는 자사의 플랫폼을 통해서만 볼 수 있는 자체 제작을 한 드라마, 영화 등을 선보였다. 수준까지 높은 오리지널 콘텐츠 전략은 크게 성공했다. 더욱더 넷플릭스를 구독해야 하는 이유를 만든 것이다.

테크 기업이 직접 콘텐츠를 제작하는 것은 10년 전만 해도 전무했지만 넷플릭스는 2013년 1,000억 원 넘게 투자해 만든 정치 드라마 '하우스 오브 카드(House of Cards)'가 말 그대로 초대박이 나자 오리지널 콘텐츠 제작에 더욱 본격적으로 뛰어들게 된다. 이후 오렌지 이즈 더 뉴 블랙, 기묘한 이야기, 데어데블, 위쳐 등 수많은 오리즈널 콘텐츠가 히트하면서 넷플릭스는 현재 오리지널 콘텐츠 제작에 올인하고 있다. 스트리밍 서비스를 이용하는 이유가 좋은 콘텐츠를 즐기기 위해서라는 것을 안 것이다.

실제로 넷플릭스의 콘텐츠 투자 비용은 어마어마하다. 2019년에는 콘텐츠 제작 비용으로 약 146억 달러(약 16조 원)를 썼다. 2019년 매출액인 200억 달러(22조 원)의 70%가 넘는 금액이다. 콘텐츠에 대한 적극적인 투자를 통해 넷플릭스는 전 세계 수많은 사람을 자사의 정기 구독자로 지금도 끊임없이 만들고 있다.

[넷플릭스의 콘텐츠 제작 비용 변화]

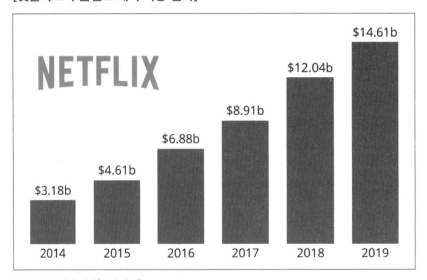

• 주: b는 빌리언 달러(10억 달러)
• 출처: statista.com

또한, '넷플릭스' 하면 빼놓을 수 없는 것이 바로 뛰어난 콘텐츠 추천 시스템이다. 다양한 콘텐츠 중 시청자가 좋아하는 영화나 드라마를 적절하게 추천해주기 위한 알고리즘을 개발하기 위해 100만 달러(11억 원)의 상금을 걸고 2006년 넷플릭스 프라이즈(Netflix Prize)라는 대회를 시작했다. 고객이 보고 싶어 하는 영화를 잘 추천해주는 소프트웨어 알고리즘을 개발하는 우승자에게 100만 달러를 지급하겠다는 것이었다. 이 캠페인은 3년간 진행되었고 150여 개국에서 예측 모델링 전문가들로 구성된 4만 개의 팀이 경쟁했는데 2009년 벨코어의 실용적 혼돈팀이 우승했다. 이러한 넷플릭스의 효과적인 추천 시스템은 시청자가 원하는 콘텐츠를 미리 선별해 제시함으로써 서비스에 대한 만족도를 극대화해주게 됐다.

세 번째 성공 요인으로는 신속하고 적극적인 글로벌 확산 전략이다. 넷플릭스는 2010년 9월 캐나다를 시작으로 2011년에는 라틴아메리카(중남미), 2012년에는 영국, 아일랜드, 덴마크, 핀란드, 노르웨이, 스웨덴 등, 2013년에는 네덜란드, 2014년에는 프랑스, 독일, 오스트리아 등, 2015년에는 호주, 뉴질랜드, 일본, 이탈리아 등 적극적으로 진출했다. 2016년에는 한국, 파키스탄, 홍콩, 싱가포르, 대만 등에서도 서비스를 시작했다. 현재는 중국, 북한, 시리아 등을 제외한 전 세계 200여 개 국가에서 넷플릭스를 시청할 수 있다고 한다.

넷플릭스는 해외 시장에 진출할 때 단순히 기존의 콘텐츠만 들고 가지 않는다. 해당 국가나 지역의 정서에 맞으면서 재미있는 드라마나 영화 등의 오리지널 콘텐츠를 직접 만들어 해당 국가의 고객들이 좀 더 관심을 두게 만들면서 넷플릭스의 서비스를 이용하게 유도하고 있다. 한국의 경우 조선 배경의 좀비 스릴러인 '킹덤'을 2019년에 오리지널 시리즈로 내놓았고 일본에서는 리얼리티 TV 예능인 '테라스하우스'를 2015년에 오리지널 시리즈로 제작해 주목을 받았다. 해당 국가에 잘 어필할 수 있는 로컬화(Local化)된 수준 높고 재미있는 콘텐츠를 통해 더 많은 사람이 어쩔 수 없이 구독하게 만드는 것이다.

마지막으로는 넷플릭스의 독특한 기업 문화에 있다. 넷플릭스는 실리콘밸리에서도 구글, 애플 등 최고의 기업보다 더 많은 보수를 주는 기업으로 유명하다. B급 인재 여러 명보다 차라리 돈을 더 주고 최상의 실력을 갖춘 A급 인재를 뽑겠다는 철학을 갖고 있다.

넷플릭스는 빠르게 성장하려는 기업은 최강의 프로 선수들이 모인 스포츠팀과 같아야 한다고 말한다. 직원들이 열심히 일하고 성과를 내게 하려면 공짜 점심과 같은 사내 복지보다 최고의 인재를 데려와 함께 일하게 하는 것이 직원들에게 더 큰 보상이라는 말이다.

직장생활을 하고 있거나 해본 사람이라면 이 말이 어떤 의미인지 잘 알 것이다. 필자도 이 말에 크게 공감했다. 좋은 팀원들과 같이 일하며 실적을 만들어가는 것만큼 신나고 즐거운 일은 없다. 좋은 동료들을 통해 자신도 크게 성장할 뿐만 아니라 실적까지 좋으니 몸값도 당연히 올라가기 때문이다. 반면, 형편없는 팀원들과 일하는 경우 공짜 점심 등의 좋은 환경을 제공해줘도 실적이 좋게 나올 수 없고 자신도 그 가운데서 성장하지 못하면서 결국 시장에서는 도태되고 말 가능성이 높다.

넷플릭스는 휴가를 마음대로 쓸 수 있고 경비도 필요하면 제한 없이 쓸 수 있는 것으로도 유명하다. 다시 말하면, 휴가를 원하는 대로 정할 수 있는데 한 달도 갈 수 있다. 또한, 다음 날 중요한 미팅을 앞두고 장기간 비행기를 타야 하는데 만약 이코노미석을 타서 피곤한 상태가 될 것 같으면 비싸더라도 차라리 비즈니스석을 타고 좋은 컨디션으로 미팅하라고 한다.

그런데 이면에서는 실적을 보여주지 못하면 소리소문없이 바로 해고하는 무서운 곳이 바로 넷플릭스다. 돈을 많이 주는 대신 실적으로 보여줘야 하는 것이다. 실적이 좋으면 더 많은 보수를 받고 몸값이 올라가지만 그렇지 않으면 바로 퇴출당하는, 마치 프로 스포츠 선수들의 세계와 같은 곳이다.

#넷플릭스의 실적

넷플릭스의 구독자가 몇 명인지, 성장세는 어떠한지 살펴보자. 2019년 말 기준, 넷플릭스의 구독자는 약 1억 6,700만 명으로 2015년 이후 4년 동안 무려 1억 명가량이 증가했다(물론 이후에는 더 증가했다).

여기에서 글로벌 시장의 급격한 성장을 주목해야 한다. 2015년만 해도 미국을 제외한 글로벌 시장에서 구독자는 2,700만 명 정도였지만 불과 4

[넷플릭스의 미국 및 글로벌 시장 유료 구독자 수 추이]

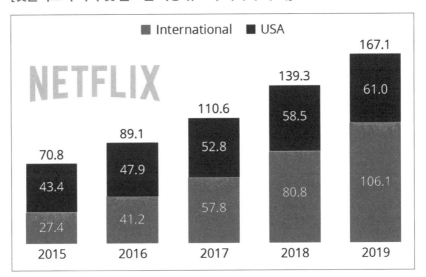

• 단위: 백만 명
• 출처: statista.com

년 만에 1억 명으로 구독자가 4배가량 증가한 것이다. 아직도 미국과 글로벌 시장 모두에서 성장할 여지가 많다는 점에 주목할 필요가 있다.

　넷플릭스의 매출을 보면 2016년 약 88억 3,000만 달러(약 9조 7,100억 원)에서 현재는 약 250억 달러(약 27조 5,000억 원) 규모로 3배가량 크게 성장했다. 그런데 순이익을 보면 매출 대비 10% 정도로 애플, 구글, 페이스북 등에 비해 매우 낮은 편이다. 그 이유는 앞서 이야기한 대로 넷플릭스는 벌어들이는 돈의 상당 부분을 좋은 콘텐츠를 만드는 데 재투자하고 있기 때문이다. 마치 아마존이 더 많은 고객을 끌어들이기 위해 투자를 많이 하고 순이익을 최대한 낮게 가져가는 것과 비슷한 전략을 취하고 있다고 할 수 있다.

[넷플릭스의 매출]

Annual Data | Millions of US $ except per share data		2020-12-31	2019-12-31	2018-12-31	2017-12-31	2016-12-31
Revenue	📊	$24,996.06	$20,156.45	$15,794.34	$11,692.71	$8,830.669
Cost Of Goods Sold	📊	$15,276.32	$12,440.21	$9,967.538	$8,033	$6,257.462
Gross Profit	📊	$9,719.737	$7,716.234	$5,826.803	$3,659.713	$2,573.207
Research And Development Expenses	📊	$1,829.6	$1,545.149	$1,221.814	$953.71	$780.232
SG&A Expenses	📊	$3,304.848	$3,566.831	$2,999.763	$1,867.324	$1,413.182
Other Operating Income Or Expenses	📊	-	-	-	-	-
Operating Expenses	📊	$20,410.77	$17,552.19	$14,189.11	$10,854.03	$8,450.876
Operating Income	📊	$4,585.289	$2,604.254	$1,605.227	$838.679	$379.793
Total Non-Operating Income/Expense	📊	$-1,385.94	$-542.023	$-378.768	$-353.358	$-119.286
Pre-Tax Income	📊	$3,199.349	$2,062.231	$1,226.458	$485.321	$260.507
Income Taxes	📊	$437.954	$195.315	$15.216	$-73.608	$73.829
Income After Taxes	📊	$2,761.395	$1,866.916	$1,211.242	$558.929	$186.678
Other Income		-	-	-	-	-
Income From Continuous Operations	📊	$2,761.395	$1,866.916	$1,211.242	$558.929	$186.678
Income From Discontinued Operations						
Net Income	📊	$2,761.395	$1,866.916	$1,211.242	$558.929	$186.678

• Revenue: 총매출액 / Cost of Goods Sold: 매출 원가 / Gross Profit: 매출 총이익 / Research And Development Expenses: 연구개발비 / SG&A Expenses: 판매관리비 / Operating Income: 영업 이익 / Net Income: 순이익
• 단위: 백만 달러 ｜ 출처: macrotrends.net

현재 넷플릭스가 들고 있는 현금은 약 82억 달러(약 9조 원)다. 현금도 충분히 보유하고 있다.

[넷플릭스의 자산 현황]

Annual Data | Millions of US $ except per share data		2020-12-31	2019-12-31	2018-12-31	2017-12-31	2016-12-31
Cash On Hand	📊	$8,205.55	$5,018.437	$3,794.483	$2,822.795	$1,733.782
Receivables		-	-	-	-	-
Inventory		-	-	-	-	-
Pre-Paid Expenses	📊	-	-	-	-	-
Other Current Assets	📊	$1,556.03	$1,160.067	$5,899.652	$4,847.179	$3,986.509
Total Current Assets	📊	$9,761.58	$6,178.504	$9,694.135	$7,669.974	$5,720.291
Property, Plant, And Equipment	📊	$960.183	$565.221	$418.281	$319.404	$250.395
Long-Term Investments		-	-	-	-	-
Goodwill And Intangible Assets	📊	-	-	-	-	-
Other Long-Term Assets	📊	$28,558.6	$27,231.99	$15,861.98	$11,023.36	$7,615.924
Total Long-Term Assets	📊	$29,518.78	$27,797.21	$16,280.27	$11,342.77	$7,866.319
Total Assets	📊	**$39,280.36**	**$33,975.71**	**$25,974.4**	**$19,012.74**	**$13,586.61**
Total Current Liabilities	📊	$7,805.785	$6,855.696	$6,487.32	$5,466.312	$4,586.657
Long Term Debt	📊	$15,809.09	$14,759.26	$10,360.06	$6,499.432	$3,364.311
Other Non-Current Liabilities	📊	$4,600.239	$4,778.599	$3,888.257	$3,465.042	$2,955.842
Total Long Term Liabilities	📊	$20,409.33	$19,537.86	$14,248.31	$9,964.475	$6,320.153
Total Liabilities	📊	**$28,215.12**	**$26,393.55**	**$20,735.63**	**$15,430.79**	**$10,906.81**
Common Stock Net	📊	$3,447.698	$2,793.929	$2,315.988	$1,871.396	$1,599.762
Retained Earnings (Accumulated Deficit)	📊	$7,573.144	$4,811.749	$2,942.359	$1,731.117	$1,128.603
Comprehensive Income	📊	$44.398	$-23.521	$-19.582	$-20.557	$-48.565
Other Share Holders Equity		-	-	-	-	-
Share Holder Equity	📊	**$11,065.24**	**$7,582.157**	**$5,238.765**	**$3,581.956**	**$2,679.8**

- Cash On Hand: 보유 현금 / Receivables: 매출 채권 / Inventory: 재고 / Pre-Paid Expenses: 선급 비용 / Total Current Assets: 총 유동자산(1년 안에 현금화할 수 있는 자산) / Total Assets: 총자산 / Total Current Liabilities: 단기 부채(1년 안에 만기가 돌아오는 부채) / Total Liabilities: 총부채 / Share Holder Equity: 자기 자본
- 단위: 백만 달러 | 출처: macrotrends.net

기업 분석 사이트인 시킹알파에서 집계한 애널리스트들의 넷플릭스에 대한 미래 예상 매출액을 살펴보면, 2027년까지 매년 두 자릿수 이상의 성장을 달성해 2030년에는 약 830억 달러(약 91조 3,000억 원)의 매출을 올릴 것으로 기대된다.

[넷플릭스의 미래 예상 매출]

Fiscal Period Ending	Revenue Estimate	YoY Growth	FWD Price/Sales	Low	High	# of Analysts
Dec 2021	29.73B	18.94%	7.51	29.47B	30.23B	36
Dec 2022	34.23B	15.15%	6.53	32.00B	35.60B	37
Dec 2023	38.93B	13.72%	5.74	34.60B	41.62B	24
Dec 2024	44.61B	14.60%	5.01	39.72B	48.34B	13
Dec 2025	50.20B	12.53%	4.45	42.34B	55.46B	11
Dec 2026	57.94B	15.41%	3.86	52.81B	61.46B	5
Dec 2027	63.38B	9.39%	3.52	56.02B	68.94B	4
Dec 2028	69.51B	9.67%	3.21	59.06B	77.09B	4
Dec 2029	75.99B	9.33%	2.94	60.71B	85.83B	4
Dec 2030	82.67B	8.78%	2.70	62.14B	94.95B	4

- Fiscal Period Ending: 회계 연도 / Revenue Estimate: 예상 매출 / YoY Growth: 전년 대비 매출 성장률 / FWD Price/Sales: 예상 주가 매출 비율 / Low: 예상 매출 최저치 / High: 예상 매출 최고치 / # of Analysts: 매출 예상치 산정에 참여한 애널리스트 수
- 주: B는 빌리언 달러(10억 달러) | 출처: seekingalpha.com

#넷플릭스의 리스크

2019년 11월 넷플릭스를 긴장하게 만든 사건이 발생했다. 바로 전 세계에 수많은 팬층을 지닌 디즈니가 디즈니 플러스라는 온라인 스트리밍 서비스를 론칭한 것이다. 디즈니는 미디어 콘텐츠 부문에서는 그 어떤 기업도 넘볼 수 없는 엄청난 기업이다. 디즈니 고유의 콘텐츠뿐만 아니라 스타워즈, 마블, 픽사까지 갖고 있다. 관련한 저작권과 판권은 또 얼마나 대단한지 가늠조차 어렵다.

디즈니 플러스는 미국, 캐나다 등에서 서비스를 론칭한 이후 매우 빠른 속도로 유럽, 일본 등 세계로 서비스를 확장하면서 구독자를 폭발적으로 늘리고 있다. 특히 '스타워즈' 판권을 활용해 디즈니 플러스에서만 독점적으로 반영하는 '더 만달로리안' 시리즈로 큰 호응을 얻었다.

디즈니 플러스는 서비스를 출시한 지 불과 6개월 만에 정기 구독자로

5,400만 명을 확보했다. 넷플릭스가 지난 13년간 확보한 구독자의 30%에 달하는 숫자다. 게다가 디즈니는 20세기폭스를 713억 달러(약 78조 원)에 인수하면서 미국 온라인 스트리밍 기업 중 하나인 훌루까지 손에 넣자 디즈니 플러스와 같이 번들(Bundle, 묶음)로 서비스를 제공하고 있는데 훌루의 가입자까지 합하면 순식간에 넷플릭스의 구독자 수 절반에 다다르게 된다.

물론 디즈니 플러스와 넷플릭스는 콘텐츠의 색깔이 다르고 훌루의 경우 아직 킬러 콘텐츠가 넷플릭스에 비할 정도는 아니다. 디즈니는 주로 가족 전체를 위한 건전한 콘텐츠가 많고 넷플릭스는 아이들을 위한 콘텐츠 외에도 성인을 위한 콘텐츠까지 많이 보유하고 있으므로 디즈니 플러스와 넷플릭스를 같이 구독하는 가정이 많을 것으로 보인다.

넷플릭스와 디즈니 플러스가 경쟁을 통해 좋은 콘텐츠를 더 많이 구독자들에게 제공한다면 마치 코카콜라와 펩시가 콜라 시장을 양분하면서 같이 성장한 것처럼 온라인 스트리밍 시장을 양분하지 않을까 생각된다.

넷플릭스는 한국에서도 큰 인기를 얻고 있으며 아직 전 세계로 확장하는 초기라서 앞으로 더 성장할 잠재력이 크다고 보인다. 이와 동시에 디즈니 플러스, 아마존 프라임 등과의 치열한 경쟁이 시작됐다. 넷플릭스에 투자할 생각이라면 이 치열한 경쟁에서 우위를 지키기 위해 넷플릭스가 어떻게 대처하는지 관심 있게 지켜봐야 한다.

[넷플릭스 투자 포인트]

- 넷플릭스는 2020년 4분기 기준 2억 명이 넘는 구독자를 보유한 글로벌 온라인 스트리밍 서비스의 선두주자다.
- 저렴한 구독료, 재미있고 수준 높은 영화나 드라마 등의 영상 콘텐츠가 많다. 특히 자체 제작하는 오리지널 콘텐츠, 뛰어난 추천 시스템이 강점이다.
- 특히 연간 매출액의 70%를 양질의 콘텐츠 제작에 쏟아부을 정도로 고객이 원하는 좋은 영화나 드라마를 매년 제작하는 데 중점을 두고 있다.
- 2020년 매출액은 약 250억 달러(약 27조 5,000억 원)이며 전체 매출의 60% 이상이 미국이 아닌 글로벌 시장에서 나오고 있다.
- 넷플릭스는 현재 공격적으로 글로벌 시장 확장에 힘쓰고 있다. 향후 미국뿐 아니라 해외 시장에서 구독자 증가로 인한 사업 성장의 잠재력이 크다.
- 최근 디즈니 플러스, 아마존 프라임 등 경쟁사들도 구독자를 늘리기 위해 자체적인 오리지널 콘텐츠 제작에 나서면서 경쟁이 치열해지고 있다. 넷플릭스가 어떤 전략으로 현재의 선두위치를 공고히 할지 주의 깊게 지켜봐야 한다.

로쿠

구형 TV를 신형 스마트 TV로
바꿔주는 마법사

필자는 집에 7년 전에 구매한 삼성전자의 스마트 TV가 있다. 당시에는 최신 제품이었고 넷플릭스와 유튜브를 볼 수 있는 기능이 탑재되어 있어서 이제까지 문제없이 잘 사용해왔다. 그러다가 최근에 론칭한 디즈니 플러스도 TV에서 보고 싶어졌다. 그런데 문제가 있었다. 필자의 스마트 TV가 오래된 제품이라 디즈니 플러스는 지원하지 않는 것이다.

디즈니 플러스를 보자고 TV를 바꿀 수도 없고 어떻게 해야 할까? 해답은 간단했다. 아마존에서 30달러(3만 3,000원)를 주고 로쿠 스틱이라 불리는 기기를 구매하면 해결됐다(USB 스틱처럼 생겼다). 로쿠 스틱을 TV 뒷면의 HDMI 단자에 연결하면 간단하게 디즈니 플러스뿐만 아니라 다른 많은 채널을 볼 수 있는 기능을 얻게 된다.

국내 독자 여러분에게는 생소하겠지만 미국에서 살았다면 대부분 로쿠(Roku, 티커: ROKU)를 알 것이다. 로쿠는 TV 뒷면에 있는 HDMI 단자에 연결만 하면 스마트 TV 기능이 없는 일반 TV에서도 곧바로 넷플릭스, 훌루, 아마존 프라임, 디즈니 플러스 등의 다양한 온라인 스트리밍 서비스를 시청할 수 있게 해주는 로쿠 스틱을 만드는 기업이다.

요즘은 미국에서 출시되는 삼성전자, LG전자 등의 스마트 TV에는 기본적으로 넷플릭스, 훌루 등을 볼 수 있게 해주는 기능이 탑재되어 있다. 그러나 필자의 경우처럼 TV가 좀 오래되면 온라인 스트리밍 서비스를 통한 드라마 등을 볼 수 없다. 단지 넷플릭스를 보기 위해 비싼 스마트 TV를 다시 구매하기도 쉽지 않다. 이때 한화로 3만 원 정도 하는 로쿠 스틱을 구매하면 너무나도 간단하게 넷플릭스, 디즈니 플러스 등을 볼 수 있다(물론 넷플릭스 등에 가입해서 각각의 아이디와 비밀번호로 로그인을 해야 한다).

로쿠는 2020년 3월 코로나가 터진 직후 60달러대까지 주가가 하락했지만 이후 반등해 2021년 초에는 무려 470달러대까지 올라가기도 했다. 거의 8배가량 주가가 상승한 것이다. 그렇다면 궁금하지 않을 수 없다. 왜 투자자들은 로쿠에 열광하는 것일까?

로쿠의 제품이 좋은 기능을 제공하는 것은 알겠는데 그렇다고 아주 대단히 혁신적인 디바이스(Device)는 아닌 것 같다. 그리고 이렇게 온라인 비디오 스트리밍을 가능하게 해주는 제품은 로쿠의 제품 외에도 많다. 이름만 들어도 쟁쟁한 초일류 대기업들이 모두 이 사업에 뛰어들어 있다. 대표적으로 구글은 크롬캐스트를, 아마존은 파이어 스틱을, 애플은 애플TV를 판매하고 있다. 최근에는 엔비디아까지 가세해 쉴드TV를 판매하고 있다. 경쟁이 엄청 치열하다고 할 수 있다.

또한, 최근에 출시되는 TV들은 대부분 새로운 기능을 스스로 업데이트해주는 스마트 TV들이다. 넷플릭스, 애플TV, 훌루 등의 비디오 스트리밍 서비스가 모두 스마트 TV 안에 이미 들어가 있는 것이다. 그러므로 가정의 구형 TV들이 신형 스마트 TV로 대체되면 대체될수록, 즉 시간이 흐르면 흐를수록 로쿠 스틱을 구매할 필요성이 없어지게 된다. 게다가 로쿠 스틱은 하드웨어 제품이다. 경쟁사들이 계속 뛰어드니 하드웨어 가격은 점점 내려갈 수밖에 없다. 마진은 계속 낮아질 수밖에 없다는 말이다.

로쿠는 이러한 이유로 창사 이래 하드웨어 판매에서 흑자를 내본 적이 한 번도 없다. 그런데도 왜 이런 기업의 주가가 2020년 3월 이후 8배나 상승할 정도로 투자자들의 주목을 받았을까?

#돈 버는 데 관심이 많았던 소년

로쿠의 창업자 앤서니 우드는 로쿠를 만들기 전에 이미 5개의 회사를 창업한 경험이 있는 연쇄 창업가다. 로쿠는 일본어로 숫자 '6'을 의미한다. 앤서니 우드는 자신의 6번째 창업이라는 의미에서 새로운 회사의 이름을 로쿠라고 지은 것이다.

1965년 영국의 맨체스터에서 태어난 앤서니 우드는 어릴 때 미국 조지아로 이민을 했다. 앤서니 우드는 어릴 적부터 돈을 버는 데 관심이 많았다. 집 근처의 골프장에서 밖으로 넘어오는 골프공을 모아다가 골프 치는 사람들에게 개당 25센트를 받고 파는 등 어릴 적부터 돈 버는 일을 끊임없이 궁리했다고 한다.

앤서니 우드는 중학생이 되면서 컴퓨터에 큰 관심을 두게 됐다. 코딩을 배우면서 직접 다양한 프로그램을 개발해 컴퓨터 잡지 등에 부록으로 넣을 수 있도록 판매하는 AW소프트웨어를 설립했다. 실적은 거의 나지 않았으나 사업가로서 다양한 경험을 했다고 한다.

앤서니 우드는 대학교에서 전자공학을 전공하면서 두 번째 회사인 선라이즈 인더스트리즈를 창업한다. 코모도어 아미가 컴퓨터 전용의 디지털 오디오 소프트웨어 편집 툴(Tool)을 개발하는 회사였다. 직원을 14명까지 둘 정도로 성장했으나 앤서니 우드는 상대적으로 학업에 집중하지 못하다 보니 학점이 좋지 않았다. 그래서 퇴학당할 위기에 처하자 일단 졸업부터 하기 위해 회사의 문을 잠시 닫기로 결정한다.

1990년 대학교를 무사히 졸업한 앤서니 우드는 당시 여자친구였고 현재는 와이프인 수잔과 함께 창업의 꿈을 안고 실리콘밸리로 건너온다. 그리고 학업 때문에 잠시 접었던 선라이즈 인더스트리즈의 문을 다시 열었다. 재창업이라고 할 수 있겠다. 이전처럼 코모도어 아미가 컴퓨터 전용의 비디오 및 오디오 편집 툴을 개발하고 판매하면서 1995년까지 5년 동안 운영한다. 이 재창업이 앤서니 우드에게 있어서 세 번째 창업이었다.

1990년대 중반 앤서니 우드 역시 테크 시장에서 새로운 큰 변혁의 물결을 보게 된다. 바로 인터넷의 등장이다. 선라이즈 인더스트리즈를 운영하면서 만든 수익을 기반으로 또 다른 네 번째 창업을 한다. 아이 브랜드라는 회사인데 온라인에서 웹사이트를 쉽게 만들어주는 툴을 제공했다.

당시 막 일어나는 인터넷 붐을 타게 되면서 실적이 좋았다. 그리고 그래픽 및 웹 개발 소프트웨어 전문 기업인 매크로미디어에 아이 브랜드를 성공적으로 매각했다. 회사를 매각하고 2년간 매크로미디어에서 일하다가 또 다른 창업을 하기 위해 나오게 된다.

#불편함에서 사업 아이디어를 착안하다

앤서니 우드는 평소 좋아하는 드라마인 '스타트랙'을 녹화하기 위해 비디오테이프 플레이어의 녹화 기능을 세팅하다가 좀 더 간편하게 TV 프로그램을 녹화할 수는 없을까 고민하게 된다. 요즘 10대나 20대는 비디오테이프가 무엇인지 모를 것이다. 1990년대까지만 해도 TV 프로그램을 방송 이후에도 보려면 비디오테이프에 녹화하는 방법밖에는 없었다.

앤서니 우드는 TV 프로그램을 하드 드라이브에 저장했다가 나중에 언제든지 볼 수 있게 해주는 DVR(Digital Video Recorder) 사업을 구상한다. 마침 다섯 번째 사업으로 무엇을 해야 할지 고민하던 앤서니 우드는 이 사업을 하기 위해 다섯 번째 창업을 하게 된다. 회사 이름은 리플레이TV였다. 리플레이TV라고 불리는 장치를 TV에 연결하면 원하는 드라마를 간단하게 버튼 하나로 녹화가 가능했다. 이 제품을 1999년에 출시했는데 당시에는 꽤 혁신적이었다. 그렇다면 앤서니 우드의 다섯 번째 사업인 리플레이TV 사업은 성공했을까?

그렇지 못했다. 문제는 가격이었다. 출시가는 당시 가격으로 상당히 고가인 1,000달러 수준이었다. 이렇게 고가로 제품을 출시한 것이 앤서니 우드의 큰 실수였다. 너무 비싸서 비디오테이프 플레이어 대신 리플레이TV를 구매하기가 쉽지 않았던 것이다. 게다가 비슷한 시기에 경쟁사가 만든 티보가 리플레이TV의 반값인 500달러대에서 판매되고 있었다. 티보는 점차 시장 점유율을 늘려서 갔고 반대로 리플레이TV는 고전했는데 어떻게 보면 당연한 결과였다.

힘들게 사업을 끌고 가던 앤서니 우드는 결국 2년 후인 2001년에 리플레이TV를 가정용 비디오 및 오디오 제품 제조사인 소닉블루에 4,200만 달러(462억 원)에 매각한다. 회사를 매각한 후에도 앤서니 우드는 계속 리플레이TV에 남아서 사업을 지휘하는데 여기에서 앤서니 우드는 돌이킬 수 없는 더 큰 실수를 저지르게 된다.

앤서니 우드는 티보와의 경쟁에서 이기기 위해 티보와 차별화가 가능한 다른 한 가지 혁신적인 기능을 리플레이TV에 추가했다. 그것이 바로 TV 드라마 등을 녹화할 때 중간에 삽입되는 광고를 녹화하지 않고 건너뛰게 해주는 광고 스킵(Skip) 기능이었다.

이 광고 스킵 기능은 소비자에게는 좋았지만 광고가 주 수입원인 TV 프로그램 제작사들에는 좋지 않았다. 당연히 제작사들이 들고 일어나기 시작했다. 중요한 밥줄인 광고 시청을 스킵하게 만들어서 큰 피해를 입었다는 것이 주요한 이유였다. 디즈니, 파라마운트, MGM 등 거물급 미디어 대기업들이 줄줄이 소닉블루를 상대로 소송을 시작했다. 이제까지 멀쩡하게 사업을 잘 영위하고 있던 소닉블루는 리플레이TV를 보유하고 있다는 이유로 이 소송을 견디지 못하고 파산하는 비극적인 운명을 맞게 된다. 물론 앤서니 우드는 이미 회사를 매각하고 큰돈을 챙긴 후였기 때문에 개인적으로 큰 피해는 면할 수 있었다. 앤서니 우드가 광고 스킵 기능을 추가하기 직전에 소닉블루가 리플레이TV를 인수한 것은 앤서니 우드에게는 천운이라고 할 수 있었다. 물론 소닉블루에는 재앙이었지만 말이다.

#여섯 번째 회사를 창업하다

이후 앤서니 우드는 여섯 번째 회사인 '로쿠'를 창업한다. 그러나 회사만 설립해놓고 이렇다 할 사업을 내놓지 못하고 있다가 당시 막 뜨고 있던 한 비디오 관련 회사의 CEO에게 무작정 콜드 콜(Cold Call) 전화를 해서 점심을 먹자고 요청한다. 그때 앤서니 우드가 콜드 콜을 해서 점심을 먹자고 했던 CEO가 누구였을까? 바로 넷플릭스의 창업자 리드 헤이스팅스였다.

앤서니 우드는 리드 헤이스팅스가 당시에 자신을 만나준 이유가 아마 자신의 리플레이TV 관련 이야기를 들었기 때문으로 생각한다고 이후에 밝힌 바 있다.

앤서니 우드는 리드 헤이스팅스와의 미팅에서 넷플릭스의 온라인 비디오 스트리밍 서비스를 일반 TV에서도 볼 수 있게 해주는 기기의 개발과 관련한 이야기를 나눈다. 그렇다. 지금이야 믿기지 않겠지만 당시만 해도 TV에서 온라인 스트리밍 서비스는 아예 볼 수 없었다. 오직 컴퓨터에서만 볼 수 있었다.

앤서니 우드의 제안에 흥미를 느낀 리드 헤이스팅스는 앤서니 우드를 넷플릭스 부사장으로 채용한다. 앤서니 우드는 넷플릭스에서 프로젝트 그리핀이라는 코드 네임으로 일반 TV에서도 넷플릭스를 볼 수 있게 해주는 장치를 개발하는 임무를 맡게 된다. 하지만 10개월 후 넷플릭스가 이 사업을 스핀 오프(Spin off), 즉 분사시키려고 하자 앤서니 우드는 이 사업을 갖고 나오기로 한다. 이때 앤서니 우드는 과거에 등록했던 로쿠라는 이름을 이 새로운 사업에 그대로 붙인다. 이러한 과정을 통해 넷플릭스는 로쿠의 초기 투자자가 된다. 그런데 넷플릭스는 만년 적자였던 로쿠가 별로 성장성이 없다고 판단해서였는지 얼마 지나지 않아 로쿠의 지분을 모두 매각한다. 넷플릭스가 지금까지 로쿠의 주식을 보유하고 있었다면 그 수익은 엄청났을 것이다.

앤서니 우드는 로쿠 개발에 박차를 가해 2008년 로쿠 플레이어를 최초로 시장에 내놓게 된다. 과거 리플레이TV의 실패를 교훈 삼아 가격을 99.99달러로 책정한다. 이후 넷플릭스, 훌루와 같은 새로운 온라인 비디오 스트리밍 서비스가 점차 뜨게 되면서 로쿠도 시장에서 명성을 얻고 빠르게 성장한다. 2014년에는 중국의 TCL이나 하이센스, 일본의 히타치나 산요 등의 TV 제조사들과 파트너십을 맺고 아예 이 제조사들의 TV 제품에 로쿠의 비디오 스트리밍 기능을 기본으로 탑재시킨다. 이것이 바로 '로쿠 TV' 사업이다.

그러나 로쿠는 로쿠 스틱의 마진이 너무 작아 하드웨어 판매로는 도저히 수익을 낼 수 없었다. 게다가 아마존의 파이어 스틱, 크롬캐스트, 애플 TV와 같은 경쟁사의 제품들이 속속 들어와 시장 점유율을 잠식당하기 시작했다. 진퇴양난의 상황, 만약 독자 여러분이 앤서니 우드라면 어떻게 할 것 같은가?

#수익성을 높일 수 있는 돌파구를 찾아라

앤서니 우드는 시장에서 로쿠의 서비스 경쟁력을 유지하면서도 수익성도 높이는 방법을 반드시 찾아야만 했다. 그래서 들고나온 것이 광고 사업이다. 로쿠 사용자에게는 드라마나 영화를 무료로 보게 해주고 중간중간에 광고를 넣어 광고주들로부터 돈을 받는 것이다. 유튜브가 중간중간에 광고를 넣는 방식과 같다고 생각하면 된다.

이러한 광고 사업을 위해 앤서니 우드는 2017년 자체적으로 무료 비디오 스트리밍 서비스를 제공하는 '로쿠 채널(Roku Channel)'을 론칭한다. 로쿠 스틱을 구매하는 고객들은 기본으로 탑재된 로쿠 채널을 통해 추가로 다양한 콘텐츠를 무료로 볼 수 있게 된 것이다. 물론 중간중간 광고를 봐야만 한다. 로쿠 스틱은 매우 저렴하게 미국의 고객들이 로쿠 서비스를 사용할 수 있게 해주는, 즉 고객을 모아주는 집객(集客) 역할을 담당하고 실제 수익은 로쿠의 무료 콘텐츠에 삽입되는 광고들로부터 얻는 방식이다. 그렇다면 이 전략은 잘 들어맞았을까? 그렇다. 하드웨어 판매에 대한 의존에서 벗어나 광고에 포커스를 맞춘 로쿠의 플랫폼 사업은 무섭게 성장하기 시작했고 불과 몇 년 만에 큰 성공을 거두게 된다.

현재 로쿠의 사업은 크게 2가지로 나눌 수 있다. 첫 번째는 로쿠 디바이스를 판매해 판매 수익을 올리는 로쿠 플레이어, 즉 하드웨어 사업이다. 이 사업에서는 로쿠 스틱을 판매해 얻는 마진이 주 수입원이다. 그리고 로쿠 TV는 일반 TV 제품에 로쿠 기능을 탑재시켜서 TV 제조사로부터 라이센싱 수수료를 받는 사업이다. 이러한 하드웨어 사업 부문은 마진이 매우 낮아서 적자지만 수많은 고객을 로쿠의 동영상 플랫폼으로 끌어오는 게이트 역할을 하고 있다.

두 번째 플랫폼 사업은 방금 말한 로쿠 채널 등을 통해 무료로 다양한 영화나 드라마를 볼 수 있게 해주는 대신, 중간 광고를 넣은 대가로 광고주들로부터 받는 광고비가 수입원인 광고 사업이다.

#로쿠의 실적

그렇다면 로쿠의 하드웨어 사업과 플랫폼 사업, 이 두 사업이 어떻게 성장하고 있는지 확인해보자.

2016년만 해도 플랫폼 사업, 즉 광고 부문 매출액은 1억 500만 달러(1,155억 원)였다. 그리고 로쿠의 하드웨어 사업 부문은 2억 9,400만 달러(3,234억 원)로 플랫폼 사업(광고) 부문 매출보다 2배 이상 컸었다(110쪽의 '로쿠의 5년간 총매출 성장 추이' 참고). 이후 2017년 로쿠가 자신만의 영화 및 드라마 무료 채널인 로쿠 채널을 출시하면서 플랫폼 사업 부문 매출이 거의 매년 2배 가깝게 빠르게 성장했고 2018년에는 결국 하드웨어 사업 부문 매출을 역전했다. 2020년에는 12억 6,800만 달러(약 1조 3,950억 원)에 달할 정도로 큰 폭으로 성장한다. 불과 4년 만에 광고 매출액이 무려 12배 이상 뛴 것이다.

[로쿠의 플랫폼 사업 매출 성장 추이]

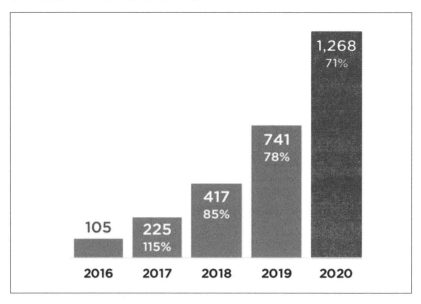

• 단위: 백만 달러
• 출처: 로쿠 사업보고서

여기에서 더 중요한 부분이 있다. 아무리 매출이 많아도 마진이 작으면 소용없다. 플랫폼 사업(광고)과 하드웨어 사업, 각각의 마진은 어떤지 살펴보자.

2020년 플랫폼 사업 부문 매출이 약 12억 6,774만 달러(약 1조 3,950억 원)이고 매출 총이익, 즉 매출에서 매출 원가를 뺀 마진이 약 7억 6,456만 달러(약 8,410억 원)로 마진율이 무려 60% 정도에 달한다. 반대로 하드웨어 사업, 즉 플레이어 부문을 보면 매출이 약 5억 1,064만 달러(약 5,620억 원)이고 매출 총이익은 겨우 약 4,365만 달러(약 480억 원)이다. 마진율이 8.4% 정도밖에 되지 않는다. 플랫폼 사업 부문이 엄청나게 빠르게 성장하고 있고 마진율이 60%에 달하기 때문에 최근 몇 년간 투자자들의 큰 주목을 받았다고 설명할 수 있다.

[로쿠의 부문별 매출과 매출 총이익]

	December 31, 2020	December 31, 2019
Net Revenue:		
Platform	$ 1,267,744	$ 740,776
Player	510,644	388,145
Total net revenue	1,778,388	1,128,921
Cost of Revenue:		
Platform (1)	503,177	262,655
Player (1)	466,992	371,042
Total cost of revenue	970,169	633,697
Gross Profit:		
Platform	764,567	478,121
Player	43,652	17,103
Total gross profit	808,219	495,224

• Net Revenue: 총매출 / Cost of Revenue: 매출 원가 / Gross Profit: 매출 총이익
• 단위: 천 달러 | 출처: 로쿠 사업보고서

2020년에는 코로나로 많은 기업이 허리띠를 졸라매야 했기 때문에 광고비를 대폭 줄였다. 그런 상황에서도 로쿠의 실적은 전년 대비 무려 58%나 성장했다. 특히 전년 대비 광고 부문, 즉 플랫폼 사업 부문의 매출은 무려 71%, 하드웨어 사업 부문은 무려 31%나 성장했다. 코로나로 인해 사람들이 집에 있는 시간이 많아지면서 넷플릭스, 훌루, 디즈니 플러스 등 비디오 스트리밍 서비스를 더 많이 이용하게 됐는데 로쿠도 이에 대한 수혜를 톡톡히 입은 것이다.

그렇다면 여기서 반드시 확인하고 넘어가야 하는 부분이 있다. 바로 이

[로쿠의 5년간 총매출 성장 추이]

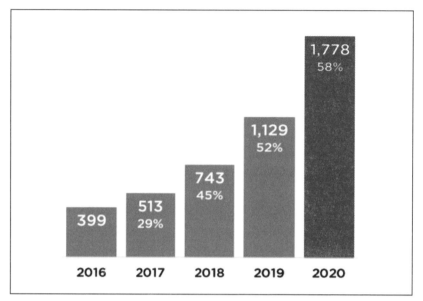

● 단위: 백만 달러
● 출처: 로쿠 사업보고서

러한 로쿠의 플랫폼 사업 부문의 성장이 일시적인 것인지, 아니면 향후 계속될 것인지의 여부다. 또한, 아마존의 파이어 스틱, 구글의 크롬캐스트 등 강력한 경쟁사들이 시장을 잠식하지 않을까 우려도 발생한다. 따라서 로쿠에 투자한다면 로쿠가 현재 처한 상황과 시장에서의 강점을 확인해야 한다. 로쿠는 타 경쟁사들이 넘볼 수 없는 강력한 경제적인 해자(Moat)를 정말 잘 갖추고 있을까?

#로쿠의 성장 요인

로쿠가 미래에도 성장할 것이라고 볼 수 있는 요인은 크게 4가지다.

첫 번째, 로쿠의 제3자 플랫폼으로서의 독특하면서도 독보적인 위치다.

로쿠처럼 다양한 온라인 스트리밍 서비스를 한데 모아 볼 수 있게 해주는 것을 영어로는 애그리게이터(Aggregator) 서비스라고 한다(한곳으로 모아 준다는 의미로 생각하면 된다).

애그리게이터 서비스는 크게 2가지로 나눠볼 수 있다. 하나는 로쿠처럼 어디에도 속하지 않고 독자적으로 다양한 온라인 스트리밍 서비스를 모아서 보여주는 제3자형 스트리밍 플랫폼이다. 또 다른 하나는 아마존 파이어 TV처럼 자체 스트리밍 서비스(아마존 프라임 비디오)를 보유하고 있으면서 동시에 넷플릭스, 훌루, 유튜브 등 경쟁사의 서비스도 제공하는 형태의 플랫폼이다.

자체 스트리밍 서비스를 보유한 플랫폼은 사용자들이 자사 서비스를 되도록 많이 사용하게 만들어야 해서 다른 경쟁사들을 다 품기 어렵다는 한계가 존재한다. 예를 들면, 아마존 파이어TV에서는 구글 플레이 서비스를, 구글의 크롬캐스트에서는 애플TV를 볼 수 없다. 서로 경쟁사라서 견제하는 것이다. 그러나 로쿠는 넷플릭스, 아마존 프라임 비디오, 훌루, 디즈니 플러스 등과 직접적인 경쟁을 하지 않기 때문에 이러한 제약에서 상대적으로 자유롭다. 로쿠가 보유한 스트리밍 업체 파트너 수가 압도적으로 많은 것도 이런 이유 때문이다. 그래서 로쿠가 무기 거래상과 비슷하다고 말하기도 한다.

로쿠 입장에서는 넷플릭스, 디즈니 플러스, 아마존 프라임 비디오, 그리고 최근에 출사표를 던진 애플TV 플러스 등 비디오 스트리밍 서비스가 많으면 많을수록 좋다. 새로운 스트리밍 서비스들이 나와서 서로 치고받고 싸우면 싸울수록 로쿠는 중간에서 이 서비스들을 사용자와 이어주는 플랫폼 역할을 하면서 수익을 떼어 가기 때문이다. 마치 전쟁을 하는 국가들

사이에서 이익을 얻는 무기 거래상과 비슷하다.

그렇다면 로쿠와 같이 특정 스트리밍 서비스에 속해 있지 않으면서 제3자 입장에서 다른 스트리밍 서비스를 모아 보여주는 경쟁사가 나오면 어떻게 될까? 그 좋은 예가 바로 엔비디아의 쉴드TV다.

쉴드TV는 엔비디아의 뛰어난 그래픽 처리 기술을 활용해 로쿠처럼 다양한 스트리밍 서비스를 모아서 보여준다. 그러나 이러한 후발주자들이 선두주자인 로쿠를 따라오기는 쉽지 않다. 왜일까? 로쿠를 따라오려면 저렴한 가격으로 하드웨어를 제공하고 공격적으로 마케팅을 해야 하는데 여기에는 긴 기간의 엄청난 투자가 필요하기 때문이다. 로쿠도 긴 기간 동안 적자를 내면서도 계속 투자를 해왔기 때문에 현재 선두주자의 위치를 점할 수 있게 된 것이다. 이렇게 초기 시장 진입이 쉽지 않고 대규모 투자가 필요하며 선두업체가 점점 더 큰 시장 내에서 파워를 갖게 된다는 점이 바로 로쿠가 가진 다른 경쟁사가 쉽게 따라오기 힘든 경제적인 해자다.

시장 리서치 기관인 팍스 어소시에이츠에 따르면, 이러한 비디오 스트리밍 관련 애그리게이터 서비스 시장에서 로쿠가 38%로 선두를 차지하고 있고 아마존 파이어TV가 32%로 그 뒤를 쫓고 있다. 게다가 로쿠는 이미 TV 제조사들과도 협업해 최근 출시되고 있는 많은 스마트 TV에 아예 자사의 애그리게이터 서비스 관련 운영체제를 탑재하고 있다. 2019년 기준, 스마트 TV에 탑재되는 스트리밍 애그리게이터 OS 부문에서도 로쿠가 시장 점유율 30%로 1위를 차지하고 있다. 2위는 아마존 파이어TV로 12%를 기록하고 있다.

두 번째, 로쿠의 빠른 유저(User, 사용자) 수 증가다. 로쿠의 활성 계정 수를 보면 2016년 1,340만 개였는데 불과 4년 만인 2020년에는 5,120만 개로 3.8배 이상 증가했다.

[로쿠의 활성 계정 수 추이]

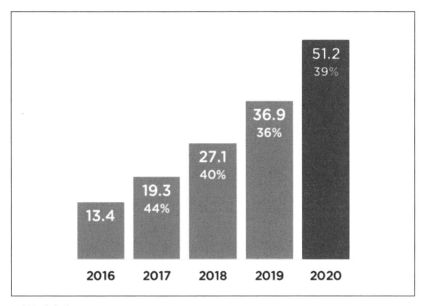

• 단위: 백만 개
• 출처: 로쿠 사업보고서

이렇게 증가하면서 로쿠를 시청하는 시간, 즉 전체 스트리밍 시간도 증가했다. 2016년에는 총시청 시간이 94억 시간이었으나 2020년에는 587억 시간으로 6배가량 늘어났다(다음 페이지의 '로쿠의 스트리밍 시간 추이' 참고).

로쿠 사용자 1명당 평균 매출액도 매년 증가하고 있다(다음 페이지의 '로쿠의 사용자 1명당 평균 매출액 추이' 참고). 2016년에는 사용자 1명으로 벌어들이는 매출액이 7.83달러였으나 2020년에는 28.76달러로 무려 3.6배 이상 증가했다.

[로쿠의 스트리밍 시간 추이]

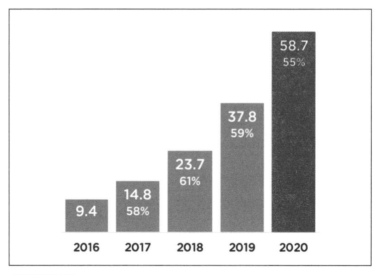

- 단위: 10억 시간
- 출처: 로쿠 사업보고서

[로쿠의 사용자 1명당 평균 매출액 추이]

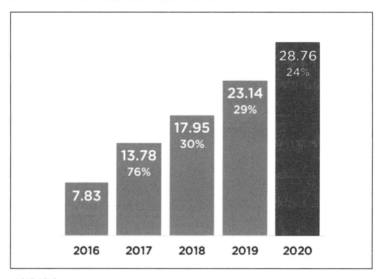

- 단위: 달러
- 출처: 로쿠 사업보고서

이러한 로쿠 사용자 수의 증가는 앞으로도 지속할 것으로 예상된다는 점을 눈여겨봐야 한다. 왜 그럴까? 바로 미국 내에서 커넥티드 TV, 즉, 기존의 유선 케이블 TV가 아닌 인터넷을 통해 연결된 스마트 TV의 숫자가 지속적으로 늘어날 것으로 전망되기 때문이다.

또한, 미국 내 전통적인 케이블 TV 사용자 수가 점점 줄어들고 있다는 점도 주목해야 한다. 더 많은 사람이 값비싼 유선 케이블 TV를 취소하고 넷플릭스, 훌루, 디즈니 플러스와 같은 온라인 스트리밍 서비스로 옮겨가고 있다. 이마케터에 따르면, 2024년에는 미국 내 TV 보유 가정 중 케이블 TV 방송을 이용하지 않는 가정이 더 많아질 것으로 전망되고 있다.

컴캐스트로 대표되는 케이블 TV는 그동안 독과점의 위치를 이용해 비싼 가격으로 폭리를 취해왔다. 그러니 훨씬 더 저렴한 가격으로 원하는 영화나 드라마를 언제든지 볼 수 있게 해주는 넷플릭스와 같은 비디오 스트리밍 서비스의 인기가 갈수록 올라가는 것은 당연한 일이다. 이러한 움직임의 최대 수혜자 중 하나가 바로 로쿠가 될 것이라며 월가의 투자자들도 기대하고 있다.

세 번째, TV 광고비의 이동이다. 전통적으로 기업들은 '광고' 하면 TV 광고를 가장 먼저 떠올린다. 그만큼 TV 광고는 매우 파급력이 큰 영향력을 가진 광고 매체였다. 그러나 사람들이 점차 케이블 TV 대신 온라인 스트리밍 서비스를 이용하자 기업들도 기존 케이블 TV에 사용하고 있던 엄청난 규모의 TV 광고비를 온라인 스트리밍 서비스 쪽으로 돌리고 있다.

이런 흐름의 영향으로 광고를 중간에 삽입할 수 있는 자체 채널과 플랫폼을 가진 로쿠와 같은 기업이 최대 수혜자가 됐다. 향후 이러한 트렌드는 계속될 수밖에 없다. 그래서 애널리스트들도 로쿠의 광고 수익이 미래에 더 늘어날 수밖에 없다고 본다.

로쿠는 이런 흐름에 발 빠르게 대처하기 위해 디지털 광고 사업 부문을 더 강화하기로 하고 디지털 광고 테크 선두업체인 데이터수를 2019년 11월 1억 5,000만 달러(1,650억 원)에 인수했다. 데이터수는 자체 머신 러닝 및 인공지능 기술을 기반으로 가장 가능성이 높은 타깃 고객에게 광고가 집행되도록 보장하면서 광고의 노출 횟수나 결과도 실시간 데이터를 기반으로 광고주들에게 제공한다. 즉, 로쿠가 광고주들에게 매우 효과적이고 매력적인 광고 서비스를 제공할 수 있게 해줘서 로쿠의 미래 광고 사업에 큰 도움을 줄 것으로 기대된다.

마지막 네 번째는 글로벌 확장 가능성이다. 로쿠는 아직 미국과 캐나다를 중심으로 서비스를 제공하고 있다. 글로벌로 확장할 수 있는 여지가 매우 크다고 해석할 수 있다. 마치 넷플릭스가 글로벌 사업 확장을 통해 더 많은 사용자를 빠르게 확보했던 것과 마찬가지로 로쿠도 글로벌 확장을 통해 향후 더 큰 성장을 이룰 가능성이 있는 것이다. 2020년 10월 로쿠는 브라질에 로쿠 익스프레스 플레이어를 론칭하면서 확장하고 있다.

2020년 11월 뱅크오브아메리카의 글로벌 리서치 애널리스트는 로쿠의 목표 주가를 기존 260달러에서 310달러로 상향 조정하면서 로쿠가 향후 톱 5 시장인 이탈리아, 독일, 프랑스, 스페인, 영국에서 사용자 수의 큰 증가가 예상된다고 밝혔다. 물론 이러한 사용자 수의 확대는 광고 수입의 확대로 이어질 것이다.

#로쿠의 리스크

물론 로쿠에도 리스크가 있다. 디바이스 부문(하드웨어 부문) 내 경쟁 심화다. 아마존 파이어TV나 애플TV 등 다른 경쟁사들이 로쿠의 시장 점유율을 뺏으려고 하기 때문에 로쿠의 성장세가 둔화될 가능성이 있다.

게다가 아직 로쿠는 흑자인 기업이 아니다. 이제까지 매년 계속 적자를 기록해 왔다. 따라서 로쿠에 투자한다면 앞으로 로쿠가 시장 점유율을 지키고 지금의 선두 포지션을 공고하게 지키기 위해 어떤 전략을 취할 것인지와 적자에 돌아선 후부터 어떻게 순수익을 빠르게 늘릴 것인지를 주목해서 봐야 한다.

현재 로쿠는 경쟁에서 이기기 위해 더 좋은 성능의 혁신적인 제품을 꾸준하게 내놓고 있다. 예를 들면, 최근에 4K HDR 스트리밍 플레이어인 로쿠 울트라를 출시했고 미국, 캐나다, 영국, 멕시코에서는 로쿠 기능과 사운드바를 결합한 로쿠 스트림바를 출시했다. 또한, 드라마 '프렌즈', 영화 '원더우먼' 등 우리에게도 잘 알려진 유명한 드라마와 영화를 다수 보유한 워너브러더스의 OTT인 HBO맥스를 2020년 말부터 로쿠를 통해 시청할 수 있게 했다. 이와 관련한 발표가 난 당일에는 로코의 주가가 10% 이상 급등하기도 했다.

시장의 선두주자라는 타이틀, 지속적으로 증가하고 있는 매출, 특히 플랫폼 부문의 비약적인 성장, 활성 계정 수와 사용자 1명당 매출액의 꾸준한 증가, 글로벌 확장 계획 등은 로쿠가 당분간은 성장할 것으로 예상하게 해주는 좋은 시그널이다.

광고 사업에 대한 관심으로 최근 몇 년간 의미 있는 큰 성장을 보여주고 있는 로쿠가 앞으로도 온라인 스트리밍 시장의 애그리게이터로서 선두주자 자리를 지키며 성장을 지속할지 유심히 지켜봐야 할 것이다.

[로쿠 투자 포인트]

- 로쿠는 온라인 스트리밍 서비스들을 한데 모아 일반 TV에서도 볼 수 있게 해주는 로쿠 스틱을 제조하는 기업으로 시작했다.
- 2017년부터 광고를 보는 대신 무료로 시청이 가능한 로쿠 채널을 론칭했는데 이로 인해 광고 수익이 매년 가파르게 증가하고 있다.
- 온라인 스트리밍 서비스 시장에서 제3자 플랫폼으로서의 독특하면서도 독보적인 위치, 빠르게 증가하는 활성 계정 수, 코드 커팅의 흐름으로 인한 TV 광고비의 이동, 글로벌 확장 기회 등이 로쿠의 전망을 밝게 해주는 주요 요인이다.
- 애플TV 등 다른 경쟁사들이 공격적으로 로쿠의 시장 점유율을 뺏으려고 하고 있으므로 앞으로 로쿠가 지금의 선두주자 위치를 어떻게 지키는지 볼 필요가 있다.

벨로다인 라이다
자율주행차의 눈인 라이다의 시장을 만들다

2001년 미국에서는 '로봇 워(Robot Wars)'라는 TV 프로그램의 인기가 높았다. 아마추어 엔지니어들이 만든 로봇끼리 싸움을 벌여 최강의 로봇 자리를 다투는 TV 프로그램이다. 상대방이 무선으로 조종하는 로봇을 불구덩이로 몰아넣어 무자비하게 파괴하면 승리를 거머쥐게 되는, 말 그대로 로봇끼리 치고받는 싸움을 보여줬다.

로봇끼리의 싸움이라고 얕보면 안 된다. 서로 다른 강점과 약점을 가진 다양한 상대방(로봇)을 이기기 위해 당시의 각종 최첨단 기계공학이 적용된 개성 넘치는 로봇이 많이 출전했다. 그중에서 '클라운(Clown, 광대)'이라는 로봇이 인기가 많았다. 외모는 공포영화에 나올 법한 무서운 서커스 광대 모양을 하고 있었다. 이에 맞서는 팀의 로봇은 납작하게 생겼지만 앞에는 뾰족한 모서리가 있고 뒤에는 드릴이 돌아가는 '드릴질라(Drillzilla)'라는 로봇이었다.

대회가 시작되고 이 두 로봇은 서로 무자비하고 격렬하게 싸웠다. 결국 드릴질라가 클라운을 불구덩이 속으로 밀어 넣는 데 성공한다. 클라운이 처참하게 불에 타는 장면이 미국 전역으로 방영됐고 이로 인해 드릴질라는 큰 명성을 얻었다. 이후 드릴질라는 승리의 여세를 몰아 결승전까지 올라간다. 그렇다면 이 당시 수많은 로봇 대전에서 승리를 거머쥐며 최종 결승전까지 오른 드릴질라를 조종했던 팀원은 누구였을까? 바로 20년 후 세상을 바꾸는 자율주행 차량 개발에 큰 역할을 하는 데이비드 홀과 브루스 홀 형제였다.

데이비드 홀은 자율주행 차량에 핵심적인 부품으로 들어가는 라이다(Lidar)를 최초로 상업화시킨 장본인이자 라이다 분야에서 루미나 테크놀로지스와 쌍두마차를 이루며 선두를 달리고 있는 벨로다인 라이다(Velodyne Lidar, 티커: VLDR, 이하 '벨로다인')의 창업자다.

2000년대 초만 해도 데이비드 홀은 라이다가 뭔지 전혀 몰랐다. 로봇 대전과 벨로다인, 전혀 매치가 안 된다. 도대체 데이비드 홀은 누구이며 뭐를 하는 사람이길래 이런 로봇끼리 싸우는 프로그램에 도전한 것일까? 그리고 어떻게 최첨단 기술이 들어가는 라이다는 갑자기 만들어 현재 2조 원이 넘는 재산을 거머쥔 억만장자의 대열에 단숨에 올랐을까? 먼저 벨로다인이 만드는 라이다가 무엇인지 살펴보자.

#자율주행차의 눈, 라이다

라이다는 자율주행차의 눈에 해당하는 매우 중요한 부품이다. 차량의 자율주행이 가능해지려면 주변에 어떤 사물과 지형이 있는지 실시간으로 파악하는 것이 매우 중요하다. 빠르게 달리는 상황에서 주변 파악이 1~2초만 늦어져도 대형사고와 인명사고로 이어질 수 있기 때문이다.

자율주행차가 주변의 지형지물을 파악하는 데는 크게 3가지 방법이 있다. 바로 카메라와 레이더, 그리고 라이다이다.

첫 번째인 카메라는 우리가 흔히 사용하는 말 그대로의 카메라다. 영상을 이용해 주변의 사물을 촬영하고 인공지능을 통해 인식한다. 그런데 비나 눈이 심하게 오는 악천후나 햇빛이 심하게 내리비치어 사방이 하얗게 보이는 상황 등에서는 주변 인식이 쉽지 않다는 단점이 있다. 이러한 카메라의 단점은 촬영한 영상을 분석하는 인공지능의 성능을 더 높여서 극복하려고 연구 중이다. 하지만 여전히 촬영한 이미지를 분석해야 하기에 원본 이미지가 좋지 않다면 정확한 판독이 어렵다는 근본적인 한계점을 안고 있다.

두 번째인 레이더는 전파를 이용해 주변 사물을 파악한다. 전파를 발사해 되돌아오는 신호를 기반으로 주변과의 거리, 속도, 방향을 감지한다. 날씨 등에 상관없이 먼 거리의 물체까지 인식할 수 있다는 장점이 있지만 물체의 정확한 형상까지는 확실하게 알 수 없다는 단점이 있다. 즉, 대상 사물과 그 옆의 사물이 정확히 무엇인지, 그리고 같은 사물인지, 서로 다른 사물인지 구분이 쉽지 않은 것이다.

세 번째인 라이다는 수백, 수천 개의 빛, 즉 레이저를 쏴서 주변 사물을 인식한다. 라이다는 카메라나 레이더보다 정확도가 매우 뛰어나고 높은 해상도로 순식간에 사물을 3D로 식별하는 것이 가능하다는 큰 장점이 있다. 특히 수십 분의 1초를 다투는 돌발상황에서 안정적인 대응이 가능하다.

이렇게 좋아 보이는 라이다에도 단점이 있다. 아직 개발 초기 단계라 영상을 사용하는 카메라나 전파를 사용하는 레이더에 비해 가격이 비싸다는 점이다. 게다가 상대적으로 크기가 커서 차량의 디자인상으로도 불리하다. 그래서 라이다 제작사들은 라이다의 크기를 작게 만들고 가격을 낮추기 위해 노력하고 있다.

이러한 라이다는 미래 자율주행차 시장에서 크게 활용될 것으로 예상되기 때문에 4차 산업혁명 시대에서 큰 성장이 기대되는 사업 영역 중 하나다. 그래서 투자자들의 큰 주목을 받고 있다. 현재 이 라이다 제조사 중 전세계 투 톱(Two Top)을 달리는 기업이 바로 벨로다인과 루미나 테크놀로지스, 두 기업이다. 벨로다인과 루미나 테크놀로지스는 공교롭게도 모두 2020년 9월과 12월에 각각 스팩(SPAC, 인수 및 합병을 통해 기업을 상장시킬 목적으로 만들어진 페이퍼컴퍼니)을 통해 미국 주식 시장에 상장했고 상장 직후 주가는 큰 폭으로 상승했다. 그렇다면 벨로다인은 어떻게 만들어진 것인지, 창업자 데이비드 홀은 누구인지 살펴보자.

#괴짜 발명가

데이비드 홀은 30대 초반이었던 1983년, 오디오 음향기기인 서브우퍼를 만들어 판매하는 벨로다인 어쿠스틱스(Velodyne Acoustics)를 창업한다. 벨로다인 라이다의 '벨로다인'이 여기에서 나왔다. 벨로다인 어쿠스틱스의 서브우퍼 시리즈는 아주 큰 성공까지는 아니지만 그래도 매년 수십억 원의 매출을 올렸다.

데이비드 홀은 40대가 되고 어느 정도 사업이 안정적으로 운영되자 동생인 브루스 홀과 함께 어릴 적부터 취미로 해왔던 다양한 기계를 발명하는 일에 본격적으로 뛰어든다. 그러다가 40대 후반의 나이에 데이비드 홀은 동생과 로봇을 만들어 TV 프로그램에 출연한 것이다.

‘로봇 워’에서 명성을 얻은 이후 ‘또 재미있는 일이 없을까?’ 하며 무언가를 찾고 있던 데이비드 홀은 52세가 되던 2004년에 미 육군 연구소 산하의 다파(DARPA: Defense Advanced Research Projects Agency)라고 불리는 연구기관이 상금 약 11억 원을 걸고 ‘자율주행차 경주대회’를 연다는 소식을 듣게 된다. 운전자가 없는 자율주행차가 사막의 여러 거친 지형과 장애물을 뚫고 150마일(약 240킬로미터)을 달려 목적지에 제일 먼저 도착하면 이기는 대회였다.

데이비드 홀은 이 대회에 참가하기 위해 토요타의 픽업트럭인 툰드라를 구매해 카메라와 GPS 장치를 부착하고 동생 브루스 홀과 함께 ‘로봇 워’에 참여하면서 배운 모터 콘트롤 기술을 접목해 혼자서 달리는 자율주행 트럭을 만들었다. 그런데 이때만 해도 데이비드 홀은 라이다라는 기술 자체를 몰랐다. 앞의 장애물을 파악해 피하려고 카메라를 사용했을 뿐이다. 이렇게 홀 형제는 시합에 출전했는데 결과는 어떻게 됐을까?

홀 형제의 팀을 비롯한 모든 팀이 끝까지 완주하는 데 실패했다. 여러 장애물을 피하는 것이 2004년 당시 카메라만의 기술로는 어려웠기 때문이다. 당시에 한 친구가 데이비드 홀에게 라이다라는 신기술에 대해 말해준다. 레이저를 쏴서 앞의 장애물을 미리 감지하고 피할 수 있게 해주는 라이다라는 기술이 있으니 한번 사용해보라고 한 것이다.

#라이다의 매력에 빠지다

데이비드 홀은 친구의 말에 처음에는 심드렁했다. 하지만 몇 달 후 라이다가 뭔지 한번 들여다본 후부터는 라이다의 무궁무진한 가능성에 완전히 빠져들게 됐다.

2005년 데이비드 홀은 직접 만든 라이다를 달고 다시 한번 '자율주행차 경주대회'에 참가한다. 이때에는 다른 팀들도 라이다를 차량에 탑재하고 있었다. 다른 팀들 대부분은 라이다를 차량 정면에 부착해서 정면 한 방향만을 감지할 수 있었다. 반면, 데이비드 홀은 라이다를 차량 윗부분에 달았다. 빙글빙글 돌아가며 360도 모든 방향을 감지할 수 있도록 개발한 것이다. 당시에는 획기적인 발상이었다. 이 대회에서 데이비드 홀은 1등을 하지 못했지만 데이비드 홀이 만든 라이다는 뛰어난 성능으로 큰 주목을 받게 된다.

데이비드 홀은 라이다를 더욱더 개선하는 데 시간과 노력을 쏟아부었다. 그 결과, 2007년에 열린 자율주행차 경주대회에서는 참가한 총 6개의 팀 중 5개 팀이 데이비드 홀의 라이다를 구매해 사용했을 정도가 됐다. 데이비드 홀이 만든 라이다가 유명해진 것이다. 당시 데이비드 홀이 만든 라이다의 가격은 1개당 한화 약 8,000만 원으로 엄청나게 비쌌다.

이 당시 자율주행차 경주대회에 참가했던 팀들의 팀원들은 자율주행에 관심이 많은 미국 내 내로라하는 톱 엔지니어들이었다. 스탠퍼드대학교와 카네기멜론대학교의 공대팀들도 있었다. 데이비드 홀의 라이다를 사용한 참가자들은 이후 구글, 우버 등의 자율주행팀에 들어갔고 자연스럽게 데이비드 홀의 라이다가 라이다 시장에서 하나의 표준이 되기 시작했다.

#자율주행차 개발과 벨로다인의 성장

벨로다인은 유명한 기업들과 협업을 꾸준하게 하면서 성장한다. 2010년 구글의 첫 번째 자율주행차 프로토타입(Prototype, 시제품)은 벨로다인의 HDL-64E 라이다를 사용했다. 2012년에는 중장비 업체인 캐터필러와 계약을 맺고 라이다를 공급하기 시작했다. 캐터필러는 벨로다인의 라이다를 자사의 중장비 차량에 부착해 지형이 험한 채석장이나 농장, 건축 현장 등에서 360도로 주변의 지형지물을 정확하게 감지하면서 안전운전을 할 수 있도록 도와주는 데 사용하고 있다.

2012년부터 2015년까지 벨로다인의 회전형 HDL-32E 라이다는 텐센트, 바이두, 톰톰, 마이크로소프트가 지도를 만들 때 필요한 정보를 얻기 위해 전국을 돌아다니는 차량에 부착됐다. 2016년 포드는 자사의 자율주행 연구 차량에 벨로다인의 회전형 라이다인 울트라 퍽 센서(Ultra Puck Sensor)를 사용하겠다고 발표했다. 또한, 포드와 바이두로부터 1억 5,000만 달러(1,650억 원)의 투자를 받는다. 데이비드 홀은 처음에는 벨로다인 어쿠스틱스의 한 부서로 벨로다인을 만들어 운용하다가 2016년에야 독립된 회사로 분사시켰다. 2017년에는 벤츠와 파트너십을 맺으면서 벤츠의 자율주행 연구 차량에 벨로다인의 라이다가 사용되기 시작했고 2018년에는 현대모비스와 합작해 라이다를 기반으로 향상된 운전자 보조 운행 시스템을 개발한다고 발표했다.

2020년 9월 벨로다인은 순수 라이다 업체로는 최초로 미국 주식 시장에 상장했다. 2021년 6월 초 기준으로 벨로다인의 시가총액은 한화로 약 2조 4,000억 원이다.

그런데 2021년 초, 벨로다인의 창업자인 데이비드 홀이 부적절한 행위를 했다는 이유로 회장직에서 물러났다. 최고마케팅책임자(CMO)인 아내도 같이 물러났다. 어떤 부적절한 행위였는지는 발표되지 않았지만 다른 임직원들과의 관계에서 신의성실의 원칙에 위배되는 행동을 했다고 한다. 사실 데이비드 홀은 벨로다인이 상장하기 전인 2020년 1월에 자발적으로 이전 CTO였던 아난드 고팔란에게 CEO 자리를 물려주고 회장직으로만 재직하고 있었다. 그러나 이번 조치를 통해 데이비드와 아내는 공식적으로 벨로다인과 관련된 경영 일체에서 손을 아예 떼게 됐다.

#벨로다인의 주력 제품인 회전형 라이다

벨로다인은 360도 회전하며 수백 개의 레이저를 발사해 주변을 감지하는 회전형 라이다가 주력 제품이다. 물론 자율주행차는 디자인도 중요해서 차량의 디자인을 해치지 않는 고정형 라이다도 개발해 출시하고 있다.

2020년 11월에는 기존에 1개당 수만 달러(수천만 원)까지 했던 라이다의 가격을 수백 달러(수십만 원)까지 낮춘 벨라레이 H800을 출시할 예정이라고 밝혔다. 그동안 라이다의 비싼 가격이 라이다의 상용화에 큰 걸림돌이었는데 가격이 낮아진다면 자율주행차의 개발 역시 더 빨라질 수 있을 것이다.

벨로다인의 라이다는 기본적으로 360도 전후좌우를 동시에 감지하도록 설계되어 있어서 자율주행차뿐만 아니라 주변을 정확하게 감지하는 것이 필요한 모든 기기에 활용이 가능하다는 장점이 있다. 예를 들어, 배달 로봇이나 스마트 시티에서 사람과 트래픽(Traffic)을 관리하는 기기, 드론 등에도 탑재가 가능하다.

#벨로다인의 실적

현재까지 매출을 보면, 아직 연구·개발 위주의 단계이기 때문에 큰 수익이 나고 있지는 않다. 2020년에는 약 9,500만 달러(약 1,045억 원)의 매출을 기록했다. 2018년에 매출이 약 1억 4,200만 달러(약 1,560억 원)였으니

[벨로다인의 매출]

Annual Data | Millions of US $ except per share data		2020-12-31	2019-12-31	2018-12-31
Revenue	Lıll	**$95.362**	**$101.398**	**$142.946**
Cost Of Goods Sold	Lıll	$70.246	$71.63	$112.066
Gross Profit	Lıll	**$25.116**	**$29.768**	**$30.88**
Research And Development Expenses	Lıll	$88.08	$56.85	$51.993
SG&A Expenses	Lıll	$97.485	$41.931	$35.039
Other Operating Income Or Expenses	Lıll	$7.529	-	-
Operating Expenses	Lıll	$249.266	$170.411	$199.098
Operating Income	Lıll	**$-153.904**	**$-69.013**	**$-56.152**
Total Non-Operating Income/Expense	Lıll	$-0.044	$1.104	$0.48
Pre-Tax Income	Lıll	**$-153.948**	**$-67.909**	**$-55.672**
Income Taxes	Lıll	$-4.084	$-0.683	$6.628
Income After Taxes	Lıll	**$-149.864**	**$-67.226**	**$-62.3**
Other Income		-	-	-
Income From Continuous Operations	Lıll	**$-149.864**	**$-67.226**	**$-62.3**
Income From Discontinued Operations		-	-	-
Net Income	Lıll	**$-149.864**	**$-67.226**	**$-62.3**

• Revenue: 총매출액 / Cost of Goods Sold: 매출 원가 / Gross Profit: 매출 총이익 / Research And Development Expenses: 연구개발비 / SG&A Expenses: 판매관리비 / Operating Income: 영업 이익 / Net Income: 순이익
• 단위: 백만 달러 ┃ 출처: macrotrends.net

오히려 매출이 줄었다. 특히 2020년에는 코로나로 매출이 더 줄어든 것으로 보인다. 그동안 적자였지만 앞으로도 연구·개발에 계속 투자해야 하므로 당분간은 적자를 기록할 것으로 예상된다. 참고로, 벨로다인이 현재 보유하고 있는 현금은 3억 5,000만 달러(3,850억 원) 정도다.

그렇다면 미래에는 벨로다인이 어떻게 될지가 중요할 것이다. 현재 다양한 기업들과 194개의 프로젝트를 진행 중인 점, 2025년까지 900만 개의 라이다 제품을 판매할 것이라는 목표를 세웠다는 점이 긍정적이다. 또한, 2019년에는 실제로 정식 계약을 맺고 장기적으로 라이다를 공급받는 업체가 1개였지만 2021년 2월 현재에는 26개로 증가했다. 현재 벨로다인과

협업하고 있는 주요 기업으로는 GM, 포드, 현대자동차, 캐터필러, 바이두, 토요타, 폭스바겐 등이 있다. 파트너십을 맺은 기업에는 자동차 제조사뿐만 아니라 자동차 시스템 개발 기업, 배달 관련 기업, 지도를 만드는 기업 등까지 다양하다.

이제 가장 중요한 벨로다인의 미래 예상 매출을 살펴보자. 월가 애널리스트들의 예상에 따르면, 2022년부터는 다시 성장해서 2024년에는 5억 1,600만 달러(약 5,680억 원) 규모의 매출을 기록할 것으로 보고 있다.

[벨로다인의 미래 예상 매출]

Fiscal Period Ending	Revenue Estimate	YoY Growth	FWD Price/Sales	Low	High	# of Analysts
Dec 2021	93.76M	-1.68%	23.89	80.00M	116.47M	8
Dec 2022	189.92M	102.55%	11.80	125.00M	249.19M	8
Dec 2023	279.69M	47.27%	8.01	200.00M	388.70M	5
Dec 2024	516.60M	84.70%	4.34	400.00M	633.20M	2

- Fiscal Period Ending: 회계 연도 / Revenue Estimate: 예상 매출 / YoY Growth: 전년 대비 매출 성장률 / FWD Price/Sales: 예상 주가 매출 비율 / Low: 예상 매출 최저치 / High: 예상 매출 최고치 / # of Analysts: 매출 예상치 산정에 참여한 애널리스트 수
- 주: M은 밀리언 달러(100만 달러) | 출처: seekingalpha.com

#벨로다인의 라이벌

여기서 잠깐! 최근 들어, 기술과 라이다 제품 가격 측면에서 라이벌인 루미나 테크놀로지스가 더 주목을 받고 있다. 이 때문인지 몰라도 매출액은 벨로다인이 훨씬 크지만 2021년 6월 초 기준 시가총액은 오히려 루미나 테크놀로지스가 벨로다인보다 4배 정도 크다.

벨로다인은 2021년 약 9,300만 달러(약 1,020억 원)의 매출이 예상되지만 루미나 테크놀로지스는 약 2,800만 달러(약 308억 원)다. 벨로다인의 매출에 비해 3분의 1 수준이다. 루미나 테크놀로지스의 2024년 예상 매출

액은 약 3억 7,900만 달러(약 4,170억 원)로 예상된다. 이것 역시 벨로다인의 3분의 2 수준이다.

이런 차이가 있는데도 벨로다인보다 루미나 테크놀로지스의 시가총액이 더 높은 이유는 여러 가지가 있는데 그중에서도 일반인은 범접할 수 없는 엄청난 천재 청년이 이끌고 있다는 독특한 기업이라는 이미지가 가장 크다는 이야기가 많다. 이 천재 청년 때문에 루미나 테크놀로지스의 제품에 대한 기대 및 미래가 크게 주목받고 있는 것이다(루미나 테크놀로지스는 바로 뒤에서 소개하겠다).

그렇다고 해서 벨로다인이 좋지 않은 기업이라는 것은 결코 아니다. 벨로다인은 라이다의 원조 격으로 지난 14년 동안 라이다 시장을 최초로 창조했고 수많은 자율주행차 제조사들과 자율주행 시장을 발전시켜온 큰 역할을 한 기업이다. 또한, 실리콘밸리의 뛰어난 인력들이 일하고 있어서 큰 주목을 받는 성장 기업이다.

#라이다 시장의 개척자

벨로다인의 창업자이자 CEO였던 데이비드 홀은 현재 60대 후반이다. 불미스러운 일로 회사에서 쫓겨났지만 여전히 벨로다인의 최대 주주이며 2조 원이 넘는 재산을 보유한 억만장자다. 그리고 자율주행차 시장이 걸음마 단계였던 2000년대 초반 때부터 열정적으로 라이다를 개발해 자율주행차 기술 향상에 큰 역할을 했다는 사실은 부정할 수 없다. 특히 필자는 데이비드 홀이 50대에 라이다 사업에 뛰어들었다는 점에 깊은 감명을 받았다. 사실 서브우퍼 사업으로 돈을 이미 많이 벌어 놓은 상태였기 때문에 은퇴해서 여행이나 다니며 편한 삶을 살 수도 있었다. 하지만 그는 열정을 품고 라이다 개발에 매진해 기존에 없던 새로운 시장을 창조했다.

　누군가 먼저 개발한 사업을 카피하고 좀 더 개선하면서 따라가기는 그나마 쉽다. 하지만 제로(0)부터 시작해 없던 것을 새로 만들고 기존에 존재하지 않았던 시장을 새롭게 개척하는 일은 너무나도 어렵고 힘들다. 데이비드 홀이 지난 14년간 적자가 나는 상황에서도 자기 돈을 지속적으로 쏟아부어 라이다를 만들고 끊임없이 연구·개발을 해왔기에 구글도, 우버도, 다른 자율주행차 기업들도 벨로다인의 라이다를 활용해 자신들의 자율주행 시스템을 더 발전시킬 수 있었다. 또한, 다른 라이다 기업들이 활약할 수 있는 라이다 시장의 발판도 마련됐다. 벨로다인의 라이다가 미래에 더 크게 성장하기를 응원하는 이유도 그 때문이다.

[벨로다인 투자 포인트]

- 벨로다인은 음향기기 제조사를 운영하던 데이비드 홀이 50대에 창업하고 레이저로 주변을 식별하는 라이다를 만드는 기업이다.
- 라이다는 자율주행차의 눈으로 불리는 부품으로 향후 자율주행 시장이 크게 성장할 때 동반성장할 것으로 기대되는 사업 분야이다.
- 벨로다인의 라이다는 360도 회전하며 주변을 정확하게 감지하고 이를 3D로 정확하게 구현하는데 자율주행차뿐 아니라 배달 로봇, 트래픽 관리 기기, 드론 등에도 활용이 가능하다는 장점이 있다.
- 라이다의 가장 큰 단점이었던 비싼 가격의 문제를 해결하기 위해 좀 더 저렴한 고정형 라이다를 출시할 계획을 갖고 있다.
- 현재 다양한 기업과 194개의 프로젝트를 진행 중에 있고 2025년까지 900만 개의 라이다 제품을 판매하는 것을 목표로 하고 있다. 상용화가 실제로 어떻게 진행되는지 꾸준하게 확인할 필요가 있다.

루미나 테크놀로지스
슈퍼 천재가 세운 라이다 기업

캘리포니아 남부 로스앤젤레스에서 남쪽으로 1시간 정도 차로 내려가면 한국인도 많이 사는 살기 좋은 동네인 어바인이 있고 그 밑에 뉴포트 비치라고 불리는 해변가 마을이 있다. 부촌으로 유명한데 아름다운 해변을 따라 고급 주택이 줄지어 있다.

2007년, 이 뉴포트 비치에 이제 막 6학년이 된 한 초등학생이 있었다. 이 초등학생은 휴대폰이 무척 갖고 싶었다. 부모님을 열심히 졸랐지만 엄격하게 안 된다는 말만 듣게 됐다. 이 초등학생은 어떻게 했을까?

다른 초등학생이라면 계속 떼를 쓰거나 포기했을 것이다. 하지만 이 초등학생은 엄청난 검색 역량과 학습 역량을 총동원해 인터넷을 뒤진다. 그리고 가르쳐주는 사람이 없었는데 자신이 갖고 있던 닌텐도 DS의 펌웨어를 조작하는 코딩 방법을 스스로 터득한다. 펌웨어를 직접 프로그래밍해서 급기야 자신의 닌텐도 DS를 와이파이를 통해 전화를 걸 수 있는 휴대폰으로 바꿔 버린다.

이 초등학생은 학교에서 집으로 가는 버스 안에서 부모님에게 자신의 닌텐도 DS로 테스트 전화를 걸었다. 부모님은 얼떨결에 아들의 전화를 받고 깜짝 놀란다. 휴대폰을 사준 적이 없기 때문이다.

영화에나 나올 법한 이 이야기가 사실일까? 사실이다. 바로 이 초등학생이 고작 4년 후인 17살에 현재 세계 최고의 자율주행 차량용 라이다 기업인 루미나 테크놀로지스(Luminar Technologies, 티커: LAZR, 이하 '루미나')를 만들어버린 슈퍼 천재 '오스틴 러셀'이다.

#슈퍼 천재의 등장

1995년생인 오스틴 러셀은 한마디로 일반인은 범접이 불가능한 엄청난 슈퍼 천재다. 오스틴 러셀이 불과 17살 때 창업한 루미나의 시가총액은 2021년 6월 초 약 81억 달러(약 8조 9,100억 원)다. 2020년 12월에 스팩을 통해 상장하면서 대박이 터졌고 현재 20대 후반밖에 안 된 오스틴 러셀의 재산은 약 30억 달러(약 3조 3,000억 원)가 됐다.

하버드대학교를 중퇴하고 페이스북을 23살에 창업한 마크 저커버그나 스냅챗의 바비 머피가 상장했을 당시의 재산과 비교해보면 오스틴 러셀이 훨씬 높다. 현재 기준으로는 세계에서 가장 어린 자수성가 억만장자로 등극했다고 할 수 있다. 더 중요한 점이 있다. 자율주행 분야에 핵심이 되는, 레이저로 주변을 감지하는 라이다는 향후 전기차 및 자율주행차 시장의 성장과 더불어 4차 산업혁명 시대에 매우 큰 성장이 기대되는 사업이라는 점이다.

그럼 오스틴 러셀이 정말 천재가 맞을까? 그렇다. 태어날 때부터 타고난 천재가 맞다. 필자가 고등학교 과학 시간에 배웠던 원소 주기율표, 이제는 기억도 가물가물하다. 오스틴 러셀은 복잡한 원소 주기율표를 언제 완벽하게 외웠을까? 2살 때 완벽하게 외웠다고 한다.

10살 무렵에는 이미 소프트웨어 프로그래밍 분야에서 컨설턴트로 일할 정도로 컴퓨터에 능통했고 자신만의 슈퍼 컴퓨터를 제작했다. 여기서 더 놀라운 사실이 있다. 이 모든 것을 누구에게 특별히 배운 적이 없다는 사실이다. 모두 인터넷과 책을 통해 스스로 독학해서 배웠다. 13살 때는 정원의 스프링 쿨러에서 나오는 물처럼 버려지는 물을 절약할 수 있는 지하수 재활용 시스템을 고안해 첫 번째 특허를 취득했다.

이후 레이저 분야에 관심이 생긴 오스틴 러셀은 고등학교를 가는 대신 캘리포니아 주립 어바인대학교의 베크만레이저연구소에서 자신만의 연구를 시작했다. 물론 이것도 누가 가르쳐주거나 한 것이 아니었다. 오로지 책을 보거나 인터넷 검색, 스탠퍼드대학교 등의 미국 톱 대학교들의 온라인 강의를 들으면서 레이저를 통해 주변을 탐색하는 기술을 독학했다. 레이저를 통해 3차원적인 지도를 만드는 3D 맵핑 기술을 개발했고 조기 암 진단 시스템, 무선 전력 시스템, 상호작용이 가능한 홀로그램 등을 독학으로 모두 만들어버린다. 오스틴 러셀의 물리학 교수에 따르면, 사고능력이 워낙 뛰어나 늘 50여 개의 아이디어를 동시에 생각했다고 한다.

오스틴 러셀은 배움에 대한 열정이 매우 강했고 보통 하루에 1,000개 정도의 기사와 논문을 엄청난 속도로 읽는다고 한다. 오스틴 러셀은 한 인터뷰에서 자신을 정보를 빨아들이는 '인포메이션(Information) 스펀지'라고 밝힌 바 있다.

#17살에 차고에서 창업하다

오스틴 러셀은 17살 때 집 차고에서 본격적으로 라이다를 개발하기 위해 루미나를 설립한다. 이후 스탠퍼드대학교의 한 물리학 교수의 연구실을 방문한다. 고등학생으로 보이는 어린 학생이 갑자기 빛과 레이저, 물리학에 대해 의견을 쏟아내기 시작하자 세계 최고의 연구수준을 자랑하는 스탠퍼드대학교에서 물리학을 가르치던 교수는 대체 이 학생의 정체가 뭔지 깜짝 놀라고 만다. 그리고 오스틴 러셀은 곧 스탠퍼드대학교 물리학과에 특례로 입학하게 된다.

오스틴 러셀은 페이팔의 공동 창업자이자 팔란티어 테크놀로지 창업자인 피터 틸이 학생 창업자들에게 주는 스타트업 지원금 프로그램에 지원한다. 피터 틸은 한눈에 오스틴 러셀이 세상을 바꿀 큰 인물이 될 것을 간파한다. 피터 틸은 오스틴 러셀에게 10만 달러(1억 1,000만 원)의 시드머니를 제공한다. 오스틴 러셀은 루미나의 라이더 제품 개발에 박차를 가하기 위해 스탠퍼드대학교를 중퇴한다.

오스틴 러셀은 2012년부터 2017년까지 공동 창업자인 제이슨 아이첸홀츠와 함께 자신들이 만드는 라이더 제품이 경쟁사를 포함한 외부에 알려지지 않도록 스텔스 모드, 즉 철저히 비밀리에 자신만의 라이다를 만든다. 그러다가 2017년 벤처캐피털이 루미나에 3,600만 달러(약 400억 원)의 투자를 하면서 세상에 모습을 드러내게 된다. 오스틴 러셀은 2,000개가 넘는 다양한 라이더 설계 방식을 직접 테스트한 다음, 어느 정도 자신이 원하는 기술이 완성되자 상용화에 들어가도 되겠다고 생각하고 생산에 필요한 자금을 모이기 위해 벤처캐피털로부터 투자자금을 모은 것이다.

오스틴 러셀은 회사와 생산 공장을 운영하는 데 필요한 직원 200여 명을 고용한다. 그리고 타 경쟁사와는 다른 자신들만의 기술 혁신으로 라이다의 제조 비용을 큰 폭으로 절감했다고 발표하면서 가격을 1,000달러(110만 원) 이하로 내리겠다고 선언해 시장과 투자자들의 큰 주목을 받았다. 이 당시만 해도 경쟁사인 벨로다인의 라이다가 거의 시장에서 원 톱의 위치를 점하고 있었는데 벨로다인의 라이다 중에서 가장 저렴한 제품이 900만 원 정도였다. 수많은 글로벌 차량 제조업체가 루미나에 파트너십을 요청한 것도 바로 이러한 이유가 컸다.

벨로다인도 질세라 기술 개발에 더욱 박차를 가하게 됐고 2020년 11월에 500달러(55만 원)대의 고정형 라이다를 출시했다. 참고로, 현재 벨로다인과 루미나 모두 고정형 라이다의 가격은 500달러대부터 시작한다. 물론 라이다의 성능이 더 좋으면 가격이 더 올라갈 수 있으므로 무조건 가격이 낮다고 해서 좋다고 할 수 없지만 어쨌든 향후 기술 혁신이 계속된다면 라이다 가격도 더 내려갈 것이다. 따라서 성능이 좋은 라이다가 자율주행차에 가격 부담 없이 사용된다면 자율주행차 시대가 훨씬 더 앞당겨질 수 있다. 물론 전 세계 수많은 차량이 라이다를 채택하면 벨로다인과 루미나, 두 회사 모두 크게 성장할 가능성이 있다.

#히드라와 아이리스를 출시하다

루미나는 2018년 테스트 및 개발용 라이다인 히드라를 출시한다. 이후 하드웨어와 소프트웨어 개발에 박차를 가해 2019년 드디어 가격은 더 내려가고 성능은 보완된 아이리스를 출시한다.

아이리스는 벨로다인의 라이다와 같이 360도 사방을 탐지하는 라이다는 아니다. 그 대신, 정면 120도 각도를 탐지하고 1센티미터 간격의 정확도를 갖고 있다. 전방 최대 500미터까지 탐지가 가능하다고 한다. 특히 루미나의 라이더는 기술 혁신을 통해 매우 효율적이면서도 비용은 크게 절감하는 칩 설계 디자인을 적용한 특징이 있다. 이게 매우 중요한 부분이다. 왜냐하면 루미나의 경우 다른 라이다 기업들과는 다르게 1,550나노미터 (파장대) 레이저를 사용하기 때문이다.

가장 비교가 되는 벨로다인은 905나노미터 레이저를 사용한다. 일반적으로 라이다 기업들 대부분은 905나노미터 파장대역의 레이저를 사용하는데 집적화와 낮은 가격 구현에 유리한 실리콘 광 검출기를 사용할 수 있기 때문이다. 하지만 한 번의 레이저 조사로 식별할 수 있는 영역이 좁다. 따라서 수많은 레이저 빔을 동시에 주변으로 쏴야 하고 이를 센서가 다시 정확하게 받아낼 수 있도록 센서를 빠르게 회전시켜야 하는 단점이 있다. 특히 905나노미터 파장대는 성능을 높이기 위해 레이저 파워를 높이면 시각 안전에 문제가 있다는 큰 약점이 있다. 벨로다인은 이 부분을 개선하기 위해 열심히 연구하고 있다.

반면, 루미나가 사용하는 1,550나노미터 레이저는 레이저 파워를 크게 높여도 눈에 안전해서 라이다의 탐지 성능도 크게 향상시킬 수 있다는 큰 장점이 있다. 그러나 1,550나노미터 레이저를 사용하면 905나노미터 레이저의 대표적인 장점인 라이다의 가격을 낮출 수 있는 실리콘 광 검출기를 더 이상 사용할 수 없고 화합물 광 검출기를 도입해야 하는데 이를 통해 받아들인 신호를 처리하는 데는 실리콘 칩도 여전히 필요해서 비용이 전체적으로 상승한다는 치명적인 단점이 있다. 그런데 이러한 1,550나노미터 레이저의 단점을 오스틴 러셀의 루미나가 기술 혁신으로 상당 부분 해결하고 있다.

현재로서는 어느 쪽이 더 좋다고 판단을 내리기는 어렵지만 어쨌든 벨로다인과 루미나는 서로 다른 파장 영역의 레이더를 사용하면서 최선을 다해 단가를 낮추고 크기는 작아도 성능은 더 좋아지는 라이다를 개발하기 위해 경쟁하듯이 연구하고 있다.

#볼보와의 파트너십을 통한 대량 생산체제 준비

현재 루미나는 대량 생산체제를 갖추고 있지 않다. 가장 최근에 루미나에서 발표한 자료를 보면, 현재 대량 생산 자동화 공정을 완비하기 위한 준비 작업이 문제없이 계획대로 잘 진행되는 중이라고 한다. 특히 2020년 볼보와 맺은 파트너십에 따라 대량 생산체제가 구축되는 2022년부터 볼보의 차량에 아이리스가 본격 탑재될 예정이라고 한다. 또한, 다임러 트럭과 생산을 위한 파트너십을 맺고 준비 중이기도 하다.

루미나는 현재 글로벌 톱 10 완성차 제조업체 중 7개 업체와 파트너십을 맺고 있다. 물론 파트너십을 맺었다고 생산 계약까지 맺은 것은 아니라는 점을 주의해야 한다. 생산 계약까지 완료해야 실제로 대량 생산되는 차량에 라이다가 들어가 큰 매출이 발생한다. 2021년 초에 발표한 자료에 따르면, 현재 생산 프로그램 파트너십을 맺은 업체는 볼보, 다임러 트럭, 모빌아이, 상하이자동차, 그리고 스텔스 모드로 아직 비밀리에 추진 중인 한 업체, 이렇게 총 5개 업체가 있다고 한다. 또한, 파트너십을 맺고 개발과 연구를 같이 하는 기업은 총 50여 개이며 이 중에서 생산 계약까지 갈 가능성이 높은 단계의 기업 수는 14개라고 밝혔다. 2021년 대량 생산체제가 완공되고 2022년부터 볼보에 본격적으로 루미나의 라이다가 탑재되기 시작한다면 더 많은 완성차 제조업체들이 생산 계약을 추진하지 않을까 기대된다.

#루미나의 실적

루미나는 아직 본격적으로 대량 생산을 통해 매출이 나는 상황이 아니라서 매출액은 매우 작은 수준이다. 2020년에는 약 1,300만 달러(약 143억 원)를 기록했다. 아직 연구·개발에 많이 투자하고 있어서 약 3억 6,900만 달러(약 4,060억 원) 적자다.

[루미나의 매출]

Annual Data | Millions of US $ except per share data		2020-12-31	2019-12-31	2018-12-31
Revenue	📊	**$13.951**	**$12.602**	-
Cost Of Goods Sold	📊	$24.952	$16.655	-
Gross Profit	📊	**$-11.001**	**$-4.053**	-
Research And Development Expenses	📊	$38.651	$36.971	-
SG&A Expenses	📊	$37.223	$21.591	$0.022
Other Operating Income Or Expenses		-	-	-
Operating Expenses	📊	$100.826	$75.217	$0.022
Operating Income	📊	**$-86.875**	**$-62.615**	**$-0.022**
Total Non-Operating Income/Expense	📊	$-275.423	$-32.103	-
Pre-Tax Income	📊	**$-362.298**	**$-94.718**	**$-0.022**
Income Taxes		-	-	-
Income After Taxes	📊	**$-362.298**	**$-94.718**	**$-0.022**
Other Income		-	-	-
Income From Continuous Operations	📊	**$-362.298**	**$-94.718**	**$-0.022**
Income From Discontinued Operations		-	-	-
Net Income	📊	**$-369.055**	**$-100**	**$-0.022**

- Revenue: 총매출액 / Cost of Goods Sold: 매출 원가 / Gross Profit: 매출 총이익 / Research And Development Expenses: 연구개발비 / SG&A Expenses: 판매관리비 / Operating Income: 영업 이익 / Net Income: 순이익
- 단위: 백만 달러 | 출처: macrotrends.net

따라서 루미나도 현재의 매출액보다는 미래의 예상 매출액이 얼마인지가 더 중요하다. 시킹알파가 분석한 자료에 따르면, 루미나는 볼보의 차량

에 라이다가 탑재되는 2022년부터 크게 성장할 것으로 예상된다.

2022년 예상 매출액은 약 3,700만 달러(약 410억 원)이지만 매년 두 자 릿수 이상의 큰 성장을 지속해 2029년에는 약 27억 달러(약 3조 원)를 기 록할 것으로 월가의 애널리스트들은 전망하고 있다. 물론 애널리스트들의 예상 목표치이므로 정말 이렇게 회사가 잘 성장해 나갈지는 분기마다 실 적을 꼼꼼하게 확인할 필요가 있다.

[루미나의 미래 예상 매출]

Fiscal Period Ending	Revenue Estimate	YoY Growth	FWD Price/Sales	Low	High	# of Analysts
Dec 2021	27.94M	100.29%	253.35	26.00M	30.00M	6
Dec 2022	37.89M	35.59%	186.85	35.00M	45.00M	6
Dec 2023	116.41M	207.25%	60.81	102.00M	124.00M	5
Dec 2024	378.71M	225.33%	18.69	311.53M	418.00M	5
Dec 2025	735.92M	94.33%	9.62	634.62M	837.00M	5
Dec 2026	799.76M	8.67%	8.85	799.76M	799.76M	1
Dec 2027	936.70M	17.12%	7.56	936.70M	936.70M	1
Dec 2028	1.73B	84.66%	4.09	1.73B	1.73B	1
Dec 2029	2.70B	55.85%	2.63	2.70B	2.70B	1

- Fiscal Period Ending: 회계 연도 / Revenue Estimate: 예상 매출 / YoY Growth: 전년 대비 매출 성 장률 / FWD Price/Sales: 예상 주가 매출 비율 / Low: 예상 매출 최저치 / High: 예상 매출 최고치 / # of Analysts: 매출 예상치 산정에 참여한 애널리스트 수
- 주: M은 밀리언 달러(100만 달러), B는 빌리언 달러(10억 달러) | 출처: seekingalpha.com

#미래를 이끌 세계 최고의 라이다 기업

루미나와 벨로다인은 모두 세계 최고의 기술력과 인력을 보유한 회사다. 두 회사 모두 실리콘밸리에 사무실이 있으며 뛰어난 한국인 엔지니어들도 일하고 있다. 미래에도 서로 경쟁하며 완성차 제조업체들과 협업을 통해 라이다 시장을 더 키워 나가고 자율주행차 시대를 더 앞당길 중요한 회사

들이다.

　과거 공상과학영화나 책에서나 나왔던 자율주행차는 먼 미래의 이야기가 아니라 이미 우리의 삶에 가깝게 다가온 현실이 되어가고 있다. 괴짜 발명가가 설립해 라이다 시장을 개척한 벨로다인, 슈퍼 천재가 세우고 지금도 밤낮으로 더 나은 제품을 개발하고 있는 루미나, 이 두 회사 모두 서로 건강한 경쟁을 통해 더 크게 성장하기를 기대해본다.

[루미나 투자 포인트]

- 루미나는 슈퍼 천재 오스틴 러셀이 17살 때 설립한, 자율주행에 들어가는 라이다를 만드는 기업이다.
- 루미나의 라이다는 1,550나노미터 레이저를 이용해 더 정확히, 더 멀리 있는 물체까지 식별이 가능한 뛰어난 성능을 보유하고 있다.
- 특히 혁신적인 기술 개발을 통해 라이다 가격을 1,000달러 이하로 낮춰 투자자들에게 큰 관심을 끌고 있다.
- 현재 대량 생산체제를 준비하고 있으며 2022년부터 볼보의 차량에 루미나의 라이다인 아이리스가 본격적으로 탑재될 예정이다.
- 아직은 대량 생산에 들어가기 전이므로 순손실이 발생하고 있으나 볼보와의 파트너십이 성공적으로 진행되고 더 많은 파트너사의 차량에 루미나의 라이다가 탑재된다면 폭발적인 성장이 가능할 것이다.

페이팔
글로벌 최대 핀테크 기업

필자는 한국에 있을 때는 페이팔(Paypal, 티커: PYPL)을 한 번도 사용해
본 적이 없었다. 그런데 미국에 와서부터는 이베이를 비롯한 온라인 쇼핑
몰에서 물건을 구매할 때 되도록 페이팔 계정을 통해 결제하는 편이다. 왜
일까?

미국은 한국과는 달리 신용카드 정보 유출 및 사기 사건이 정말 많이 발
생한다. 필자도 미국에 와서 얼마 안 있다가 카드번호가 유출되어 카드가
도용된 사건을 겪었다. 이후부터는 온라인 쇼핑몰에서 물건을 구매할 때
신용카드 정보를 넣는 것이 매우 꺼림칙해졌다. 그런데 쇼핑몰 대부분이
결제 옵션으로 제시하는 페이팔을 이용하면 이런 걱정이 사라진다. 페이
팔 계정을 통해 구매 대금을 결제하므로 쇼핑몰에 내 신용카드 정보를 넣
을 필요가 없기 때문이다.

페이팔의 가장 기본 서비스는 온라인 쇼핑몰에서 결제할 때 신용카드

번호를 입력하지 않아도 되는 온라인 결제 서비스와 타인에게 돈을 보낼 때 사용하는 송금 서비스다. 이를 바탕으로 일반적인 온라인 결제를 넘어서 모바일과 오프라인 결제를 모두 아우르는 결제 관련 통합 솔루션을 제공하는 글로벌 기업으로 성장하고 있다. 그러나 동시에 페이팔은 올드한 이미지를 갖고 있다. 특히 혁신을 추진하는 속도가 점차 느려져 가는, 즉 몸집은 크고 행동은 굼뜬 공룡이 되어간다는 우려도 계속 있었다.

그렇다면 페이팔은 여전히 투자할 만한 가치가 있는, 향후 계속 성장할 기업일까? 아니면 이제는 한물간 사업 모델을 가진 저물어져 가는 기업일까? 먼저 페이팔이 어떻게 설립됐고 현재의 위치까지 오게 되었는지 살펴보자.

#역사적인 만남

페이팔의 최초 창립자는 맥스 레브친이다. 많은 사람이 잘 모르지만 페이팔의 시작은 사실 지금과 같은 디지털 결제 서비스가 아니었다. 1975년 우크라이나에서 태어난 맥스 레브친은 16살에 부모를 따라 미국으로 이주한 이민자다. 또 하나의 이민자 성공신화인 셈이다.

1998년 일리노이공대의 컴퓨터공학과를 졸업한 맥스 레브친은 창업에 대한 부푼 꿈을 안고 실리콘밸리의 중심지이자 스탠퍼드대학교가 있는 팔로알토의 한 친구 집으로 이사를 온다. 당장 무엇을 해야 할지 막막했던 맥스 레브친은 일단 스탠퍼드대학교에서 제공하는 몇 가지 여름학기 수업을 듣기로 한다. 그리고 그곳에서 세상을 바꾸는 위대한 만남이 이뤄지게 된다. 바로 이후 페이스북을 비롯한 수많은 벤처 투자의 성공신화를 만든 벤처캐피털계의 전설 피터 틸을 만났기 때문이다. 물론 당시에는 성공한 벤처 투자자도, 시장에 알려진 유명한 사람도 아니었다. 헤지펀드 매니저였을 뿐이다.

피터 틸은 헤지펀드 매니저 업무 외에 부업으로 스탠퍼드대학교에서 투자 관련 수업을 강의하고 있었는데 인기가 없어서인지 수강생이 6명밖에 없었다. 그 6명의 수강생 중 1명이 바로 창업에 대한 가슴 뛰는 꿈을 품고 있었던 개발자 맥스 레브친이었다.

당시 맥스 레브친은 컴퓨터 보안 기술에 관심이 많았다. 특히 역사상 최초의 디지털 모바일 기기 중 하나였던 팜 파일럿(초창기 PDA 기기)이 향후 크게 뜰 것이라고 믿고 있었다. 그래서 팜 파일럿에 데이터를 암호화해 저장하는 필드링크라는 보안 기술을 개발해서 기업에 판매하는 사업 아이디어를 피터 틸에게 이야기한다. 피터 틸은 좋은 아이디어라고 생각하고 투자를 받아오는 부분을 담당할 테니 공동 창업을 하자고 맥스 레브친에게 제안한다. 그렇게 1998년 12월 팜 파일럿용 보안 소프트웨어 스타트업인 콘피니티가 설립된다. 피터 틸은 CEO를 맡고 개발자였던 맥스 레브친이 CTO를 담당하기로 한다. 자, 그러면 이 사업은 어떻게 됐을까?

#거듭되는 실패, 포기할 것인가?

사업은 거의 망하기 직전까지 가게 된다. 그 당시 팜 파일럿이 혁신적인 제품이었지만 비싼 가격에 기능도 매우 제한적이라서 잘 팔리지 않았다. 이러한 팜 파일럿에 대한 보안 소프트웨어를 구매하려는 기업도 당연히 없었다.

맥스 레브친은 이런저런 다른 보안 소프트웨어 관련 아이디어를 내놓았으나 모두 실패한다. 계속되는 실패에 지쳐가던 맥스 레브친은 또 다른 아이디어가 불현듯 떠올랐다. 바로 데이터를 암호화해서 다른 사람에게 보내는 것이 가능하다면 돈도 암호화해서 송금할 수 있겠다는 아이디어였다. 돈을 암호화해서 온라인으로 주고받게 하는 것, 이것이 바로 현재의 페이팔을 있게 한 위대한 아이디어였다.

맥스 레브친은 곧바로 팜 파일럿을 통해 돈을 송금할 수 있는 온라인 송금 소프트웨어를 만들었고 '페이팔'이라고 이름을 붙였다. 그렇다면 이 팜 파일럿용 송금 소프트웨어인 페이팔에 대한 시장의 반응은 어땠을까?

시장은 반응은 냉담했다. 팜 파일럿 자체가 망해가고 있었으니 팜 파일럿용 송금 소프트웨어도 실패할 수밖에 없는 것이 당연했다. 그런데 갑자기 기적적인 놀라운 일이 벌어진다. 맥스 레브친과 피터 틸이 전혀 예상하지 못했던 곳에서 돌연 터지기 시작한 것이다.

페이팔의 팜 파일럿용 송금 서비스를 일반인들에게 이해하기 쉽게 설명하는 것은 꽤 어려웠다. 그래서 맥스 레브친은 아주 기본적이면서도 간편하게 이메일을 통해 돈을 송금할 수 있는 데모 버전을 만든 다음, 온라인에 무료로 풀었다. 여기서 재미있는 일이 벌어지기 시작했다. 사람들이 팜 파일럿에는 관심이 없었지만 이메일을 통한 간편 송금 기능에는 열광하기 시작한 것이다.

페이팔의 이러한 간편 송금 기능이 애타게 필요했던, 당시 잘 나가던 기업이 있었다. 바로 이베이였다. 이 당시 온라인 옥션 서비스로 엄청나게 빠르게 성장하고 있던 이베이는 제품이 옥션에서 낙찰된 경우 판매자와 구매자 간 송금을 편리하게 해주는 솔루션을 찾고 있었다. 페이팔이 눈에 띈 것은 당연했다. 이베이 관계자들이 페이팔을 찾아와 이베이에서 페이팔을 사용할 수 있게 해달라고 간절히 요청한다. 이렇게 해서 페이팔은 이베이의 공식 결제 서비스가 되고 이후 이베이의 폭발적인 성장을 등에 업고 더욱더 급격하게 성장세를 타게 된다.

#일론 머스크의 등장

이때 매우 중요한 한 사람이 등장한다. 바로 테슬라로 현재 전기 자동차 시장을 휩쓸고 있는 일론 머스크다.

일론 머스크는 대학교를 졸업하고 1995년 잘 나가던 인터넷 기업 넷스케이프에 취업하려 했으나 실패하자 동생과 함께 집투(Zip2)를 창업한다. 지역 내 가게나 레스토랑 등의 사업자들이 집투의 사이트에 가게 이름과 주소를 등록하면 소비자가 편리하게 검색할 수 있는 서비스를 제공했는데 일종의 온라인 전화번호부라고 생각하면 된다. 당시에 일론 머스크 형제는 돈이 없어서 사무실에서 숙식을 해결하고 근처 YMCA에서 샤워를 했다고 한다.

처음에는 자영업자들을 설득해 집투에 등록하게 만드는 것이 힘들었지만 닷컴 붐을 타고 사용자가 점차 늘어나기 시작했다. 창업 4년 만인 1999년, 당시 노트북 제조사로 유명했던 컴팩이 집투를 3억 달러(3,300억 원)에 인수하면서 대박을 터트리게 된다. 참고로, 컴팩이 인수한 집투는 구글, 야후 등 검색 서비스 기업이 등장하면서 몇 년 후에 소리소문없이 사라지게 된다. 일론 머스크가 닷컴 버블의 최절정인 시기에 회사를 매각한 것은 정말 신의 한 수였다.

당시 28살이었던 일론 머스크는 회사를 매각하면서 약 2,200만 달러(약 240억 원)를 벌게 된다. 그리고 곧바로 엑스닷컴(X.com)이라는 미국 최초의 온라인 은행 스타트업을 창업한다. 일론 머스크는 이미 이 당시에 온라인으로 돈을 예치하거나 송금할 뿐만 아니라 대출을 받고 펀드를 구매하는 등 완전한 온라인 뱅킹 및 투자 서비스를 계획하고 있었다. 지금이야 이 아이디어가 당연한 이야기로 들리겠지만 인터넷이 막 태동한 1990년대에는 한마디로 미친 소리였다. 그런데도 일론 머스크는 고군분투하면서 온라인 은행 사업을 하나둘씩 만들어 나간다. 그러던 중 자신의 사무실 한쪽을 임대해 쓰고 있던 맥스 레브친과 피터 틸의 페이팔이라는 서비스가 크게 성장하고 있다는 것을 알게 된다. 2000년 3월, 페이팔 서비스를 하고 있는 콘피니티와 합병을 결정한다.

#페이팔 마피아의 탄생

일론 머스크와 맥스 레브친, 피터 틸은 이 합병을 통해 더 큰 온라인 은행을 만들려는 큰 비전이 있었다. 하지만 은행 사업이 여러 난관에 부딪히자 결국 은행 사업은 포기하고 당시 무섭게 성장하고 있던 페이팔에만 집중하기로 한다.

이후 페이팔의 간편 결제 및 송금 사업이 엄청난 속도로 성장하자 엑스닷컴은 2001년 회사명을 아예 페이팔로 변경하고 2002년 IPO를 실시한다. IPO 당시 페이팔의 주가는 13달러였다. 그리고 2002년 7월 주당 23달러에 이베이에 인수된다. 페이팔 매각으로 피터 틸, 맥스 레브친, 일론 머스크는 억만장자가 된다. 페이팔의 다른 공동 창업자들 역시 큰 부자가 된다.

이후 이들은 소위 페이팔 마피아로 불리며 실리콘밸리에서 또 다른 성공신화를 쓴다. 테슬라와 스페이스엑스(일론 머스크가 설립), 유튜브(스티브 첸 등이 설립, 구글이 약 2조 원에 인수, 현재 유튜브의 가치는 200조 원 이상으로 평가), 링크드인(리드 호프만이 설립, 마이크로소프트가 약 31조 원에 인수), 옐프(제레미 스토펠만 등이 설립, 시가총액 3조 원), 어펌(맥스 레브친이 설립, 시가총액 20조 원), 야머(데이비드 삭스가 설립, 기업용 메신저 기업으로 마이크로소프트가 약 1조 3,000억 원에 인수), 팔란티어 테크놀로지(피터 틸이 설립, 시가총액 40조 원) 등 여러 스타트업을 창업하고 연이어 성공시키며 더 큰 부를 축적한다.

[페이팔 출신 창업자들과 창업한 회사]

• 출처: thelowdownblog.com

#페이팔의 위기

이베이와의 합병 후 페이팔은 승승장구하며 2000년대 중반까지 엄청난 성장을 보여준다. 그러나 여기에서 문제가 생기기 시작했다. 처음에는 좋아 보였던 이베이와의 합병이 시간이 지날수록 페이팔에 점차 독이 되기 시작한 것이다.

2000년 후반이 되면서 아마존이 엄청난 속도로 성장하자 이베이는 성장이 크게 둔화했다. 또한, 내부적으로도 문제가 발생했다. 끊임없는 혁신을 위해서는 새로운 트렌드에 대한 지속적인 연구·개발과 신기술에 대한 대규모 투자가 필요하다. 그런데 거대한 공룡이자 관료주의가 팽배해 있던 이베이 산하에 페이팔이 있는 바람에 연구나 투자 순위가 점차 밀려났고 결국 시장에서도 뒤처지는 결과를 맞게 됐다. 더 이상 혁신을 찾기 힘든 지경에 이르게 된 것이다.

특히 2007년 아이폰의 등장 이후 기존 컴퓨터 중심에서 스마트폰 중심으로 시장 흐름이 바뀌면서 앱 등을 통한 모바일 결제에 대한 수요가 폭발적으로 늘어났다. 스퀘어, 스트라이프 등 모바일 결제에 특화된 스타트업들이 등장하기 시작했고 벤모, 캐시 앱과 같은 모바일 간편 송금 앱 역시 점차 페이팔을 대신하고 있었다. 또한, 아마존은 아마존페이, 애플은 애플페이, 구글은 구글페이 등 자사 플랫폼에서 사용이 가능한 결제 서비스를 만들어서 페이팔을 위협했다.

페이팔의 매출 대부분은 여전히 모바일이 아니라 웹사이트 상거래에 필요한 간편 결제 서비스에서 나오고 있었다. 많은 애널리스트가 이제 페이팔에는 아마존이나 구글이 만드는 혁신이 더 이상 보이지 않는다고 지적했다. 실제로 페이팔은 행동이 느렸고 모바일 시장에서는 뒤처졌으며 기존 데스크톱 컴퓨터와 노트북 기반의 인터넷 웹 베이스의 서비스에만 안주하고 있었다.

페이팔이 이베이 밑에 있으면서 혁신을 위한 소중한 시간을 허비하고 있다고 많은 사람이 비난하기 시작했다. 특히 행동주의 투자자로 유명하고 당시 이베이의 주식을 3조 원어치 넘게 보유하고 있었던 헤지펀드의 거물인 칼 아이칸도 페이팔이 이베이보다 훨씬 더 크게 성장할 가능성이 있다며 이베이로부터 페이팔을 분리하라고 아주 강하게 요구했다.

#페이팔의 분사 및 새로운 CEO 영입

투자자들의 요구를 못 이긴 이베이는 결국 2014년 페이팔을 독립된 별도의 회사로 분리하기로 발표한다. 이때 이베이 주주는 페이팔 주식을 특정 비율로 배정받았는데 칼 아이칸은 이베이 주식은 전량 매각하고 페이팔 주식만 남겨 놓았다. 그만큼 이베이의 성장성은 낮게 보고 페이팔의 성장성은 높게 본 것이다.

이베이는 페이팔을 새롭게 이끌 CEO로 과거 버진모바일의 CEO였던 댄 슐먼을 영입한다. 이후 페이팔은 그동안 뒤처져 있던 모바일 결제 서비스 사업에서 우위를 점하기 위해 여러 가지 필사의 노력을 기울이게 된다. 바로 이 노력을 페이팔 투자자라면 관심 있게 봐야 한다. 그동안 올드한 사업 모델에만 안주하고 있던 페이팔이 모바일 시대에서 뒤처진 상황을 극복하기 위해 인수한 기업과 새롭게 진행하는 사업이 과연 경쟁사들을 제치고 성장을 끌어줄 동력이 되는지 말이다. 이러한 페이팔의 미래에 대한 큰 그림과 사업 포트폴리오를 이해하지 못하고 페이팔을 과거처럼 온라인 송금 및 쇼핑몰 결제 서비스라고만 생각한다면 페이팔을 투자할 때 살펴봐야 하는 내용을 반만 보고 있다고 할 수 있다.

특히 전체 핀테크 시장 내 각 세부 시장의 세그먼트(Segment)를 이해하는 것이 중요하다. 단순히 페이팔과 스퀘어를 단순 비교하거나 페이팔과 스트라이프를 단순 비교하는 것은 무리가 있다. 서로 경쟁하고 있는 시장이 겹치는 부분도 있지만 페이팔이 커버하고 있는 시장은 훨씬 크고 스케일도 다르기 때문이다.

#모바일과 오프라인으로 사업을 확장하다

온라인 웹이 태동하기 전인 1990년대 중반까지 카드 관련 결제 시장의 중심은 신용카드 포스 단말기였다. 포스 단말기는 슈퍼마켓에서 쉽게 볼 수 있는데 신용카드를 결제할 수 있게 해주는 단말기다.

1990년대 중반부터 인터넷이 보급되기 시작하면서 온라인 쇼핑몰에서 물건을 사고팔거나 온라인으로 결제 대금을 송금하는 데 필요한 온라인 웹 결제 시장이 탄생하게 됐다. 마치 오프라인 가게에서 물건을 사려면 포스 단말기로 신용카드를 결제하는 것처럼 온라인에서도 신용카드 결제를 위한 소프트웨어가 필요하게 된 것이다. 온라인에서 신용카드 결제를 가능하게 해주는 소프트웨어 시스템, 이것이 한국말로는 결제 창구인 페이먼트 게이트웨이(Payment Gateway) 서비스다. 이 페이먼트 게이트웨이와 온라인 송금 부문에서 현재 글로벌 1위 자리를 차지하고 있는 기업이 바로 페이팔이다.

그동안 페이팔의 아성에 도전하기 위해 아마존, 체이스카드, 비자, 구글페이, 마스터카드, 아멕스카드 등 수많은 기업이 페이팔과 비슷한 온라인 체크아웃 서비스를 내놓았다. 그러나 현재까지 이 기업들의 체크아웃 서비스들 중 어느 하나도 페이팔을 넘어설 만큼까지 성장하지 못했다.

여러 가지 이유가 있는데 그중에서도 페이팔의 결제 서비스에 있는 양면 시장이라는 특성이 가장 큰 이유라고 할 수 있다. '양면 시장'이란, 서비스를 이용하는 고객과 서비스를 제공하는 상인을 연결해주는, 즉 양쪽 측면을 모두 연결해주는 플랫폼을 의미한다. 이 플랫폼 사업이 성공하려면 연결된 상인이 많아야 하고 고객도 많아야 한다. 따라서 이 사업은 퍼스트 무버(First Mover), 즉 시장에 먼저 자리를 잡고 상인과 고객을 많이 보유한 사업자가 절대적으로 더 유리하다. 고객 입장에서는 해당 서비스를 통해 거래할 수 있는 상인이 많으므로 해당 서비스를 그렇지 않은 경쟁 서비스보다 더 많이 이용한다. 새로 시작하는 상인도 고객이 이미 많은 서비스를 이용하려고 한다. 그래서 페이팔을 사용할 수밖에 없고 점점 더 페이팔로 몰린다는 말이 된다.

이러한 양면 시장의 특성에 따라 페이팔은 온라인 웹 부문의 페이먼트 게이트웨이와 송금 부문에서는 타의 추종을 불허하는 1위의 위치를 점할 수 있는 강력한 경제적인 해자를 구축하게 됐다. 당분간은 온라인 웹 결제 시장에서만큼은 페이팔이 독보적인 강자의 위치를 수성할 것으로 보이는 이유가 이 때문이다.

문제는 모바일 시장이다. 2007년 아이폰의 등장 이후 시장의 흐름은 온라인 웹에서 모바일로 넘어갔다. 이에 따라 점차 모바일에 특화된 결제 서비스를 제공하는 기업이 생겨나기 시작했다. 특히 트위터의 창업자 잭 도시가 창업한 스퀘어(Square)는 중소상인을 위한 모바일 신용 결제를 지원하는 카드 리더기를 중심으로 결제 생태계를 확장했다. 현재는 모바일 송금 앱인 캐시 앱(Cash App)을 통해 송금뿐 아니라 비트코인, 주식도 매매가 가능하게 만들어 큰 성공을 거두고 있다. 또한, 애플, 구글, 삼성전자 등도 모두 모바일 결제를 위한 디지털 지갑 서비스를 출시했고 오프라인 매장에서 모바일로 터치 없이 결제가 가능한 애플페이, 구글페이, 삼성페이 등의 서비스를 내놓았다.

모바일 게임을 하다가 돈을 주고 아이템을 사는 등 스마트폰 앱 내에서 신용카드 결제를 좀 더 쉽게 지원하기 위한 솔루션도 생기기 시작했다. 브레인트리, 스트라이프, 애드앤 등과 같은 기업이 앞다퉈 모바일용 신용카드 결제 관련 페이먼트 게이트웨이 서비스를 출시하여 모바일 결제 시장을 선점한 것이다. 모바일 간편 송금 앱 시장에서는 벤모와 캐시 앱이 선점하고 있다.

그렇다면 페이팔은 이러한 모바일 시장에서 무엇을 했을까? 실망스럽게도 페이팔은 2012년 무렵까지 아무것도 제대로 하지 못했다. 온라인 웹 결제 시장에서의 성공에 취해 시장의 큰 흐름이 모바일 결제로 바뀌고 있다는 사실을 간과한 것이다. 그래서 페이팔의 투자자들은 이베이의 그늘에 안주하고 있는 페이팔의 모습에 변화를 강하게 요구했다. 점차 위기감을 느낀 페이팔은 결국 모바일 결제 시장에서 뒤처진 위치를 만회하기 위해 2012년부터 타사의 서비스를 카피하거나 공격적으로 시장 내 선두주자들을 인수하기 시작했다. 페이팔 투자자라면, 페이팔에 투자할 생각이 있다면 이 움직임부터 잘 살펴봐야 한다.

페이팔은 2012년 스퀘어의 카드 리더기를 카피한 페이팔 히어(Paypal Here)를 출시했고 2013년에는 시카고의 결제 기업인 브레인트리를 인수하면서 브레인트리의 간편 송금앱 벤모도 페이팔로 편입시킨다. 2015년에는 해외 송금 서비스 특화 기업인 줌(XOOM)을 인수하고[이 줌은 화상회의 기업인 줌(ZOOM)과는 다른 해외 송금 전문 기업임], 비접촉식(Touchless) 결제에 특화된 기업인 페이디언트를 인수해 애플페이, 구글페이 등과 경쟁할 수 있는 QR코드 결제 서비스를 추가한다.

스퀘어는 포스 결제 서비스를 중심으로 중소상인들을 위한 원스톱 자금 결제 관리 솔루션을 제공해 중소상인의 큰 호응을 받고 있었다. 페이팔은 미국에서는 이미 늦었지만 유럽에서는 스퀘어의 선점을 막고 선두를 점하기 위해 2018년 중소상인의 자금 관리 서비스를 원스톱으로 제공해주는 스웨덴의 전자 결제 스타트업인 아이제틀을 인수한다. 아이제틀은 유럽판 스퀘어라고 보면 된다.

2019년에는 온라인에서 할인하는 제품과 쿠폰을 자동으로 찾아주는 서비스를 제공하는 기업인 허니를 약 4조 7,000억 원에 인수했다. 이처럼 페이팔은 자사의 결제 생태계를 강화해줄 수 있는 수많은 기업을 공격적으로 인수했다.

#페이팔의 핵심 사업군

페이팔에서 가장 핵심이 되는 사업은 총 6가지다.

① 페이팔 서비스: 가장 큰 매출을 일으키고 있는 사업은 여전히 전통적인 '페이팔 서비스'다. 페이팔 서비스에는 기본적인 온라인 송금, 체크아웃 기능 외에 QR코드 결제, 페이팔 크레딧(페이팔의 신용 할부 서비스), 최근에 추가된 비트코인 매매 기능이 들어가 있다.

② 페이팔 크레딧: 페이팔 가입자에게 신용 평가를 바탕으로 돈을 빌려주고 이자를 받는 신용 대출 사업이다.

③ 모바일 결제 서비스: 브레인트리와 고페이는 스마트폰 앱을 통해 물건을 사거나 게임 머니를 구매할 때 신용카드로 쉽게 결제를 가

능하게 해주는 모바일용 게이트웨이 솔루션이다. 결제할 때마다 판매자로부터 일정 수수료를 받는 것이 주요 수입원이다.

④ 간편 송금 서비스: 미국에서 널리 쓰이는 간편 송금 앱인 벤모로 하는 사업이다. 인스턴트(Instant) 송금, 즉 사용자가 송금 기능을 이용할 때 바로 송금 수수료를 받거나 벤모를 통해 물건 구매 또는 서비스 대금을 결제할 때 판매자에게 판매 수수료를 받는 것이 수입원이다.

⑤ 해외 송금 서비스: 해외 송금 서비스 기업인 줌을 통한 사업이다. 고객이 줌을 통해 송금할 때마다 떼어가는 수수료가 주요 수입원이다.

⑥ 유럽 내 결제 서비스: 유럽에서 오프라인 원스톱 결제 서비스를 제공하는 아이제틀을 통한 사업이다. 결제수수료, 기타 부가 서비스를 사용할 때 부과하는 수수료가 주요 수입원이다.

이러한 사업들은 스퀘어, 스트라이프, 트랜스퍼와이즈와 같은 선두 스타트업들과 치열하게 경쟁하고 있다.

#핀테크 시장에서의 강점

그렇다면 핀테크 시장에서 페이팔의 강점은 무엇이 있을까? 크게 4가지로 볼 수 있다.

첫 번째는 타 경쟁사가 넘보기 힘든 온라인 페이팔 계정 수다. 기존 온라인 웹 결제 시장에서 이미 강력한 선두인 데다 벤모, 줌, 허니 등 다른 기업을 인수하면서 해당 기업들의 사용자까지 편입시켰다. 그 결과, 현재 페이팔은 타 경쟁사가 감히 따라오기 힘든 3억 7,000만 개의 활성 계정을 보유하고 있다.

이 많은 활성 계정 수가 중요한 이유는 무엇일까? 바로 신규 사업을 갖다 붙이기만 해도 3억 7,000만 명을 통해 상향 판매(좀 더 고가의 제품을 구매하도록 유도하는 판매)와 교차 판매(원래 구매에 좀 더 많은 제품까지 구매하도록 유도하는 판매)를 할 수 있기 때문이다. 최근 페이팔 메인 서비스에 비트코인 등의 매매 기능을 추가했다. 이를 통해 기존 페이팔 사용자들은 손쉽게 가상화폐를 구매할 수 있고 페이팔은 수수료 수입을 얻게 되는 것이 한 예다.

두 번째는 페이팔이 온라인과 오프라인, 모바일 결제 시장 모두를 아우르는 유일한 글로벌 핀테크 기업이라는 점이다. 스퀘어는 오프라인 모바일 결제 부문에서는 강하지만 온라인 웹 결제를 커버하지는 못한다. 스트라이프, 애드앤은 온라인 결제 분야에 진출하고 있지만 스퀘어가 강점인 오프라인의 포스 시장에는 아직 진출하지 못했다. 그러나 페이팔은 핀테크 관련 거의 모든 핵심 영역의 선두 기업들을 인수해 시장을 장악하고 있는 중이다.

세 번째는 강력한 글로벌 브랜드 파워와 글로벌 사업 역량이다. 페이팔은 전 세계 200여 개 국가에 진출해 다양한 결제 서비스를 제공하고 있으며 전 세계 고객들에게 안정적이고 믿을 만한 서비스라는 강력한 브랜드 파워를 보유하고 있다.

결제 관련 기업이 글로벌화하는 것은 매우 어려운 일이다. 국가마다 결제 관련 서비스에 대해서는 굉장히 엄격한 규제를 가하고 있으며 타 국가에서 결제 서비스를 운영하기 위해서는 해당 국가의 결제 관련 라이선스가 꼭 필요하기 때문이다. 결제 관련 라이선스를 취득하는 데만 수개월에서 수년까지 걸리는 것은 기본이다. 페이팔은 거의 유일하게 전 세계 수많은 국가에서 결제 관련 라이선스를 보유한 가장 글로벌화된 결제 기업이기도 하다.

마지막 네 번째는 20년간 축적해온 리스크 관리 역량이다. 결제 부문의 경우 사기 문제가 늘 발생한다. 그래서 신생 결제 기업들 중에서는 큰 손해를 보기도 한다. 페이팔은 그동안 다양한 경험과 보안 관련 기업들 인수를 통해 불법 및 사기 거래 방지와 관련해 매우 강력한 시스템을 보유하고 있다.

#페이팔에 투자할 때 유의할 점

페이팔이 많은 기업을 인수해서 각 시장을 커버할 수 있는 구도를 만드는 것은 알겠다. 그런데 과연 각각의 모든 영역에서 승자가 될 수 있을까? 즉, 포스 단말기 결제 관련 시장에서는 스퀘어가 앞서 나가고 있고, 모바일 앱 결제 시장에서는 스트라이프나 애드앤이 앞서 나가고 있는데 페이팔이 인수한 벤모, 브레인트리, 아이제틀 등으로 이미 시장을 선도하고 있는 경쟁사들과의 시장 점유율 싸움에서 모두 승리할 수 있는지를 유의해서 봐야 한다.

그렇다면 현재 기준으로 어떤가? 페이팔이 시장을 선도해가는 혁신적인 파괴자의 모습을 보여주기보다는 경쟁사들이 먼저 치고 나가면 페이팔은 카피하는 후발주자의 모습을 아직도 보여주고 있다.

페이팔은 여전히 올드한 이미지를 갖고 있으며 핀테크 시장의 혁신을 주도하기보다는 좋은 사업 모델을 가진 스타트업이 나오면 뒤따라 가는 팔로워(Follower)의 모습을 보여주고 있다. 물론 팔로워의 전략이 항상 나쁜 것만은 아니다. 선두 기업(스타트업 포함)을 통해 이미 검증된 사업에 뛰어드는 것이므로 리스크가 상대적으로 적으며, 특히 대기업이라면 자사의 역량을 이용해 순식간에 선두 기업을 위협할 수 있다.

그렇다면 팔로워로서 페이팔에 중요한 것은 무엇일까? 바로 선두 기업을 따라가는 속도다. 페이팔은 그냥 팔로워가 아니라 빠른 팔로워, 즉 패스트 팔로워가 되어야 한다는 이야기다. 우물쭈물하고 시간을 보내다가는 선도 중인 경쟁사들에 시장을 다 내주면서 한참 뒤떨어지게 되는 바람에 회복하기 힘든 지경까지 이를 수 있다.

이제까지 페이팔의 행보를 보면 아주 빠르지는 않지만 나름대로 선두 기업들을 카피하려는 노력이 보인다. 스퀘어를 카피해 페이팔 히어와 같은 경쟁 서비스를 내놓는 것이 하나의 예라고 할 수 있다. 특히 스퀘어의 캐시 앱이 비트코인 매매로 최근 몇 년간 큰 수익을 내자 페이팔도 늦기는 했지만 다양한 가상화폐를 거래할 수 있는 매매 기능을 추가했다. 이러한 노력은 페이팔의 경영진들이 경쟁에서 뒤처지지 않기 위한 모습으로 보인다. 지속해서 성장하는 부분에서는 긍정적이다.

#그렇다면 페이팔의 실적은 좋을까?

페이팔의 이러한 인수 및 카피를 통한 패스트 팔로워 전략은 아직은 시장에서 성공적인 결과를 보여주고 있는 것으로 보인다. 페이팔의 성장을 객관적으로 반영해주는 재무제표와 활동 계정 수, 결제금액이 모두 지난 수년간 견실하게 지속적으로 증가하고 있기 때문이다.

페이팔의 매출 추이를 보면 2016년 매출액은 약 108억 달러(약 11조 8,800억 원)였으나 2020년 매출액은 약 214억 달러(약 23조 5,000억 원)로

[페이팔의 매출]

Annual Data | Millions of US $ except per share data		2020-12-31	2019-12-31	2018-12-31	2017-12-31	2016-12-31
Revenue	📊	$21,454	$17,772	$15,451	$13,094	$10,842
Cost Of Goods Sold	📊	$11,453	$9,785	$8,262	$6,695	$5,701
Gross Profit	📊	$10,001	$7,987	$7,189	$6,399	$5,141
Research And Development Expenses	📊	$2,642	$2,085	$1,831	$1,740	$834
SG&A Expenses	📊	$3,931	$3,112	$2,855	$2,400	$1,997
Other Operating Income Or Expenses		-	-	-	-	-
Operating Expenses	📊	$18,165	$15,053	$13,257	$10,967	$9,256
Operating Income	📊	$3,289	$2,719	$2,194	$2,127	$1,586
Total Non-Operating Income/Expense	📊	$1,776	$279	$182	$73	$45
Pre-Tax Income	📊	$5,065	$2,998	$2,376	$2,200	$1,631
Income Taxes	📊	$863	$539	$319	$405	$230
Income After Taxes	📊	$4,202	$2,459	$2,057	$1,795	$1,401
Other Income		-	-	-	-	
Income From Continuous Operations	📊	$4,202	$2,459	$2,057	$1,795	$1,401
Income From Discontinued Operations		-	-	-	-	
Net Income	📊	$4,202	$2,459	$2,057	$1,795	$1,401

• Revenue: 총매출액 / Cost of Goods Sold: 매출 원가 / Gross Profit: 매출 총이익 / Research And Development Expenses: 연구개발비 / SG&A Expenses: 판매관리비 / Operating Income: 영업 이익 / Net Income: 순이익

• 단위: 백만 달러 ｜ 출처: macrotrends.net

2배 정도 증가했다. 순이익도 2016년 약 14억 달러(약 1조 5,000억 원)에서 2020년 약 42억 달러(약 4조 6,000억 원)로 3배 정도 증가했다.

이에 따라 보유 현금도 매년 꾸준히 증가해 2020년 말 기준 약 130억 달러(약 14조 3,000억 원)이다. 2016년 대비 약 3배 증가했다(다음 페이지의 '페이팔의 자산 현황' 참고).

이러한 성장세는 활성 계정 수의 증가와도 매우 밀접한 연관이 있다. 페이팔의 활성 계정 수, 즉 사용자 수도 매년 지속적으로 증가해 2020년에는 3억 7,000만 개 이상을 기록했다(다음 페이지의 '페이팔의 전체 활성 계좌 수' 참고).

[페이팔의 자산 현황]

Annual Data | Millions of US $ except per share data		2020-12-31	2019-12-31	2018-12-31	2017-12-31	2016-12-31
Cash On Hand	📊	$13,083	$10,761	$9,109	$5,695	$4,975
Receivables	📊	$33,995	$22,962	$20,375	$18,525	$14,577
Inventory		-	-	-	-	-
Pre-Paid Expenses	📊	$1,148	$800	$947	$713	$833
Other Current Assets	📊	-	-	-	-	-
Total Current Assets	📊	$50,995	$38,495	$32,963	$32,645	$25,733
Property, Plant, And Equipment	📊	$1,807	$1,693	$1,724	$1,528	$1,482
Long-Term Investments	📊	$6,089	$2,863	$971	$1,961	$1,539
Goodwill And Intangible Assets	📊	$10,183	$6,990	$7,109	$4,507	$4,270
Other Long-Term Assets	📊	$1,305	$1,292	$565	$133	$79
Total Long-Term Assets	📊	$19,384	$12,838	$10,369	$8,129	$7,370
Total Assets	📊	**$70,379**	**$51,333**	**$43,332**	**$40,774**	**$33,103**
Total Current Liabilities	📊	$38,447	$26,919	$25,904	$22,863	$16,878
Long Term Debt	📊	$8,939	$4,965	-	-	-
Other Non-Current Liabilities	📊	-	-	-	-	-
Total Long Term Liabilities	📊	$11,869	$7,485	$2,042	$1,917	$1,513
Total Liabilities	📊	**$50,316**	**$34,404**	**$27,946**	**$24,780**	**$18,391**
Common Stock Net		-	-	-	-	-
Retained Earnings (Accumulated Deficit)	📊	$12,366	$8,342	$5,880	$3,823	$2,069
Comprehensive Income	📊	$-484	$-173	$78	$-142	$59
Other Share Holders Equity	📊	-	-	-	-	-
Share Holder Equity	📊	**$20,063**	**$16,929**	**$15,386**	**$15,994**	**$14,712**

• Cash On Hand: 보유 현금 / Receivables: 매출 채권 / Inventory: 재고 / Pre-Paid Expenses: 선급 비용 / Total Current Assets: 총 유동자산(1년 안에 현금화할 수 있는 자산) / Total Assets: 총자산 / Total Current Liabilities: 단기 부채(1년 안에 만기가 돌아오는 부채) / Total Liabilities: 총부채 / Share Holder Equity: 자기 자본
• 단위: 백만 달러 ｜ 출처: macrotrends.net

[페이팔의 전체 활성 계좌 수]

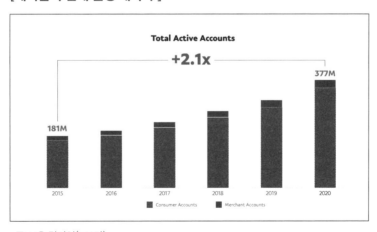

• 주: M은 밀리언(100만)
• 출처: 페이팔 사업보고서

#페이팔의 신규 서비스

2020년 3분기 실적 발표에서 페이팔은 미래의 추가적인 수익원으로 새로운 서비스의 추가를 발표했다. 이 중 가장 큰 관심을 끈 서비스의 추가가 있었다. 바로 페이팔 계정에서 손쉽게 비트코인 등 가상화폐를 매매하는 기능이다.

또한, 신용카드 무이자 할부 서비스도 도입했다. 한국에서는 오래전부터 신용카드 무이자 할부가 있었는데 뭐가 새로운 거냐고 할 수 있겠지만 신기하게도 미국에서는 새로운 것이 맞다. 미국의 경우 몇 년 전만 해도 한국에서는 이미 일반화된 3개월 무이자와 같은 신용카드 무이자 할부 서비스가 거의 전무하다시피 했다. 그러다가 몇 년 사이에 스타트업을 중심으로 하나둘씩 생겨났다. 이 할부 서비스 시장을 개척한 선구자가 바로 페이팔의 창업자인 맥스 레브친이 2012년에 설립한 스타트업인 어펌이다. 이후 할부 서비스를 전문으로 제공하는 애프터페이 등과 같은 스타트업이 등장했고 페이팔도 신용카드 할부 서비스 시장에 본격적으로 뛰어든 것이다.

스퀘어의 캐시 앱이 발행하는 데빗 카드(체크 카드와 유사하다고 보면 됨)와 비슷하게 페이팔의 벤모도 데빗 카드를 발행하고 있다. 이에 더해 2020년 10월 페이팔은 벤모가 비자, 대출 전문 은행인 싱크로니은행과 협업해 벤모 신용카드를 발행한다고 발표했다. 벤모가 왜 갑자기 신용카드를 발행하는 것일까? 밀레니얼 세대를 많이 확보하고 있는 벤모가 사용자에게 신용카드를 발급해주는 것은 좀 더 편리한 결제 시스템을 제공하는 것과 같다. 신용카드 수수료 수익까지 챙길 수 있어 전체적인 수익성을 강화해줄 것으로 기대하고 있다.

#페이팔의 성장 전망

페이팔은 2021년 2월에 실적을 발표할 때 향후 매출 목표도 내놓았다. 2025년에는 2020년 매출액의 2배가 넘는 500억 달러(55조 원)까지 매출액을 끌어올리겠다는 야심 찬 계획을 발표했다. 매년 평균 20% 이상씩 성장할 것으로 전망한 것이다.

[향후 매출액(예상) 전망]

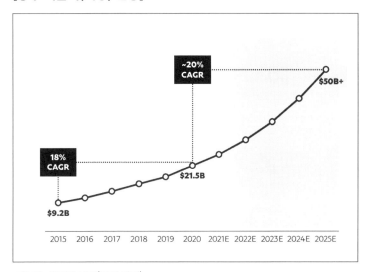

• 주: B는 빌리언 달러(10억 달러)
• 출처: 페이팔 사업보고서

코로나로 인해 글로벌 온라인 쇼핑 시장은 향후 더욱더 성장할 것으로 예상된다. 페이팔 역시 당분간은 큰 수혜를 입을 것이다. 특히 핀테크 사업의 전 영역을 커버하는 유일한 마켓 플레이어로서 3억 7,000만 개라는 활성 계정을 바탕으로 이후에도 큰 이변이 없는 한 디지털 결제 시장의 황제 자리를 수성하며 지속적으로 성장할 것으로 보인다. 선두자리를 차지하고 있는 스타트업 등을 포함한 경쟁사들 대비 막대한 매출과 수익을 이미 창출하고 있으면서 엄청난 현금을 매년 쌓아가고 있다. 이 현금을 활용해 공격적으로 사업을 확장한다는 점이 큰 강점이라고 생각한다.

단, 앞에서 지적한 대로 핀테크 사업의 다양한 영역에서 혁신을 선도하는 모습은 여전히 약하다는 문제가 있다. 각 영역에서 선두에 있는 경쟁사들과 싸워 시장 점유율을 어떻게 넓히는지 관심 있게 지켜봐야 한다.

[페이팔 투자 포인트]

- 페이팔은 2020년 4분기 기준 3억 7,000만 개가 넘는 활성 계정을 보유한 글로벌 최대 핀테크 기업이다.
- 처음에는 온라인 웹 사이트 내 결제, 개인 간 송금 서비스를 제공하는 사업으로 시작했으나 현재는 모바일 결제, 오프라인 결제, 개인 간 간편 송금, 국가 간 송금, 신용 대출 사업 및 가상화폐 거래까지 핀테크 사업의 전 영역으로 확장하고 있다.
- 타 경쟁사가 넘보기 힘든 절대적으로 많은 사용자 수, 핀테크 사업의 거의 전 영역을 커버하는 다양한 서비스, 글로벌 브랜드 파워 및 해외 사업 역량, 뛰어난 리스크 관리 역량이 타사 대비 페이팔만의 강점으로 인정받고 있다.
- 2020년 매출액은 한화로 약 24조 원 규모이며 순수익도 4조 6,000억 원으로 20%에 달하는 높은 마진율을 기록하고 있다.
- 페이팔은 2021년 2월에 한 실적 발표 자리에서 2025년까지 매출액을 현재보다 2배 이상 높은 한화 55조 원 수준으로 성장시키겠다는 야심 찬 목표를 제시했다.
- 2020년부터 시작된 코로나로 당분간 글로벌 이커머스 시장은 더 성장할 것으로 예상하는데 페이팔은 그 가운데 큰 수혜자가 될 것으로 전망된다.
- 그러나 파괴적인 혁신을 선도한다기보다는 새로운 아이디어와 사업 모델로 시장을 선도하는 스타트업들을 인수하거나 사업을 카피하는 경우가 아직은 많아 향후 핀테크 사업의 다양한 서비스 영역에서 어떻게 시장 리더로서 자리를 차지할지에 대한 꼼꼼한 확인이 필요하다.

스퀘어
미래의 은행으로 불리다

필자가 처음 스퀘어(Square, 티커: SQ)에 대해 들었던 때가 10년 전이다. 아이폰이 처음 나온 이후, 스마트폰을 활용한 다양한 앱과 기기가 시장에 나오기 시작했는데 그중에서 큰 주목을 받았던 제품이 '스퀘어 리더[정사각형 모양(스퀘어)의 카드 리더기]'였다.

스마트폰의 이어폰 단자에 꽂으면 스마트폰이 신용카드 결제기 단말기로 변하는 혁신적인 제품이었다. 게다가 온라인으로 신청만 하면 무료로 배송해줘서 누구든 부담 없이 사용이 가능했다. 개인은 그다지 쓸 일이 많지 않을 수 있겠지만 상인들은 꽤 많이 쓰지 않을까 생각했었다.

이후 3~4년이 흐르는 사이 스퀘어라는 이름은 더 이상 뉴스 지면을 크게 장식하지 않았다. 필자는 이 기업이 조용히 사라진 줄 알았다.

그런데 수년 전부터 필자는 스퀘어라는 이름을 실리콘밸리 곳곳에서 다시 보게 됐다. 카페, 작은 가게와 같은 중소 상점들이 기존 검은색의 신용카드 결제 단말기 대신 하얀색의 멋진 디자인에 큰 터치 스크린을 가진 스퀘어의 신용카드 단말기를 사용하는 모습을 자주 보게 된 것이다. 그리고 2020년 3월 코로나 이후 스퀘어의 주가는 30달러대에서 2021년 2월에는 280달러대까지 1년 만에 무려 9배가량 폭등하기도 하면서 투자자들의 큰 관심을 받았다. 특히 '스퀘어가 미래의 은행이다'라는 뉴스가 많이 나왔다.

스퀘어는 단지 신용카드 단말기를 제공하는 기업인 것 같은데 왜 미래의 은행이라고 하는 걸까? 너무 거창하게 이야기하는 것은 아닌가?

스퀘어의 사업과 미래의 발전 방향을 제대로 이해하기 위해서는 스퀘어가 어떻게 사업을 시작했고 현재 어떻게 발전시키고 있는지를 이해해야만 한다. 자, 일단 창업자가 누구인지부터 살펴보자.

#트위터의 창업자 잭 도시

스퀘어를 창업한 사람은 잭 도시다. 미국 중부의 세인트루이스에서 1976년에 태어난 잭 도시는 어릴 때부터 컴퓨터 프로그래밍을 배웠다. 14살 무렵에 그가 만든 디스패치 라우팅 프로그램(인력이나 자동차 등을 고객에게 파견 보내는 프로그램)은 아직도 택시회사들에서 사용되고 있을 정도로 수준이 높은 소프트웨어다.

잭 도시는 1995년 미주리대학교에 입학했다가 1997년 뉴욕대학교로 편입한다. 그리고 졸업 한 학기를 남겨두고 중퇴한다. 창업자의 길로 들어서기 위해서였다.

2000년에 캘리포니아로 이주한 잭 도시는 실리콘밸리 근처의 오클랜드에서 택시나 긴급 서비스를 온라인에서 호출할 수 있는 서비스로 사업을 시작했다. 그러던 중 AOL 인스턴트 메신저를 보고 웹에서 실시간으로 짧은 메시지를 주고받을 수 있는 사업에 대한 독창적인 아이디어를 떠올리게 된다. 그 사업이 바로 우리가 잘 알고 있는 트위터다.

잭 도시는 다른 3명의 공동 창업자와 함께 2006년 3월 트위터를 시장에 출시했는데 마침 온라인에서 모바일로 시장이 옮겨가는 흐름에 딱 맞게 된다. 짧은 메시지로 자기 생각이나 의견을 순식간에 공유할 수 있는 SNS인 트위터는 엄청나게 빠른 속도로 성장하며 큰 인기를 끌었다. 이로 인해 큰 부자가 된 잭 도시는 2009년 또 다른 사업을 시장에 내놓는데 그것이 바로 스퀘어였다.

#친구의 사업 아이디어

잭 도시의 친구인 짐 맥켈비는 취미로 자신의 스튜디오에서 유리 공예품을 만들고 있었다. 마침 그 유리 공예품을 2,000달러에 사겠다는 사람이 나타났다. 짐 맥켈비는 당장 팔고 싶었지만 그 사람은 2,000달러나 되는 현금을 주머니에 갖고 있지 않았다. 그 사람은 대신 신용카드로 결제하면 안 되겠느냐고 물었지만 짐 맥켈비는 카드 결제를 할 수 있는 포스 단말기가 없었다. 결국 짐 맥켈비는 큰 판매 기회를 놓치게 된다.

사실 미국의 주말 시장이나 거리에서 공예품 등을 파는 중소상인들은 가게에서 사용하는 신용카드 결제용 포스 단말기를 갖고 있지 않은 경우가 많다. 그래서 현금이 없고 신용카드만 있는 고객에게는 제품을 팔 수 없었다. 짐 맥켈비는 여기에서 얻은 사업 아이디어를 친구였던 트위터의 창업자 잭 도시에게 말한다. 그리고 이 둘은 스마트폰의 이어폰 단자에 꽂는 것만으로 누구나 손쉽게 신용카드 결제를 할 수 있게 해주는 스퀘어 리더를 2010년에 내놓는다.

스퀘어 리더가 처음 나왔을 때 매우 혁신적인 제품이라고 많은 미디어에 소개됐다. 누구나 이 작은 휴대용 신용카드 리더기를 갖고 있으면 커다란 포스 단말기 없이 스마트폰으로 결제가 가능했다. 물론 스퀘어 리더를 통해 신용카드로 결제할 때 2~3%의 결제수수료를 스퀘어에 내야 했지만 신용카드 포스 단말기와 비슷한 수준이라서 큰 문제는 되지 않았다. 그동안 포스 단말기를 사용하는 것에 부담을 느꼈거나 잦은 이동을 해야 해서 사용하지 못했던 중소상인들에게 신용카드 결제를 할 수 있게 해주는 좋은 대안이 된 것이다.

그렇다면 스퀘어 사업이 성공 가도를 달렸을까? 사실 그렇지 못했다. 스퀘어 리더 사업은 생각보다 성장이 더디었고 커지는 데도 한계가 있었다. 왜 그랬을까? 스퀘어 리더가 꼭 필요하다고 생각하는 중소상인의 수가 생각보다 많지 않았다. 그리고 말 그대로 이들은 중소상인이기 때문에 고객이 카드로 결제를 한다고 해도 결제금액 자체가 크지 않아 수수료 수입이 적었다. 게다가 카피하기 어려운 기술이 아니어서 페이팔과 같은 기존의 대기업들도 이 사업에 뛰어들어 비슷한 서비스를 내놓기 시작했다. 스퀘어 입장에서는 여러모로 힘든 상황이었다. 그렇다면 이 상황을 타개하기 위해 잭 도시는 어떻게 했을까?

#기존 포스 단말기 기업들에 도전장을 내밀다

잭 도시는 정면 승부를 겨루기로 한다. 아이패드를 손쉽게 신용카드 포스 단말기로 바꿔주는 스퀘어 스탠드라는 기기를 만들어 아예 레스토랑 등 가게에 설치하는 신용카드 포스 단말기 시장에 뛰어든 것이다. 기존의 대형 포스 단말기 기업들과 직접 경쟁을 시작했다.

그런데 이 전략에는 큰 문제가 있었다. 이미 기존의 포스 단말기를 사용하던 가게 주인이 굳이 스퀘어 스탠드로 교체해야 할 특별한 이유가 별로 없었던 것이다. 스퀘어를 사용한다 해도 가게 주인이 내야 하는 신용카드 결제수수료는 기존 포스 단말기와 거의 차이가 없었다. 이제 새롭게 작은 카페나 가게를 오픈하는 사람이라면 모양이 좀 더 예쁜 스퀘어 스탠드를 포스 단말기로 선택할 수 있겠지만 단기간에 스퀘어 스탠드의 사용자가 크게 늘어나는 것은 현실적으로 어려웠다. 한마디로 스퀘어가 기존의 대형 포스 단말기 기업들과의 경쟁에서 이기려면 수수료 외에 무언가 다르면서 더 나은 '차별화된 혜택'을 가게 주인에게 줘야만 했다. 그래서 그 '차별화된 혜택'으로 스퀘어가 들고 나온 것이 가게 주인에게 유용한 정보와 기능을 원스톱으로 제공하는 '스퀘어 결제 시스템 생태계'이다.

#스퀘어 결제 시스템 생태계

'결제 시스템 생태계'라는 말이 왠지 어렵게 느껴지지만 사실 매우 쉬운 개념이다. 포스 단말기가 제공하는 가장 기초적인 기능은 고객이 신용카드로 결제를 할 수 있게 해주는 기능이다. 스퀘어는 이 기본 기능에 가게 주인이 필요로 하는 다양한 부가 서비스를 개발해 하나둘씩 덧붙이기 시작했다(물론 서비스를 개발하는 데 시간이 오래 걸렸다). 예를 들어, 2012년에 스퀘어는 상인들이 QR코드로 된 가상의 기프트 카드를 발행할 수 있도록 했다. 고객이 이 기프트 카드를 구매한 후 스마트폰으로 QR코드를 보여주면 가게에서 사용할 수 있다.

중소상인들은 자금난에 시달리는 경우가 많은데도 신용이 낮아서 기존 은행권에서 돈을 빌리기가 매우 힘들다는 점을 간파하고 스퀘어의 포스 단말기를 사용하면 돈을 빌려주는 대출 사업(스퀘어캐피탈)에도 2014년에 뛰어들었다. 스퀘어가 이러한 대출 사업이 가능했던 이유는 스퀘어의 포스 단말기로 해당 가게의 현금 흐름 상태를 모두 파악할 수 있기 때문이었다. 즉, 스퀘어의 포스 단말기를 사용하는 각 가게의 매출 상황 등을 분석해 장사가 어느 정도 되는지 등의 데이터를 바탕으로 리스크는 최소화하면서 적정한 자금을 빌려주고 이자를 받는 사업을 추진할 수 있었다. 사실 이러한 중소상인을 위한 대출 사업은 이미 중국의 위챗페이, 알리페이가 수년 전부터 QR코드 결제 및 전자 지갑 앱을 통해 하고 있었다. 그러나 미국에서는 새로운 시도였기 때문에 상인들에게 큰 환영을 받았다.

중소상인들의 경우 직원들에게 급여를 지급하기 위해 급여명세서를 만들고 각종 세금을 처리하는 것은 매우 귀찮고 시간이 많이 드는 번거로운 일이었다. 스퀘어는 이를 간파하고 2015년 스퀘어의 포스 단말기를 이용하는 상인들이 쉽게 사용할 수 있는 스퀘어 페이롤(Payroll)이라는 급여 관리 시스템을 만들어 제공해줬다.

가게 주인 입장에서는 스퀘어의 포스 단말기를 사용하면 기프트 카드 발행, 대출, 급여 관리 등을 손쉽게 할 수 있게 됐다. 스퀘어는 포스 단말기의 판매 및 이를 통한 결제수수료로 돈 버는 사업을 중심점으로 하되 더 많은 중소상인이 자사의 단말기를 사용하게끔 끌어들이기 위해 중소상인에게 필요한 부가적인 서비스를 하나둘씩 붙여 나가면서 시장을 확대했다. 이러한 다양한 기능을 덧붙여 가는 것을 스퀘어는 '결제 생태계를 만든다'라고 한다.

#쉽지 않은 포스 단말기 시장에서의 경쟁

스퀘어의 포스 단말기도 처음에는 아이패드를 이용하는 것이었지만 점차 발전시켜 2018년에는 다양한 기능이 추가된 완전 독립형 스퀘어 스탠드를 출시한다. 그러면서 사업 초기에 주력으로 삼으려 했던 스퀘어 리더는 시장에서 자취를 감추게 된다. 이제 스퀘어는 완전히 중소상인들을 위한 포스 단말기 시장에서 대기업들과 경쟁하게 됐다.

그런데 미국에 사는 사람이라면 잘 알겠지만 아직도 미국의 가게들은 전통적인 포스 단말기를 많이 사용한다. 작은 가게라면 모르겠지만 예를 들면, 타켓(대형 마트) 등 큰 브랜드 체인이나 슈퍼마켓 체인 등은 굳이 기존에 쓰던 단말기를 바꿀 이유가 없다. 그래서 아직 스퀘어의 포스 단말기는 작은 카페나 신생 커피 또는 베이커리 프랜차이즈 등에서 주로 많이 사용한다.

현재 스퀘어는 안간힘을 다해 중소상인 시장에서 점유율을 높이면서 매출 성장을 높이기 위해 대형 결제 시장인 슈퍼마켓 체인 등에까지 진출하려고 노력하고 있다. 물론 결제 시스템 생태계의 강화, 즉 부가적인 결제 관련 유료 서비스들도 지속적으로 개발하면서 말이다. 그런데도 아직은 그 진출이 힘들어 보인다.

미국의 쇼핑센터에 가보면 아직도 많은 가게 대부분이 전통적인 포스 단말기를 사용하고 있다. 가끔 스퀘어의 포스 단말기를 보기는 한다. 그만큼 스퀘어의 포스 단말기 사업이 가야 할 길이 멀고 경쟁도 심하다는 말이다. 게다가 미국의 포스 단말기 시장은 매우 파편화되어 있고 다양한 포스 단말기 회사가 경쟁하고 있어서 단기간에 시장 점유율을 획기적으로 높이기는 쉽지 않다.

스퀘어의 잭 도시도 이 점을 매우 잘 알고 있다. 그래서 그는 결제 사업을 포스 단말기에만 국한하지 않고 결제 시스템 관련 노하우를 활용해 돈이 되는 다른 사업으로 확장을 꾀한다. 그것이 바로 코로나로 더욱더 대박을 친 '캐시 앱(Cash App)' 사업이다.

#캐시 앱으로 대박이 나다

미국에서는 은행을 통해 돈을 다른 사람에게 송금하는 일이 매우 번거롭고 시간이 의외로 많이 소요된다. 한국에서는 인터넷이 보급되기 시작한 2000년대 초부터 온라인 뱅킹을 하면 거의 실시간으로 송금이 가능하고 송금수수료도 매우 낮은 편이다. 그러나 미국은 은행을 통해 송금하는데 여전히 기본 3일이 걸리고 송금수수료도 비싸다. 이 점을 혁신적으로 파괴하고 시장에서 큰 인기를 얻은 간편 송금 앱이 바로 '벤모(Venmo)'다.

벤모는 몇 분 만에 간단히 가입할 수 있고 친구들에게 정말 간편하게 소액의 돈을 송금할 수 있다. 특히 수수료가 없어서 단기간에 폭발적으로 가입자가 늘어났다. 미국판 카카오페이라고 보면 된다. 독자 여러분은 잘 모를 수 있으나 이 앱은 미국에서는 '벤모 미(Venmo me)', 즉 '내게 벤모로 돈을 송금해줘'라는 말이 생길 정도로 엄청난 인기를 끌게 된다. 벤모는 이후 디지털 결제업체인 브레인트리에 인수됐고 페이팔이 다시 브레인트리를 인수하면서 결국 페이팔 산하로 들어갔다.

벤모의 성장을 눈여겨본 잭 도시도 민첩하게 움직여 2015년 '스퀘어 캐시 앱(Square Cash App)'을 출시한다. 스퀘어 캐시 앱은 나중에 캐시 앱으로 이름이 바뀌게 되는데 한마디로 벤모를 카피한 개인 간 간편 송금 앱이라고 보면 된다. 이 당시에는 이미 수수료 무료를 내세운 주식 매매 앱인 로빈후드가 미국에서 큰 폭으로 성장하고 있었고 중국에서는 수년 전부터 위챗페이, 알리페이가 개인 간 송금뿐 아니라 결제, 펀드 및 보험 구매까지 가능한 혁신적인 기능을 담은 모바일 결제 및 디지털 지갑 서비스로 크게 성장하고 있을 때였다. 그때까지 미국에는 위챗페이나 알리페이 같은 앱이 없었던 것이다.

캐시 앱도 처음에는 간편 송금 앱으로 시작했지만 돈을 벌 수 있는 추가적인 기능을 붙이기 시작한다. 특히 2018년에는 비트코인을 간편하게 살 수 있는 기능, 주식을 매매할 수 있는 기능을 추가했다. 이 비트코인 매매 기능이 코로나와 함께 맞물리면서 대박을 터트리게 된다. 2019년 2분기에만 해도 비트코인 판매 매출액은 약 1억 2,500만 달러(약 1,375억 원)였다. 그런데 2020년 코로나 이후 비트코인 가격이 급등하면서 캐시 앱 내 비트코인 판매 매출액이 무려 7배가량 폭증한 8억 7,500만 달러(9,625억 원) 정도로 늘어난 것이다. 물론 비트코인 매매 수수료가 상대적으로 작아서 실제로 벌어들인 영업이익은 200억 원 정도였다고 한다. 비트코인의 폭등으로 인한 급격한 매출 증가는 일시적인 것일 수도 있으므로 좀 더 시간을 두고 볼 필요가 있다.

현재 스퀘어는 캐시 앱을 통해 대출을 받게 해주는 기능도 테스트하고 있다. 캐시 앱의 경우 사용자가 늘어날수록 더 많이 송금 서비스가 이뤄지는 네트워크 효과가 발생하므로 이와 연결돼 간편 주식 매매, 비트코인 매매도 점점 더 활성화될 것이다. 이런 과정을 통해 꾸준히 매매 수수료를 벌어들일 것으로 예상된다.

#스퀘어의 2가지 사업

종합해보면 스퀘어의 기본적인 2가지 사업은 신용카드 결제 단말기를 중심으로 관련 부가 서비스까지 판매하는 포스 단말기 사업과 카카오페이와 같은 간편 송금 서비스를 제공하면서 주식, 비트코인을 매매할 수 있는 캐시 앱 사업이다.

포스 단말기 사업에서는 단말기 판매, 카드 결제수수료, 중소상인 대출 서비스를 통한 이자 수입, 급여 관리 등의 부가 서비스를 통한 정기 구독료 등으로 매출을 만든다.

캐시 앱 사업에서는 빠른 송금 서비스 수수료, 비트코인이나 주식 매매 시 받는 수수료 등으로 매출을 만든다. 한국에서는 송금하면 그 즉시 돈이 계좌에 이체되지만 미국에서는 3일 정도가 걸린다. 캐시 앱에서 송금할 경우 즉시 받을 수 있게 해주는 대신 약 1.5% 수수료를 받는 것이 빠른 송금 서비스 수수료다.

미국에서도 금융업은 엄격하게 정부의 감시 및 감독을 받고 있다. 대출 사업과 송금 사업을 하기 위해서는 기본적으로 은행 라이선스와 머니 트랜스퍼 라이선스, 즉 송금 라이선스를 정부로부터 받아야 한다. 송금 라이선스는 상대적으로 쉽게 받을 수 있지만 은행 라이선스는 받는 것이 무척 까다롭다.

은행 라이선스가 이제까지 없었던 스퀘어는 다른 은행과 파트너십을 통해 고객이 계좌를 열고 돈을 예치하게 해주거나 중소상인들에게 대출을 해주는 서비스를 해왔다. 그런데 파트너십을 통해서 거래하게 되면 파트너 은행에 수수료도 내야 하고 마음대로 예금이나 대출 상품을 만들기가 쉽지 않다.

스퀘어는 지난 수년간 은행 라이선스를 얻기 위해 끊임없이 노력해왔고 2020년 초에 끝내 은행 라이선스를 취득했다. 이후 스퀘어는 2021년에 스퀘어파이낸셜(Square Financial)이라는 은행을 세우고 중소상인을 위한 다양한 예금 및 대출 상품을 제공하려고 한다. 스퀘어가 은행 라이선스를 취득하자 뉴스에서는 '스퀘어가 씨티은행, 체이스은행, 웰스파고 등 다른 선두 은행을 대체할 수 있는 미래의 은행이 될 수 있어서 장래가 밝다'는 이야기가 꾸준히 나오고 있다.

단기간에 스퀘어파이낸셜이 큰 임팩트를 만들기 쉽지 않을 수 있다. 미국에는 수많은 은행이 있고 스퀘어파이낸셜처럼 특정 목적을 위해 특화된 서비스를 제공하는 은행도 많기 때문이다. 따라서 그냥 막연히 스퀘어는 미래의 은행이 될 것이니 잘될 것이라고 뭉뚱그려 말하기보다 미래에 경쟁이 훨씬 더 치열해질 핀테크 분야에서 기존의 대형 은행, 카드사, 수많은 카드 결제 단말기 제조사, 페이팔, 스트라이프와 같은 쟁쟁한 결제 전문 기업 등과 어떻게 경쟁하고 경쟁사가 이미 점하고 있는 시장 점유율을 어떻게 빼앗아 올 수 있을지에 대한 명확한 로드맵과 혁신적인 미래 서비스, 제품의 제시를 해야 할 것으로 보인다.

#지속적인 매출 성장 및 흑자 전환 시작

2020년 스퀘어의 매출은 약 94억 9,700만 달러(약 10조 4,500억 원)였고 2019년 대비 2배 이상 늘었다. 2020년 코로나로 록다운 조치가 실행되면서 많은 중소상인이 가게 문을 닫는 바람에 신용카드 결제 사업의 경우 어려움을 겪었지만 캐시 앱을 통한 비트코인 판매 매출이 급증하면서 전체 매출까지 급증했다.

스퀘어는 회사 설립 이후부터 매출이 꾸준히 성장해왔다. 순이익의 경우 계속 큰 폭의 적자를 보이다가 2019년에 이르러서야 비로소 처음으로 순이익을 내기 시작하고 있다.

[스퀘어의 매출]

Annual Data | Millions of US $ except per share data		2020-12-31	2019-12-31	2018-12-31	2017-12-31	2016-12-31
Revenue	.ɪɪl	$9,497.578	$4,713.5	$3,298.177	$2,214.253	$1,708.721
Cost Of Goods Sold	.ɪɪl	$6,764.169	$2,823.815	$1,994.477	$1,374.947	$1,132.683
Gross Profit	.ɪɪl	$2,733.409	$1,889.685	$1,303.7	$839.306	$576.038
Research And Development Expenses	.ɪɪl	$881.826	$670.606	$497.479	$321.888	$268.537
SG&A Expenses	.ɪɪl	$1,688.873	$1,061.082	$750.396	$503.723	$425.869
Other Operating Income Or Expenses	.ɪɪl	$-177.67	$-126.959	$-88.077	$-67.018	$-51.235
Operating Expenses	.ɪɪl	$9,516.393	$4,686.943	$3,334.791	$2,268.459	$1,879.174
Operating Income	.ɪɪl	$-18.814	$26.557	$-36.614	$-54.206	$-170.453
Total Non-Operating Income/Expense	.ɪɪl	$234.782	$351.656	$0.487	$-8.458	$0.78
Pre-Tax Income	.ɪɪl	$215.967	$378.213	$-36.127	$-62.664	$-169.673
Income Taxes	.ɪɪl	$2.862	$2.767	$2.326	$0.149	$1.917
Income After Taxes	.ɪɪl	$213.105	$375.446	$-38.453	$-62.813	$-171.59
Other Income		-	-	-	-	-
Income From Continuous Operations	.ɪɪl	$213.105	$375.446	$-38.453	$-62.813	$-171.59
Income From Discontinued Operations		-	-	-	-	-
Net Income	.ɪɪl	$213.105	$375.446	$-38.453	$-62.813	$-171.59

- Revenue: 총매출액 / Cost of Goods Sold: 매출 원가 / Gross Profit: 매출 총이익 / Research And Development Expenses: 연구개발비 / SG&A Expenses: 판매관리비 / Operating Income: 영업 이익 / Net Income: 순이익
- 단위: 백만 달러 ｜ 출처: macrotrends.net

2020년 매출액에서 매출 원가를 뺀 매출 총이익(Gross Profit)은 한화로 약 3조 원이고, 이 중 포스 단말기 사업이 55% 정도, 캐시 앱 사업이 45% 정도를 차지한다(다음 페이지의 '스퀘어의 사업별 매출 총이익 추이' 참고).

스퀘어의 주가는 2020년 3월 30달러대에서 2021년 초 280달러대까지 폭등했다가 등락을 거듭해 2021년 6월 초 220달러대를 오르내리고 있으며 시가총액은 약 990억 달러(약 108조 원)다. 주가 수익 비율은 무려 360배에 달하고 있다. 일반적으로 은행주들의 주가 수익 비율이 10~15배인 점을 감안하면 스퀘어의 주가는 엄청나게 높은 수준이라고 할 수 있다.

[스퀘어의 사업별 매출 총이익 추이]

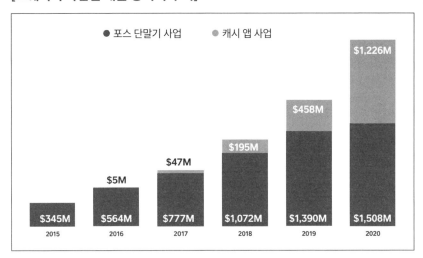

● 포스 단말기 사업   ● 캐시 앱 사업

					$1,226M
				$458M	
			$195M		
		$47M			
	$5M				
$345M	$564M	$777M	$1,072M	$1,390M	$1,508M
2015	2016	2017	2018	2019	2020

• 주: M은 밀리언 달러(100만 달러)
• 출처: 스퀘어 사업보고서

왜 이렇게 투자자들은 스퀘어에 열광하는 것일까? 이것은 앞에서 살펴본 대로 스퀘어가 단순한 결제 사업자가 아니라 데이터를 기반으로 미래 혁신적인 서비스를 내놓는 핀테크, 즉 테크 기업이라서 다른 은행과의 경쟁이나 결제 단말기 시장에서 최종 승자가 될 것이라는 기대감을 갖고 있기 때문이다.

#스퀘어의 강점

시장 상황이 시시각각 변하고 새로운 기술과 경쟁사가 나오는 테크 산업 분야에 투자할 때 필자는 다음 2가지를 가장 우선적으로 본다.

첫 번째는 CEO다. 어떤 사람인지, 미래에 대한 비전과 열정이 있는지, 이를 이뤄낼 역량이 있는지 등을 본다.

두 번째는 만드는 제품 또는 제공하는 서비스다. 제품이나 서비스가 정말 다른 경쟁사가 쉽게 카피하지 못하거나 따라오기 힘들 정도로 혁신적이며 멀리 앞서가는 강력한 경제적인 해자가 있는지 등을 본다.

스퀘어는 스퀘어 리더로부터 쌓아온 하드웨어 기술과 이를 구동하는 소프트웨어 기술이 모두 결합한 강력한 결제 생태계를 페이팔 등 다른 포스 단말기 경쟁사들이 따라오기 힘든 자사의 강점이라고 말한다. 기존 경쟁사들의 포스 단말기 시스템은 결제 데이터를 모으고 분석해 상인들에게 쉽게 보여주고 활용할 수 있게 해주는 디지털화 수준이 스퀘어보다 낮거나 일정 부분은 가능하나 다른 부분은 안 되는 등의 문제를 갖고 있다. 그러므로 스퀘어가 자랑하는 완벽한 디지털화 수준, 이를 바탕으로 한 디지털 결제 생태계는 분명 스퀘어가 가진 큰 강점 중 하나다.

경쟁에서 이기는 경우도 있다. 페이팔이 보유하고 있는 벤모가 스퀘어의 캐시 앱보다 먼저 관련 사업을 시작했지만 최근 들어 캐시 앱이 벤모를 앞서고 있다. 밀레니얼 세대들이 소액으로 비트코인과 주식 매매를 쉽게 할 수 있는 캐시 앱을 더 적극적으로 사용하고 있기 때문이다. 특히 코로나로 캐시 앱은 더 크게 성장했다. 결국 벤모도 한발 늦은 감이 있지만 나름 분발해서 캐시 앱처럼 비트코인을 매매할 수 있는 기능을 2021년 4월에 출시했다.

마지막으로 취득한 은행 라이선스를 통해 스퀘어는 아예 은행을 세워서 더 많은 중소상인에게 더 다양한 예금 또는 대출 상품을 제공할 수 있게 됐다. 스퀘어는 결제 데이터를 갖고 있으므로 기존 은행에서 대출이 안 되는 중소상인에게 대출을 좀 더 효과적으로 제공할 수 있다. 또한, 중소상인은 갖고 있는 자금을 예치할 가능성이 높으므로 스퀘어가 세운 은행은 단기간에 큰 폭의 성장을 이룰 수도 있다.

이러한 성장의 가능성이 스퀘어의 미래가 밝다고 보는 이유이자 주가가 크게 올라가고 있는 이유다.

#스퀘어의 리스크

그렇다고 스퀘어의 미래가 장밋빛만이라고는 할 수 없다. 리스크는 분명 존재한다. 특히 스퀘어의 경우 경쟁이 매우 치열한 핀테크 결제 산업 부문에 속해 있다는 큰 리스크가 있다. 언제 다른 경쟁사가 새로운 서비스로 치고 올라올지 모르는 것이다. 다른 경쟁사가 따라오기 전에 더 혁신적이고 강력한 서비스와 제품을 출시해야 한다.

테슬라, 엔비디아, AMD 등 최근 잘 나가는 기업들을 보면 일론 머스크, 젠슨 황, 리사 수처럼 미래를 바꾸려고 하는 큰 비전과 강력한 인사이트, 실행력을 지닌 슈퍼 CEO가 이끈다는 공통점이 있다. 스퀘어도 수익화에서 어려움을 겪고 있었던 트위터를 성공적으로 회생시킨 잭 도시의 지휘 아래 카멜레온처럼 시장의 변화에 맞게 사업을 변화하고 확정하면서 지속적인 성장을 이뤄내고 있다.

그 결과, 2019년부터 흑자로 전환했지만 그렇다고 해도 흑자 규모를 지속적이면서 안정적으로 키워 나아갈 수 있을지도 반드시 지켜봐야 한다. 잭 도시가 어떻게 향후 스퀘어의 각 사업을 성공적으로 이끌고 혁신을 만들지, 그리고 이를 통해 치열하고 복잡한 핀테크 시장에서 경쟁사들이 이미 점하고 있는 시장 점유율을 어떻게 빼앗아 올지가 미래 성장의 관건이 될 것이다.

[스퀘어 투자 포인트]

- 스퀘어는 트위터의 창업자인 잭 도시가 창업한 핀테크 기업이다. 중소상인을 위한 카드 결제 포스 단말기 사업을 주력으로 하면서 출발했다.
- 특히 포스 단말기를 중심으로 중소상인들이 필요로 하는 다양한 부가 서비스를 제공하면서 스퀘어만의 강력한 결제 생태계를 구축했다.
- 2020년 초에 취득한 은행 라이선스를 활용해 본격적으로 중소상인을 위한 예금 및 대출 상품을 출시할 계획을 세우는 등 미래형 은행의 모델로 큰 성장을 이뤄낼 가능성이 있다.
- 2020년 코로나로 인해 비트코인 가격이 크게 상승하면서 비트코인 매매까지 할 수 있게 한 모바일 간편 송금 앱인 캐시 앱의 매출이 급증했다. 그러나 이러한 매출의 상승세가 앞으로도 지속할지는 관심 있게 지켜봐야 한다.
- 핀테크 사업 분야는 현재 페이팔, 스트라이프 등 수많은 기업이 치열하게 경쟁하는 시장이다. 이렇게 복잡하고 어려운 시장에서 스퀘어가 어떻게 시장 점유율을 빼앗아 오며 성장할지가 관건이다.

스노우플레이크
워런 버핏이 투자한 스타트업

스노우플레이크(Snowflake, 티커: SNOW)는 2020년에 상장한 기업들 중 가장 주목받았던 기업 중 하나다. 특히 애플을 제외하고는 테크 주식에 거의 투자하지 않는 워런 버핏이 투자한 스타트업으로 유명세를 치른 기업이다.

워런 버핏은 자신이 잘 아는 제조업, 소매업, 금융, 보험 등 전통적인 산업의 기업들을 중심으로 투자하며 IPO(기업 공개)를 하는 기업에는 잘 투자하지 않는 것으로 알려져 있었다. 그런 워런 버핏이 이끄는 버크셔 해서웨이가 매우 이례적으로 스노우플레이크가 IPO를 하기 전에 무려 310만 주를 사들였다. 스노우플레이크가 상장할 때 예상 주가가 80달러대였으니 이를 적용한다 해도 한화로 약 3,000억 원을 투자한 것이다. 게다가 세일 즈포스닷컴 역시 비슷한 규모로 스노우플레이크 주식을 매입할 예정이라고 밝혀 더더욱 관심을 받았다. 스노우플레이크는 뭘 하는 회사이길래 이렇게 투자자들의 큰 관심을 받았던 것일까?

#클라우드 데이터를 한곳에서 관리하게 해주다

스노우플레이크는 다양한 클라우드에 흩어져 각각 따로 관리되고 있던 회사의 수많은 데이터를 한곳으로 모아 좀 더 편리하게 관리할 수 있게 해주는 소프트웨어를 제공한다.

현재 필자가 근무하고 있는 회사도 나름 규모가 커서 수많은 부서가 있고 다양한 프로젝트가 1년 내내 돌아간다. 그동안 각 부서는 진행하는 프로젝트 관련 내용을 회사 내부의 자체 데이터 서버에 저장했는데 최근에는 다양한 외부 클라우드[AWS(아마존), 애저(마이크로소프트), 구글 클라우드(구글) 등]를 상황에 맞게 사용하는 방향으로 가고 있다. 왜 그럴까? 회사의 서버는 공간이 한정되어 있기 때문이다. 예를 들어, 회사에서 신규 프로젝트로 새로운 앱이나 온라인 사이트를 만들어 이용자에게 서비스를 제공할 경우 여기에서 발생하는 매출 등 다양한 정보를 어디엔가 저장해 놓아야 한다. 그렇다고 서버를 바로 늘릴 수도 없고 늘린다고 해도 비용이 많이 들기 때문에 추가적으로 데이터 저장 공간이 필요하면 각 부서의 상황에 따라 AWS, 구글 클라우드 등 다양한 외부 클라우드를 이용하는 것이다. AWS 등에 데이터를 저장하면 사용한 만큼만 돈을 내면 되고 부가적인 다양한 기능까지 이용할 수 있으니 효율적이다.

이렇게 다양한 클라우드 저장 공간을 이용하는 것을 '멀티 클라우드' 환경이라고 한다. 이제는 회사가 멀티 클라우드를 이용하는 모습이 대세가 됐다고 할 수 있다.

그런데 여기서 문제가 발생한다. 하나가 아니라 다양한 클라우드를 이용하다 보니 서로 다른 클라우드에 각각 저장된 데이터를 하나의 플랫폼에서 쉽고 안전하게 관리할 필요가 생긴 것이다.

그동안 이 관리가 쉽지 않았는데 이를 가능하게 해주는 '클라우드 데이터 통합 관리 플랫폼'을 제공하는 회사가 생겼다. 회사의 데이터 관리 담당자는 단일 인터페이스를 통해 AWS, 구글 클라우드, 애저 등 서로 다른 클라우드에 있는 데이터를 쉽게 관리할 수 있어 업무 효율성도 높이고 시간도 절약할 수 있어 매우 편해진다. 이런 통합 관리 플랫폼을 제공하는 회사들 중 선두를 달리고 있는 회사가 바로 스노우플레이크다. 그렇다면 스노우플레이크는 누가 만들었을까? 그리고 왜 이름은 스노우플레이크(Snowflake), 즉 눈송이라고 지었을까?

#창업에 관심이 전혀 없었던 창업자

스노우플레이크는 프랑스 출신의 베누아 데이지빌이 2012년에 만들었다. 실리콘밸리 이민자 신화를 만들어 낸 또 다른 인물이다. 다른 일반적인 창업자들과는 달리 베누아 데이지빌은 한 번도 창업가가 되고 싶다는 꿈을 가졌던 적이 없다고 한다. 현재 50대 중반인 베누아 데이지빌은 프랑스의 앙티브라는 작고 아름다운 휴양도시 출신이다.

베누아 데이지빌은 프랑스의 IT 대기업인 불(Bull)에 취직해 리서치센터에서 일을 시작하지만 얼마 되지 않아 리서치센터가 문을 닫자 실직하게 된다. 어렵게 불의 하청 기업이었던 그레노블로 자리를 옮겨 평범한 엔지니어의 삶을 살게 된다. 베누아 데이지빌은 이때만 해도 작은 IT 하청업체의 평범한 엔지니어인 자신이 미래에 대기업의 임원이 된다든지 하는 것은 불가능하다고 생각했다고 한다. 그러던 그에게 어느 날 삶을 180도 바뛰주는 엄청난 기회가 찾아오게 된다. 바로 실리콘밸리에 있는 오라클에서 몇 개월간 파견 근무를 하는 기회가 주어진 것이다.

베누아 데이지빌은 오라클에서 파견직으로 잠시 근무를 하면서 실리콘밸리의 다양한 인종과 문화가 공존하며 혁신을 이뤄내는 분위기, 역량만 있으면 누구든 높은 직위까지 올라갈 수 있는 열린 기업 환경에 눈을 번쩍 뜨게 된다. 그래서 베누아 데이지빌은 프랑스의 하청 기업으로 돌아가는 대신 필사적으로 오라클에 남기 위해 안간힘을 다해 열심히 일했다.

결국 오라클에 자리를 만드는 데 성공한다. 그렇게 전 세계에서 가장 많은 데이터베이스를 가진 기업 중 하나인 오라클의 심장부에서 일하는 큰 행운을 놓치지 않고 굳게 붙잡았다. 세계 최고의 데이터베이스 시스템과 인재 풀(Pool)을 가진 오라클의 데이터 스토리지(Storage) 부문의 엔지니어로 16년간 일하면서 전 세계 최고 수준의 데이터 시스템 관련 전문가로 성장하게 된다.

프랑스의 평범한 하청 기업 직원이었던 베누아 데이지빌이 아무런 도전 정신 없이 오라클에서의 파견 근무를 마치고 프랑스에 갔다면 현재 전 세계에서 가장 잘 나가는 데이터 기업인 스노우플레이크를 만들고 억만장자가 되는 일은 없었을 것이다.

2010년대 초반부터 아마존, 마이크로소프트, 구글 등은 기업의 각종 데이터 저장 시스템을 온라인으로 옮기는 클라우드 서비스 사업에 집중하기 시작했다. 베누아 데이지빌은 그동안 일하던 데이터 서버 시장이 이제 클라우드 환경으로 점점 옮겨가고 있다는 사실을 깨닫는다. 그런데 이미 공룡 대기업이었던 오라클은 클라우드 서비스 사업은 처다보지도 않고 기존에 돈을 잘 벌고 있던 기업용 데이터 서버 시장에 안주하고 있었다. 베누아 데이지빌은 오라클도 클라우드 데이터 저장 관련 사업을 시작해야 한다고 생각했지만 오라클의 경영진은 그럴 생각이 없어 보였다. 그래서 창업하기 위해 그만둔 것이 아니라 클라우드 시장이 열리면 꼭 필요한 클라우드 통합 관리 플랫폼과 관련한 제품을 만들기 위해 그만뒀다고 밝혔다. 나중에 한 인터뷰에서 베누아 데이지빌은 만약 오라클의 경영진이 자신에게 스노우플레이크의 사업을 하도록 허락해줬다면 그냥 오라클에서 했을 것이라고 말했다. 대기업의 임원들이 정치적 입지와 눈앞의 이익을 위해 새롭게 열리는 시장을 간과하고 신규 사업을 등한시해 큰 기회를 놓치게 된 좋은 예가 여기서 나왔다고 할 수 있다.

베누아 데이지빌은 또 다른 프랑스인 동료 티에리 크루안스와 함께 오라클을 그만두고 스노우플레이크를 설립한다. 회사 이름을 스노우플레이크, 즉 눈송이로 정한 이유는 무엇이었을까? 심오한 뜻이 있었던 것은 아니다. 두 창업자 모두 스키를 좋아해서 그렇게 지었다고 한다.

#고객이 진정 원하는 제품을 만들다

2명의 데이터 시스템 전문 엔지니어가 회사를 그만두고 가장 먼저 한 일은 무엇이었을까? 바로 프린터와 화이트보드를 산 것이다.

이들은 몇 달간 치열한 토론을 이어가며 화이트보드에다 기존의 데이터 서버 시스템이 클라우드로 대체될 때 필요한 데이터 통합 관리 플랫폼의 설계도를 그리기 시작한다. 새로운 시스템을 설계하면서 가장 주안점을 둔 부분은 2가지였다.

첫 번째, 고객이 '필요한 만큼'만 스노우플레이크를 쓰고 그에 따라 돈을 낼 수 있도록 하기다. 고객(기업)이 쓴 만큼만 비용을 내게 해서 비용 최적화를 이룰 수 있게 한 것이다.

두 번째, 고객이 원하면 무한정으로 스케일 업(Scale Up), 즉 데이터 저장소나 컴퓨팅 연산 처리 역량을 늘릴 수 있게 해주기다.

베누아 데이지빌이 사업 초기 때부터 이루려 했던 고객을 위한 이 2가지 핵심 가치는 현재 경쟁사들이 따라오기 힘든 스노우플레이크만의 가장 큰 경쟁력이 됐다. 그리고 스노우플레이크를 통합 관리 플랫폼 시장의 선두주자로 우뚝 서게 해준 원동력이 됐다.

베누아 데이지빌은 공동 창업자와 함께 시스템을 설계하는 이 시기에 가장 많은 스트레스를 받았다고 한다. 그래도 4개월 후에 솔루션을 찾아냈다. 이 시기에 맞춰 서터힐벤처스의 매니징 디렉터였던 마이크 스페이서가 스노우플레이크의 미래 성장 잠재력을 간파하고 투자를 진행한다. 서터힐벤처스의 초기 투자금을 바탕으로 2014년 드디어 베누아 데이지빌은 첫 제품을 시장에 출시할 수 있었다. 그리고 마이크로소프트 임원을 지냈던 밥 모굴리아를 CEO로 영입하고 제품 개발에만 몰두한다.

참고로, 초기에 스노우플레이크의 잠재력을 알아봤던 마이크 스페이서는 2020년 스노우플레이크의 IPO로 인해 돈을 엄청나게 벌게 되면서 최근에 가장 성공한 투자가로 실리콘밸리에서 이름을 날리게 됐다. 2,000억 원 정도를 투자했는데 수년 만에 14조 원이 넘게 벌었으니 당연하다고 할 수 있겠다. 이제까지 실리콘밸리의 벤처 투자 중 전설이었던 엑셀벤처스의 페이스북 투자로 얻은 수익 9조 원을 넘어섰다.

#스노우플레이크의 대성공

스노우플레이크의 클라우드 데이터 통합 관리 플랫폼은 시장에 출시되자마자 기업들의 큰 환영을 받았다. 무서운 속도로 성장하자 스노우플레이크에 투자하겠다는 실리콘밸리의 유명한 벤처캐피털이 줄을 서기 시작했다. 제발 내 돈을 가져가 달라고 아우성치기 시작한 것이다.

실리콘밸리에서 '갑 중의 갑', 즉 비즈니스 관계에서 가장 높은 위치에 있는 기업은 돈을 들고 있는 투자사가 아니라 좋은 스타트업이라는 말이 있다. 성장성이 좋은 스타트업에는 투자사들이 돈을 싸 들고 와서 제발 투자할 수 있게 해달라고 간청한다는 것이다. 스노우플레이크는 실리콘밸리에서 가장 유명한 벤처캐피털인 세쿼이어캐피탈, CRM 시장을 제패하고 있는 세일즈포스닷컴, 그리고 잘 모르는 테크 기업, 특히 IPO 투자는 절대 하지 않는 것으로 유명한 워런 버핏에게서까지 투자를 받는 기염을 토한다.

2019년 스노우플레이크는 성장을 가속화하기 위해 서비스나우의 전 CEO였던 프랭크 슬루트만을 새 CEO로 영입한다. 그는 현재까지 스노우플레이크를 이끌고 있다. 프랭크 슬루트만은 꽤 능력 있는 CEO다. 서비스나우를 2011년 매출 9,200만 달러(1,012억 원)에서 2017년 매출 19억 달러(2조 900억 원), 6년 만에 무려 20배나 폭풍 성장을 시키면서 서비스나우의 IPO를 성공적으로 이끌었다. 프랭크 슬루트만의 지휘하에 스노우플레이크도 2020년 가을, 소프트웨어 기업으로는 역사상 가장 큰 IPO라는 타이틀을 안고 상장하게 된다. 궁금하다. 도대체 왜 기업들은 스노우플레이크에 열광하는 것일까?

#스노우플레이크의 강점

스노우플레이크는 경쟁사 대비 강점이 여러 가지가 있는데 대표적으로 3가지를 꼽을 수 있다.

첫 번째, 스노우플레이크가 현존하는 통합 관리 플랫폼 중 기술적으로 가장 '앞서 있는' 형태의 서비스를 제공한다는 점이다. '앞서 있는' 형태가 무슨 말일까? 쉽게 설명하면, 바로 클라우드 데이터 저장 시스템 중 원하는 부분만 더 많이, 아니면 더 적게 쓸 수 있게 해주면서 쓴 만큼만 돈을 내게 해준다는 것이다.

스노우플레이크는 각종 정보를 저장하는 데이터 저장소, 즉 데이터 스토리지와 연산할 때 필요한 컴퓨팅 처리 부분을 따로 분리했기 때문에 기업은 데이터 저장소가 더 많이 필요하면 그 부분만 원하는 만큼 늘리거나 컴퓨팅 리소스 부분만 원하는 만큼 늘리는 것이 가능하다. 영어로 '스케일 업(Scale Up)'이라고 부르는데 과거 데이터 플랫폼에서는 불가능했다. 또한, 쓴 만큼만 돈을 내면 되기 때문에 데이터를 관리하는 비용도 최적화할 수 있어 기업들이 선호할 수밖에 없다.

두 번째, 기업 고객 간에 필요한 데이터를 사고팔 수 있게 중개해주는 데이터 중개 서비스를 제공한다는 점이다. 스노우플레이크는 2019년 데이터 마켓 플레이스라고 불리는 데이터 매매 장터를 개설했다.

A 기업이 모아 놓은 특정 데이터가 B 기업이 마케팅이나 사업 계획을 짤 때 유용하게 쓰일 수 있다. 예를 들면, 2020년 코로나가 터지자 많은 기업이 코로나가 자사에 어떤 영향을 미칠지 파악해야만 했다. 스노우플레이크의 데이터 마켓 플레이스에는 코로나 관련 데이터를 수집해 판매하는 기업인 스타스키마가 있었는데 많은 기업이 이 기업의 데이터를 구매해 활용했다. 미국의 신용카드사인 캐피탈원은 코로나가 자사에 미치는 영향과 미래 매출 등의 예측을 위해 스타스키마의 데이터를 구매해 활용했다고 했다.

이렇게 손쉽고 안전하게 데이터를 판매하거나 구매할 수 있도록 하면서 스노우플레이크는 경쟁사 대비 더 많은 기업 고객을 끌어들일 수 있는 기반을 마련하게 됐다.

세 번째, 다양한 클라우드 데이터 저장소를 한곳에서 손쉽게 관리해주는 플랫폼을 제공하고 있기 때문에 아마존, 구글, 마이크로소프트 사이에서 중립적인 포지션을 취할 수 있어 경쟁하는 다른 빅 테크 기업들보다 한발 유리한 위치에 있다는 점이다. 아마존의 AWS는 구글이나 마이크로소프트가 운용하는 클라우드 서비스와 직접 경쟁하기 때문에 같이 묶어놓은 서비스를 만들기 어렵다. 다양한 클라우드 서비스를 사용하기 원하는 기업들은 스노우플레이크를 사용함으로써 업무도 효율적으로 처리할 수 있고 비용도 절감할 수 있다. 그렇다면 스노우플레이크는 실제로 잘 성장하고 있는지 매출을 살펴보자.

#스노우플레이크의 실적

2020년 매출액은 약 5억 9,200만 달러(약 6,510억 원)로 전년 대비 무려 2배 이상 성장했다. 아직 성장 기업이기에 연구·개발과 영업 부문에 지출이 많아 당분간 적자가 지속할 것으로 예상된다. 2020년에는 약 5억 3,900만 달러(약 5,930억 원)의 적자를 기록했다(다음 페이지의 '스노우플레이크의 매출' 참고).

고객 수 역시 분기마다 증가해 2021년 1월 말 기준으로 4,139개사를 확보하고 있다(다음 페이지의 '전체 고객 수 및 100만 달러 이상 매출을 발생시키는 고객 수' 참고). 이 중 100만 달러(11억 원) 이상의 매출을 발생시키는 고객도 2021년 1월 말 기준으로 77개사이다. 그리고 꾸준히 증가하고 있

[스노우플레이크의 매출]

Annual Data | Millions of US $ except per share data		2021-01-31	2020-01-31	2019-01-31
Revenue	📊	**$592.049**	**$264.748**	**$96.666**
Cost Of Goods Sold	📊	$242.588	$116.557	$51.753
Gross Profit	📊	**$349.461**	**$148.191**	**$44.913**
Research And Development Expenses	📊	$237.946	$105.16	$68.681
SG&A Expenses	📊	$655.452	$401.119	$161.697
Other Operating Income Or Expenses		-	-	-
Operating Expenses	📊	$1,135.986	$622.836	$282.131
Operating Income	📊	**$-543.937**	**$-358.088**	**$-185.465**
Total Non-Operating Income/Expense	📊	$6.897	$10.546	$8.257
Pre-Tax Income	📊	**$-537.04**	**$-347.542**	**$-177.208**
Income Taxes	📊	$2.062	$0.993	$0.82
Income After Taxes	📊	**$-539.102**	**$-348.535**	**$-178.028**
Other Income		-	-	-
Income From Continuous Operations	📊	**$-539.102**	**$-348.535**	**$-178.028**
Income From Discontinued Operations		-	-	-
Net Income	📊	**$-539.102**	**$-348.535**	**$-178.028**

- Revenue: 총매출액 / Cost of Goods Sold: 매출 원가 / Gross Profit: 매출 총이익 / Research And Development Expenses: 연구개발비 / SG&A Expenses: 판매관리비 / Operating Income: 영업 이익 / Net Income: 순이익
- 단위: 백만 달러 | 출처: macrotrends.net

[전체 고객 수 및 100만 달러 이상 매출을 발생시키는 고객 수]

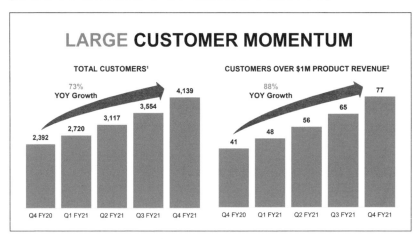

- TOTAL CUSTOMERS: 전체 고객 수 / CUSTOMERS OVER $1M PRODUCT REVENUE: 100만 달러 이상 매출을 발생시키는 고객 수
- 출처: 스노우플레이크 사업보고서

다. 특히 미국 경제전문지 〈포춘〉이 선정한 '글로벌 500대 기업'에 속하는 기업 중 186개사(2021년 1월 말 기준)를 고객으로 유치했다.

그렇다면 한 번 고객이 된 기업들과의 관계는 잘 유지하고 있을까? 매우 잘 유지하고 있다. 분기별 달러 기준 순매출 유지 비율(Dollar Based Net Revenue Retention Rate)을 보면 전년 대비 올해 같은 기업 고객이 얼마나 더 많은 매출을 내고 있는지를 확인할 수 있는데 스노우플레이크의 경우 150% 이상이다. 많은 고객이 작년보다 50% 더 많은 수익을 가져다주는 것이다. 회사의 규모가 커지면서 매출 총이익률도 매년 증가해 마진율도 점차 개선되고 있다.

현재 스노우플레이크 매출의 85%가 미국에서 발생하고 있다. 다시 말하면, 해외 시장으로 확장할 수 있는 여지가 많다는 의미다. 스노우플레이크는 해외 시장에 있는 기업으로의 전략적인 확장도 계획하고 있다.

2021년 2월부터 2022년 1월까지 2022년 회계 연도 기준의 가이던스(Guidance), 즉 실적 예상치를 살펴보면 전체 제품 매출은 전년 대비 82%

[스노우플레이크 실적(예상)]

FISCAL 2022 GUIDANCE

% OF REVENUE	FY19	FY20	FY21	FY22 GUIDANCE MIDPOINT
YOY PRODUCT REVENUE GROWTH	NA	164%	120%	82%
NON-GAAP PRODUCT GROSS PROFIT[1]	58%	63%	69%	71%
NON-GAAP OPERATING LOSS[1]	(136)%	(105)%	(38)%	(19)%
NON-GAAP ADJUSTED FREE CASH FLOW[1]	(152)%	(75)%	(12)%	~ break-even

- YOY PRODUCT REVENUE GROWTH: 전년 대비 전체 매출 성장률 / NON-GAAP PRODUCT GROSS PROFIT: 매출 총이익률 / NON-GAAP OPERATING LOSS: 매출 대비 영업손실률 / NON-GAAP ADJUSTED FREE CASH FLOW: 매출 대비 조정 잉여 현금 흐름 비율
- 주: 2021년 2월~2022년 1월 회계 연도 기준 | 출처: 스노우플레이크 사업보고서

증가할 것으로 예상되고 영업 손실과 캐시 플로우(Cash Flow, 현금 유동성)도 개선될 것으로 전망되고 있다.

실리콘밸리의 다른 성장 기업들처럼 스노우플레이크 역시 영업과 마케팅, 연구개발비에 지출을 많이 하고 있어 현재 영업 이익은 적자인 상황이다.

#스노우플레이크 주가의 고평가 논란

스노우플레이크의 주가가 매출이나 순이익 대비 너무 많이 올라 기업가치가 과대평가되고 있다는 고평가 논란이 한창 진행 중이다. 향후 스노우플레이크가 얼마나 성장할 수 있을 것인가에 대한 전망에 따라 고평가된 건지, 아닌지가 달라질 수 있다.

2021년 6월 5일 기준으로 주가 매출액 비중(PS Ratio)이 90배로 매우 높다. 주가가 정당하다는 것을 보여주기 위해서는 스노우플레이크가 급격하게 성장해야 한다.

만일 투자를 계획 중이라면 매년 급격하게 성장할 수 있을지 분기마다 꼼꼼하게 매출, 순이익 등의 주요 지표를 확인할 필요가 있다.

[스노우플레이크 투자 포인트]

- 워런 버핏이 투자한 스타트업으로 유명한 스노우플레이크는 여러 클라우드의 데이터를 한곳에서 관리할 수 있게 해주는 플랫폼을 제공하는 기업이다.
- 고객이 사용한 만큼만 비용을 내고 원하면 무한정으로 데이터 저장소나 컴퓨팅 연산 능력을 늘릴 수 있게 해주는 고객 중심적인 서비스가 가장 큰 강점이다.
- 특히 데이터 마켓 플레이스라고 불리는 데이터 장터를 개설해 타 경쟁사보다 더 많은 기업 고객을 끌어들일 수 있는 기반을 마련했다.
- 고객 수와 매출이 꾸준하게 성장하는 등 탄탄한 성장 기업의 모습을 보여주고 있으나 최근 주가가 너무 많이 올라 고평가 논란이 있다. 스노우플레이크가 앞으로도 투자자들의 기대에 부응해 큰 성장을 이룰지 확인할 필요가 있다.

2장 앞으로 큰 성장이 기대되는 라이징 스타

스플렁크
빅데이터 분석 글로벌 1위

스플렁크(Splunk, 티커: SPLK)는 한마디로 기업의 수많은 데이터를 손쉽게 수집 및 분석하고 모니터링을 할 수 있게 해주는 빅데이터 분석 소프트웨어 기업이다. 개발자라면 스플렁크에 대해 알 수도 있겠지만 개발자가 아닌 사람들 대부분은 일상생활에서 직접 접할 기회가 없어 생소할 수 있다. 그렇다고 해도 글로벌 IT 업계에서는 착실하게 잘 성장하고 있는 빅데이터 분석 기업이다.

필자는 스플렁크를 수년 전에 업무를 통해 처음 알게 됐다. 스마트폰 앱을 개발해 시장에 출시하는 업무를 담당하고 있었다. 스마트폰 앱은 개발을 마치고 앱스토어에 등록했다고 해서 끝이 아니다. 많은 사람이 앱을 다운로드받아 쓰게 만드는 것이 최종 목적이다. 그래서 얼마나 많은 사람이 앱을 다운로드받았는지, 누가 받았는지를 세세하게 매일매일 파악해야 한다. 그런 다음, 그 결과를 분석해 더 많은 사람이 다운로드받을 수 있도록 앱을 어떻게 개선해야 하는지, 광고는 얼마나 더 해야 하는지 등의 전략적인 결정까지 내려야 한다.

그 당시 출시한 앱의 사용자와 관련한 여러 데이터를 한눈에 볼 수 있게 잘 정리한 리포트를 개발팀에서 필자에게 매일 이메일로 보내줬는데 이 리포트를 자동으로 만들고 보내주는 소프트웨어가 바로 스플렁크였다. 기업에서 발생하는 수많은 데이터를 손쉽게 자동으로 '수집'하고 '분석'하고 한눈에 볼 수 있도록 '정리'해서 '보고서'까지 만들어주는 소프트웨어인 것이다. 사실 스마트폰 앱 데이터 분석은 스플렁크가 제공하는 서비스 중 빙산의 일각에 지나지 않는다.

#왜 많은 데이터를 빠르게 분석하는 것이 필요할까?

스플렁크는 쏟아지는 엄청난 양의 데이터를 순식간에 분석해 의사결정에 인사이트를 제공해야 하는 분야에서 큰 빛을 내는 기업이다. 그렇다면 왜 기업들에는 많은 데이터를 빠르게 분석하는 일이 필요할까? 사례를 보면 금방 이해가 가능하다.

대형 반도체 제조사가 반도체를 생산하려면 여러 단계의 복잡하고 정교한 공정을 거쳐야 한다. 만약 제조 라인 어느 한 부분에서 문제가 발생했는데 어디서 어떤 문제인지 빠르게 파악하고 조치를 취하지 않으면 생산이 늦어지고 어마어마한 손실이 발생한다. 그래서 반도체 제조사는 제조 라인의 모든 기계에 센서를 부착해 정상적으로 작동하고 있는지를 수집하고 분석하고 있어야 한다. 이때 수많은 기계로부터 수많은 데이터가 초 단위로 쏟아져 들어오기 때문에 일반적인 데이터 분석 소프트웨어로는 실시간으로 수집하고 분석하는 작업이 불가능하다. 여기서 스플렁크의 엄청나게 빠른 빅데이터 수집 및 분석 역량이 빛을 발한다.

스플렁크의 소프트웨어는 어마어마한 양의 데이터가 쏟아져 들어와도 실시간으로 분석해 생산성을 향상하게 해준다. 그리고 비정상적인 부분이 발견되면 미리 알려줘서 기업의 문제 대응 속도를 획기적으로 높여준다. 이렇게 스플렁크의 빅데이터 수집 및 분석 기능은 많은 양의 데이터를 순식간에 분석하는 작업이 필요한 기업에는 유용하게 사용될 수 있다. 이런 기업들 중 하나인 맥라렌은 스포츠카 제조사로 유명하다. 자동차 레이싱 경기에 출전시킨 차 내부에 각종 센서를 부탁하고 스플렁크의 소프트웨어를 통해 밀리세컨드(Millisecond, 1,000분의 1초) 단위로 엄청난 양의 운전 상태 데이터를 실시간으로 수집한다. 이 데이터를 통해 레이싱 경기 도중에 레이서가 어떻게 전략적으로 운전해야 하는지 의사결정을 지원하는 인사이트를 제공할 수 있게 된다. 또한, 운전 중 앞으로 발생할 수 있는 문제들을 미리 알려주고 차량의 성능을 극대화할 수 있는 도움까지 받는다.

스플렁크는 이러한 빅데이터 수집 및 분석 소프트웨어 분야에서 글로벌 1위다. 〈포춘〉이 선정한 '미국 상위 100대 기업' 중에서 무려 91개사가 스플렁크의 서비스를 사용하고 있다. 우리가 잘 아는 유명한 기업 거의 대부분이 스플렁크를 사용하고 있다고 봐도 무방하다.

스플렁크는 한국에서도 400개가 넘는 기업을 고객으로 두고 있다. IT 운영이나 보안, 고객 분석 등 다양한 분야에서 스플렁크의 소프트웨어가 활용되고 있다고 한다. 삼성전자, LG전자, 롯데, SK텔레콤, 현대차, 기아차 등 데이터 분석이 필요한 국내 유명 대기업들도 이미 스플렁크의 소프트웨어를 사용하고 있다. 삼성전자의 경우 앞서 설명한 반도체 제조 공정 모니터링 및 분석 시스템 분야에서, 신한은행은 사기 거래 방지 등을 위한 이상 징후 탐지 시스템 등에 활용하고 있다. 그렇다면 이렇게 기업 고객들을 위해 빅데이터 처리를 대신 해주는 글로벌 빅데이터 플랫폼 1위 기업인 스플렁크는 언제 어떻게 창업됐고 실적은 어떻게 될까?

#연쇄 창업가의 계속된 성공

스플렁크는 2003년 마이클 바움, 롭 다스, 에릭 스완이 공동으로 설립했다. 이 중 1962년생인 마이클 바움은 스플렁크 창업 전에 이미 5개의 스타트업을 창업했다가 모두 성공적으로 매각해 큰돈을 번 연쇄 창업가다.

마이클 바움은 드렉셀대학교 컴퓨터공학과를 졸업한 다음, 1984년 친구들과 함께 주식 투자 포트폴리오를 시뮬레이션해서 최적화해주는 서비스를 제공하는 리얼리티 온라인을 만든다. 이 기업은 3년 후 금융 정보 제공 기업인 톰슨 로이터스가 인수한다. 이후 마이클 바움이 1989년에 창업한 펜소프트(모바일 기기의 데이터베이스 관리 기업) 역시 3년 후에 미국 최대 통신사인 AT&T가 인수한다. 이후 스타트업을 3개 더 창업했는데 각각 인포식, 야후, IBM에 성공적으로 매각했고 이 과정에서 큰돈을 번다.

2003년 미국에서 IT 산업이 점점 커지자 미래에는 대규모 머신 데이터, 즉 각종 기계장치로부터 나오는 데이터를 빠르게 검색하고 분석하는 기술이 중요해질 것으로 판단한 마이클 바움은 이러한 대규모 머신 데이터를 실시간으로 검색해주는 '서치 엔진(Search Engine)'을 만들기 위해 스플렁크를 창업한다. 스플렁크라는 이름은 '동굴을 탐험하다'라는 뜻을 가진 '스필렁크(Spelunk)'에서 따왔다고 한다. 마치 미지의 동굴 속을 탐험하는 것처럼 우리가 이제껏 몰랐던 빅데이터의 세계를 탐험한다는 의미다.

빅데이터 수집 및 분석 전문 기업이 전무했던 2000년대 초반에 스플렁크는 페이스북, 세일즈포스닷컴 등 IT 기업들이 빠르게 성장하고 데이터 분석 수요가 폭증하자 덩달아 급격히 성장한다. 2012년에 나스닥에 상장한 스플렁크는 이후 버그센스, 클라우드미터, 카스피다 등 데이터 및 IT 보안과 관련한 수많은 기업을 인수하며 지속적인 성장을 이뤄내고 있다. 참고로, 마이클 바움은 초기 6년 동안만 CEO를 했고 현재는 오라클, SAP, 시스코에서 근무했던 더그 메리트가 CEO를 맡고 있다. 억만장자가 된 마이클 바움은 2014년 프랑스 버건디에 있는 '샤또 드 뽀마드'라는 와이너리(Winery, 와인을 만드는 양조장)를 인수하고 가족과 함께 이주해 여유를 즐기며 운영하고 있다. 그렇다면 스플렁크의 실적은 어떤지 살펴보자.

#스플렁크의 실적

2017년 1월 말 결산에서 매출은 약 9억 4,300만 달러(약 1조 370억 원)

[스플렁크의 매출]

Annual Data | Millions of US $ except per share data		2021-01-31	2020-01-31	2019-01-31	2018-01-31	2017-01-31
Revenue		$2,229.385	$2,358.926	$1,803.01	$1,309.132	$943.564
Cost Of Goods Sold		$547.345	$429.788	$344.676	$256.409	$191.053
Gross Profit		$1,682.04	$1,929.138	$1,458.334	$1,052.723	$752.511
Research And Development Expenses		$791.026	$619.8	$441.969	$301.114	$295.85
SG&A Expenses		$1,671.2	$1,596.475	$1,267.538	$937.019	$792.763
Other Operating Income Or Expenses		-	-	-	-	-
Operating Expenses		$3,009.571	$2,646.063	$2,054.183	$1,494.542	$1,279.666
Operating Income		$-780.186	$-287.137	$-251.173	$-185.41	$-336.102
Total Non-Operating Income/Expense		$-120.862	$-44.514	$-12.018	$-3.451	$-5.851
Pre-Tax Income		$-901.048	$-331.651	$-263.191	$-188.861	$-341.953
Income Taxes		$6.932	$5.017	$12.386	$1.357	$5.507
Income After Taxes		$-907.98	$-336.668	$-275.577	$-190.218	$-347.46
Other Income		-	-	-	-	-
Income From Continuous Operations		$-907.98	$-336.668	$-275.577	$-190.218	$-347.46
Income From Discontinued Operations		-	-	-	-	-
Net Income		$-907.98	$-336.668	$-275.577	$-190.218	$-347.46

• Revenue: 총매출액 / Cost of Goods Sold: 매출 원가 / Gross Profit: 매출 총이익 / Research And Development Expenses: 연구개발비 / SG&A Expenses: 판매관리비 / Operating Income: 영업 이익 / Net Income: 순이익
• 단위: 백만 달러 | 출처: macrotrends.net

였는데 2021년 1월 말 결산에서는 약 22억 2,900만 달러(약 2조 4,500억 원)로 2배 이상 증가했다. 그런데 순이익은 아직 적자다. 스플렁크는 매년 연구개발비에 큰돈을 투자하기 때문으로 보이는데 최근 연구·개발에 약 7억 9,100만 달러(약 8,700억 원)를 지출했다.

2021년 1월 말 기준 현금 보유량은 약 18억 5,800만 달러(약 2조 원)로 현금도 충분히 확보한 것으로 보인다.

[스플렁크의 자산 현황]

Annual Data | Millions of US $ except per share data		2021-01-31	2020-01-31	2019-01-31	2018-01-31	2017-01-31
Cash On Hand	📊	$1,858.911	$1,755.161	$2,757.385	$1,165.15	$1,083.442
Receivables	📊	$1,114.199	$838.743	$469.658	$396.413	$238.281
Inventory		-	-	-	-	-
Pre-Paid Expenses	📊	$162.939	$129.839	$73.197	$70.021	$38.65
Other Current Assets		-	-	-	-	-
Total Current Assets	📊	$3,272.38	$2,822.815	$3,378.463	$1,684.035	$1,360.373
Property, Plant, And Equipment	📊	$182.78	$156.928	$158.276	$160.88	$166.395
Long-Term Investments	📊	$13.728	$35.37	$110.588	$5.375	$5
Goodwill And Intangible Assets	📊	$1,541.041	$1,531.255	$595.01	$209.524	$162.355
Other Long-Term Assets	📊	$85.422	$68.093	$37.669	$41.711	$24.423
Total Long-Term Assets	📊	$2,596.106	$2,616.656	$1,121.78	$455.41	$358.173
Total Assets	📊	**$5,868.486**	**$5,439.471**	**$4,500.243**	**$2,139.445**	**$1,718.546**
Total Current Liabilities	📊	$1,524.748	$1,312.296	$1,045.138	$730.949	$667.373
Long Term Debt	📊	$2,302.635	$1,714.63	$1,634.474		
Other Non-Current Liabilities	📊	$5.71	$0.653	$95.245	$98.383	$99.26
Total Long Term Liabilities	📊	$2,749.733	$2,127.746	$1,934.648	$277.175	$246.012
Total Liabilities	📊	**$4,274.481**	**$3,440.042**	**$2,979.786**	**$1,008.124**	**$913.385**
Common Stock Net	📊	$0.163	$0.157	$0.149	$0.143	$0.137
Retained Earnings (Accumulated Deficit)	📊	$-2,469.451	$-1,561.471	$-1,232.044	$-955.871	$-1,020.784
Comprehensive Income	📊	$-0.592	$-5.312	$-2.506	$0.156	$-3.013
Other Share Holders Equity						
Share Holder Equity	📊	**$1,594.005**	**$1,999.429**	**$1,520.457**	**$1,131.321**	**$805.161**

- Cash On Hand: 보유 현금 / Receivables: 매출 채권 / Inventory: 재고 / Pre-Paid Expenses: 선급 비용 / Total Current Assets: 총 유동자산(1년 안에 현금화할 수 있는 자산) / Total Assets: 총자산 / Total Current Liabilities: 단기 부채(1년 안에 만기가 돌아오는 부채) / Total Liabilities: 총부채 / Share Holder Equity: 자기 자본
- 단위: 백만 달러 | 출처: macrotrends.net

스플렁크의 주가는 2020년 코로나 이후 100달러대에서 220달러대까지 올랐다가 2021년 6월 초 기준으로 110달러대에 있다. 특히 2020년

12월 초 월가에서 분기 매출로 6억 1,300만 달러(6,743억 원)를 예상했는데 실제로는 크게 미치지 못하자 주가가 당일에 무려 23.3%나 폭락하기도 했다. 여기에서 우리는 스플렁크의 2분기 연속 실적 부진이 일시적인지, 아니면 이후 계속 좋지 않게 나올지 지켜봐야 한다.

만약 스플렁크의 이번 실적 부진이 코로나로 인한 일시적인 상황일 뿐이고 장기적으로 다시 큰 성장이 기대된다면 이러한 주가의 폭락은 'Buy in Deep', 즉 조정받을 때 좋은 주식을 싸게 매수하는 추가 매수의 기회일 수 있다. 반대로, 실적 부진이 계속될 것으로 예상된다면 주가가 당분간 더 하락하거나 횡보할 수 있으니 차라리 더 좋은 다른 기업에 투자하는 것이 나을 수 있다. 코로나의 영향으로 기업들이 디지털 트랜스포메이션(Digital Transformation, 디지털 전환)에 대한 투자를 미루면서 향후 스플렁크의 실적 부진은 2~3분기 정도 지속될 가능성도 있다. 하지만 코로나가 일단락되고 기업들이 다시 디지털 트랜스포메이션 프로젝트에 예산을 쓰기 시작한다면 스플렁크가 다시 성장할 수 있다.

#스플렁크의 장기적인 성장이 기대되는 이유

스플렁크 주가가 2021년 초반에 떨어지기는 했지만 향후 장기적인 성장이 기대된다고 한다. 그 이유를 살펴보자.

첫 번째, 이번의 실적 부진은 코로나 및 클라우드 사업 모델 전환으로 인한 일시적인 이벤트일 가능성이 높다는 것이다. 그래서 스플렁크 관계자도 코로나가 해결되면 다시 매출 성장이 잘 일어날 것이라고 전망했다.

스플렁크의 CEO인 더그 메리트는 2020년 12월 실적 발표에서 이번 실적 부진은 코로나로 인해 기업들의 경영 상황이 악화하면서 대형 계약들이 연기된 것이 가장 큰 이유라고 밝혔다. 연기된 이 대형 계약들은 경기가 나아지면 진행될 예정이므로 이후 매출로 연결될 가능성이 매우 높다. 미국 주식 투자자가 많이 애용하며 미국 주식 정보가 깔끔하게 정리된 시킹알파에서 스플렁크의 2029년까지 매출(예상)을 정리한 자료를 보면, 2021년 성장률(예상)은 전년 대비 마이너스이지만 코로나가 어느 정도 해결된다고 예상하는 2022년부터는 20% 이상 큰 폭으로 성장할 것으로 나온다.

또한, 스플렁크의 사업 모델이 변화하고 있다는 점을 봐야 한다고 했다. 기존에는 계약한 기업의 전산실 등에 소프트웨어를 제공할 때 처음에 큰 돈을 받고 이후 2~3년 동안 관리해주는 라이선스 판매 방식이었다. 그런데 몇 년 전부터 매달 돈을 받는 클라우드 중심의 정기 구독 서비스 형태로 사업 모델 전체를 바꾸고 있다.

매달 돈을 받아 장기적으로 매출이 꾸준하게 발생하는 클라우드 중심의 정기 구독 서비스는 한 번에 많은 매출이 발생하는 라이선스 판매 방식보다 당장의 매출은 적어 보일 수 있다. 그런데 현재 세계적인 기업들의 클라우드를 기반으로 한 디지털 트랜스포메이션이 활발해지고 있으며 앞으로는 더욱더 활발해질 것으로 예상된다. 선택이 아닌 필수가 되어가는 것이다. 스플렁크는 2016년부터 클라우드를 기반으로 한 정기 구독형 사업 모델로의 변경에 속도를 내고 있다. 장기적인 미래 성장을 위해 그 어떤 기업보다 한발 앞서 올바른 방향으로 간 것이다.

이러한 클라우드 중심의 정기 구독형 사업 모델은 점점 결실을 보고 있다. 정기 구독 같은 사업으로 매월 반복적으로 일어나는 매출액을 연간 매출액으로 환산한 수치를 연간 반복 매출(ARR: Annual Recuring Revenue)

이라고 하는데 2021년 4월 말에 나온 스플렁크의 사업보고서를 보면 전년 대비 매 분기 40%대의 성장률을 보였다. 또한, 정기 구독 고객(기업) 중 연간 반복 매출액이 100만 달러(11억 원)가 넘는 고객은 총 537개사다. 이 수치 역시 전년 대비 매 분기 40% 이상씩 증가하고 있다. 특히 최근 중점을 두고 있는 정기 구독 사업 기반의 클라우드 부문 매출액이 전년 대비 매 분기 70% 이상 성장하고 있다.

코로나, 그리고 사업 모델을 클라우드 중심의 정기 구독으로 전환하는 과정에서 일시적으로 매출이 줄었지만 시간이 지나면 매출의 성장세는 제자리를 찾아갈 것이라고 본 것이다.

두 번째, 미래에는 4차 산업혁명과 더불어 빅데이터 관련 시장이 커질 수밖에 없으며 그 시장 규모가 120조 원 이상이라고 예상되는데 그 시장 성장에서 만들어지는 혜택을 스플렁크도 받게 되는 것이다. 2020년 빅데이터 수집 및 처리 관련 시장 규모는 810억 달러(약 89조 원)인데 2023년에는 1,140억 달러(약 125조 원)에 다다를 것으로 전망된다. 스플렁크의 연간 매출이 2조 원 규모임을 감안할 때 미래에 큰 성장 가능성이 있다고 할 수 있다. 또한, 현재 지역별 매출 비중을 보면, 전체 매출의 72% 정도가 미국에서 발생하고 있다. 이후 아시아, 유럽에 진출하면 스플렁크의 매출은 더욱 높아질 것이다.

세 번째, 경쟁사들이 있지만 현재 시장 1위의 기술 및 제품 경쟁력, 지속적인 연구·개발과 M&A(인수·합병)에 대한 투자를 통해 업계 선두자리를 계속 유지할 가능성이 높다는 것이다. 스플렁크는 세계 상위 기업들을 고객으로 이미 확보했고 IT 분야의 리서치 기업인 가트너의 조사에 따르면 빅데이터 관리 소프트웨어 분야에서 글로벌 1등 위치를 확고히 하고 있다.

또한, 그동안 연구·개발과 M&A에 활발하게 투자해서 타 경쟁사들이 제공하지 못하는 다양한 범위의 교차 판매가 가능한 제품군을 보유하고 있다. 현재 1개의 제품군을 이용하는 고객사는 전체 72% 정도다. 즉, 스플렁크가 제공하는 다른 부문의 빅데이터 처리 소프트웨어를 같이 사용하도록 권하는 교차 판매의 기회가 무궁무진하다는 이야기다.

스플렁크를 이용하는 고객사들의 만족도가 매우 높다는 점도 긍정적이다. 같은 고객으로부터 매년 더 많은 매출을 일으키고 있다. 스플렁크는 2023년까지 클라우드 부문의 마진율을 70%까지 올릴 계획이다. 100만 원을 벌면 70만 원이 매출 총이익이 되는 것이다. 아울러 매년 연평균 40% 이상의 연간 정기 구독 매출 성장률을 목표로 하고 있다.

#스플렁크의 리스크

이렇게 장기적으로 성장할 가능성이 높지만 최근 악재들이 터져 주가는 하락 압력을 받고 있다. 코로나로 인한 고객사들의 계약 체결 연기와 클라우드를 기반으로 한 정기 구독 서비스로의 전환에 시간이 걸리면서 매출이 타격을 입었고 시장에서의 경쟁도 심화하고 있는 와중에 엎친 데 덮친 격으로 2021년 4월에 CTO(Chief Technology Officer, 최고기술경영자)가 퇴사했다. 그리고 2021년 4월 27일 투자은행 모건스탠리는 스플렁크의 목표 주가를 기존의 230달러에서 160달러로 하향 조정한다는 발표를 해 주가가 더 하락했다.

2021년 6월 기준으로 스플렁크에 대한 투자 심리가 악화하고 있어 주가가 떨어질 가능성도 있으나 스플렁크의 장기적인 성장의 미래를 좋게 보는 투자자들에게는 오히려 낮은 가격에 매수할 좋은 기회가 될 수도 있다. 판단은 결국 자신이 공부한 내용을 바탕으로 결정하는 수밖에 없다.

미래를 여는 4차 산업혁명에서는 자율주행, 인공지능, 클라우드, 사물인 터넷, 5G, 그리고 바로 빅데이터를 다루는 기업들이 뛰어난 실적을 낼 것이다. 전 세계에 있는 이러한 기업들의 계속되는 디지털 트랜스포메이션으로 인해 미래에는 자율주행차, 각종 사물인터넷 기기, 산업용 첨단 기계 또는 기기들로부터 엄청난 양의 빅데이타가 쏟아져 들어올 것이고 이를 빠르고 편리하게 처리해주는 솔루션을 가진 기업들은 당연히 동반성장을 하게 된다. 스플렁크 같은 기업은 뜰 수밖에 없으므로 투자자라면 현재의 어려운 상황을 잘 이겨내고 성장을 지속하는지 살펴볼 필요가 있다.

[스플렁크 투자 포인트]

- 스플렁크는 기업의 수많은 데이터를 손쉽게 수집, 분석, 모니터링을 할 수 있게 해주는 빅데이터 분석 소프트웨어 솔루션을 제공하는 기업이다.
- 매출은 2조 원이 넘으며 '미국 상위 100대 기업' 중에서 무려 91개사가 스플렁크의 서비스를 사용하고 있다. 한국에서도 400개가 넘는 고객사를 두고 있다. 빅데이터 분석 관련 글로벌 1위 기업이라고 할 수 있겠다.
- 최근에 코로나로 인해 기업들이 계약 체결을 연기하고 클라우드 중심의 정기 구독 서비스 형태로 사업 모델을 변경하면서 매출에 타격을 입는 바람에 주가가 크게 하락했다.
- 그러나 스플렁크는 관련 시장 1위의 기술 및 제품 경쟁력을 보유하고 있고 고객사들의 만족도도 높아 코로나가 해결된다면 매출이 다시 크게 상승할 가능성이 있다.
- 빅데이터 관리가 갈수록 중요해지는 4차 산업혁명 시대에는 스플렁크가 핵심적인 역할을 담당할 것으로 전망되고 있다.

C3.ai
인공지능으로 기업의 문제를 해결하다

　실리콘밸리에서 샌프란시스코까지 가려면 101이라고 불리는 고속도로를 타야 한다. 실리콘밸리에 사는 사람이라면 매우 자주 이용하는 도로 중 하나다. 이 고속도로를 타고 팔로알토를 벗어날 때쯤에 C3.ai(티커: AI)의 큰 광고판이 보인다.

　늘 지나다닐 때마다 어떤 기업인가 궁금했었는데 2020년 12월에 상장한다는 이야기를 듣고 한번 조사해봤다. 이내 4차 산업혁명과 관련해 인공지능을 활용한 기업용 솔루션으로 매우 큰 주목을 받는 기업이라는 것을 알게 됐다. 어떤 이유로 큰 주목을 받았을까? 그리고 이름은 왜 C3.ai라고 다소 복잡하게 지었을까?

#창업자 토마스 시에벨

　C3.ai라는 이름에서 알 수 있듯이 인공지능을 활용해 기업의 문제를 해

결하는 소프트웨어를 제공하는 기업이다. 주식 시장에서 거래될 때 사용되는 티커 역시 'AI'다.

AI까지는 알겠는데 왜 C3는 뭘까? C3에서 'C'는 카본(Carbon), 즉 탄소를 의미한다. 그리고 뒤의 '3'은 M이 3개 들어갔음을 의미한다. 여기서 3개의 M은 '측정하다'의 의미가 있는 'Measure', '리스크 등을 줄인다'의 의미가 있는 'Mitigate', '수익화'의 의미가 있는 'Monetize'이다.

3개의 M은 '기업 고객의 데이터를 측정하고 리스크를 줄이면서 수익도 내겠다'라는 의미로 이해하겠는데 탄소를 의미하는 C는 왜 들어가 있을까? 그것은 바로 C3.ai의 초기 사업과 연관이 있다.

C3.ai의 창업자는 토마스 시에벨이다. 1952년에 시카고에서 태어나 일리노이대학교에서 컴퓨터공학을 전공한 토마스 시에벨은 C3.ai를 창업하기 전부터 미국 IT 업계에서는 꽤 유명했다. 1984년부터 1990년까지 오라클에서 임원으로 일했고 1993년에는 자신의 이름을 딴 시에벨시스템즈를 창업했다가 2006년에 오라클에 무려 58억 달러를 받고 팔았다. 한화로 6조 원이 넘는 엄청난 금액에 매각한 것이다.

이후 억만장자가 된 토마스 시에벨은 2009년에 C3라는 이름으로 또 다른 창업을 한다. 이 기업이 바로 C3.ai의 전신이 된다. 여기에서 C3의 C가 왜 카본(탄소)인지 알 수 있다.

당시 미국에서는 환경오염의 주범 중 하나인 탄소를 많이 배출하는 기업들, 예를 들어 석탄 발전소 같은 기업에 세금을 물리는 탄소세 도입과 관련한 논의가 한창이었다. 토마스 시에벨은 그 논의에 맞춰 사업 아이디어를 생각해낸다. 바로 미국 대기업들의 탄소 배출량 감축을 도와주는 소프트웨어를 개발해 판매하는 아이디어다. 그러나 이 사업은 곧 위기를 맞는다. 2008년에 미국에서 발생한 글로벌 금융 위기의 영향으로 2009년과 2010년은 미국의 많은 기업이 망하거나 예산을 줄이던 시기라서 기업들 입장에서는 탄소세가 아직 도입되지도 않았는데 굳이 탄소 배출량을 줄여 주는 소프트웨어에 관심을 가질 이유가 없었다.

토마스 시에벨은 탄소 배출 관련 사업은 포기하고 첫 번째 피봇(Pivot), 즉 사업 전환을 추진한다. 다음으로 눈을 돌린 사업은 전력 데이터 수집 및 분석 솔루션 사업이었다. 전력 관련 기반 시설, 즉 송전탑이나 발전기, 전압기 등에 스마트 센서를 부착해 전력 관련 데이터를 수집하고 분석해서 기업에 각종 유용한 정보를 제공해주는 소프트웨어를 개발하는 것이었다.

2012년 토마스 시에벨은 C3의 직원 150여 명 중 핵심 엔지니어 50명을 제외한 100여 명을 해고하면서 사명을 'C3'에서 'C3 에너지'로 변경한다. 그리고 전력 기반 시설에 부착된 센서에서 나오는 각종 데이터를 인공지능과 머신 러닝 기법을 활용해 분석해서 전력 시설에 사고가 나기 전에 언제쯤 미리 보수해야 하는지, 전체적인 전력 네트워크망에 문제는 없는지, 누가 전력 시설을 훔쳐가지는 않는지 등을 감시하는 소프트웨어 사업을 시작한다.

#전력 시설에서 일반 기업으로 확장하다

토마스 시에벨은 전력 데이터 분석 사업을 하다가 C3 에너지의 데이터 분석 소프트웨어가 전력 시설뿐만 아니라 다른 일반 기업에도 적용할 수 있겠다는 아이디어를 생각하게 된다. 기업들의 다양한 데이터를 분석한 후 C3 에너지의 강점인 머신 러닝 기법을 적용하면 미래에 발생 가능한 문제를 파악할 수 있으니 해당 기업들이 미리 대처할 수 있게 도와주는 솔루션 제공이 가능하다고 본 것이다. 세계적인 정유회사인 로열더치쉘을 예로 들어보자. 로열더치쉘의 송유관 등에 부착한 각종 센서에서 나오는 데이터를 분석해 언제 송유관을 교체할지 등을 미리 파악하고 조치할 수 있게 해주면 교체 시기를 놓치는 바람에 송유관이 터져 큰 손실이 발생하는 것을 미리 예방할 수 있게 된다.

토마스 시에벨은 이 아이디어를 실행에 옮기기 위해 2016년 사명을 'C3 에너지'에서 'C3 IoT'로 변경한다. 그리고 클라우드 컴퓨팅, 데이터 분석 소프트웨어, AI, 머신 러닝 기법을 활용해 일반 제조업에서부터 항공 우주 분야까지, 기업체에서부터 정부 기관까지 다양한 산업 분야와 다양한 고객에 맞춤형 데이터 분석 솔루션을 제공하기 시작했다. 예를 들어, 미 공군과도 계약을 맺었다. 전투기들의 엔진 관련 데이터 6~7년 치를 수집해서 머신 러닝 기법을 활용해 분석하면 전투기의 엔진을 언제 수리해야 하는지, 어디서 문제가 발생했는지 등을 미리 파악할 수 있다.

이후 사업 영역을 금융회사의 사기 거래 모니터링, 자동차 같은 전통 제조업체의 재고 관리 최적화 등으로 넓히면서 상승세를 타기 시작했고 2017년에 C3 IoT는 기업 가치가 10억 달러, 즉 1조 원 넘게 평가되면서 유니콘 기업으로 등극했다. 토마스 시에벨은 점차 인공지능 및 머신 러닝 기법을 통한 데이터 분석 역량이 사업의 핵심 가치가 되어가자 사명을 'C3 IoT'에서 'C3.ai'로 또 바꾼다.

C3.ai에서 말하는 AI는 일반적으로 떠오르는, 인공지능을 가진 로봇이 스스로 생각하고 움직이는 AI가 아니다. 여기에서의 AI는 기업으로부터 엄청나게 많은 데이터를 수집해서 빠르게 분석하고 머신 러닝 기법을 활용해 사람이 찾아낼 수 없는 '특정한 패턴'을 찾아낸 다음, 이후 비슷한 패

턴이 또 나오면 앞으로 이러한 문제가 발생할 가능성이 있으니 신속하게 이러한 조치를 하라는 식의 시그널을 주는 시스템이다. 팔란티어 테크놀로지, 스플렁크가 일반 기업들을 대상으로 추진하고 있는 데이터 분석 및 대응 솔루션과 비슷한 콘셉트이기도 하다. 즉, C3.ai는 한마디로 한 기업의 데이터 분석을 통해 앞으로 닥칠 수 있는 장비 고장이나 시설 고장 등의 문제에 대해 해당 기업이 선제적으로 대응할 수 있게 해줌으로써 비용 절감 및 운영 효율화를 꾀할 수 있게 해주는 기업용 인공지능 솔루션 소프트웨어를 제공하는 것이다.

#C3.ai의 사업 구조 및 실적

C3.ai의 매출은 두 부문으로 나눌 수 있다. 매달 돈을 받는 서브스크립션, 즉 정기 구독형 사업 부문과 일회성 매출인 프로페셔널 서비스 부문이다.

일회성 매출인 프로페셔널 서비스는 기업 고객이 C3.ai의 컨설팅을 받고 자사에 맞게 세팅될 때 주는 비용이다. 이후 기업 고객은 보통 3년짜리 서브스크립션 계약을 체결하고 C3.ai의 서비스를 사용하면서 매달 돈을 낸다. 3년 후에는 계약을 연장할 수도 있고 끝낼 수도 있다.

기업이나 정부 기관이 C3.ai에 서비스를 받겠다고 요청하면 해당 기업 등에 적합한 맞춤형 프로젝트가 진행된다. 기업 고객의 경우 우선 2시간 정도 C3.ai의 브리핑을 받고 해당 기업의 데이터가 어느 수준으로 수집되는지 등에 대한 기술적인 평가를 받는다. 그리고 8~12주 정도 테스트가 진행된다. 이후 3~6개월 정도 실제 인공지능 소프트웨어를 해당 기업의 니즈에 맞춰 수정 및 보완한 후 설치한다.

그렇다면 C3.ai의 매출은 어떻게 될까? 잘 성장하고 있을까? 2021년 회계 연도 기준으로 보면 매출액은 전년 대비 17% 정도 성장했다. 그 전년도에 매출액이 70% 정도 성장했던 것에 비하면 성장세가 코로나로 인해 크게 둔화한 것으로 보인다. 또한, 아직 매출이 약 1억 8,321만 달러(약 2,015억 원)로 다른 성장주 기업들보다 작은 편이다. 일반적으로 성장주 기업들은 매출이 작을 때에는 100%에서 200%까지 크게 성장하는 경우가 많다. C3.ai의 경우 매출이 상대적으로 작으므로 앞으로 더 빠른 속도로 성장하는 모습을 보여줘야만 한다. 순이익은 아직 적자인데 2021년 회계 연도 기준으로 약 5,569만 달러(약 613억 원)의 적자가 발생했다. 현재 다

[C3.ai의 매출]

	Year Ended April 30,		
	2021		**2020**
Revenue			
Subscription[1]	$ 157,366	$	135,394
Professional services[2]	25,851		21,272
Total revenue	183,217		156,666
Cost of revenue			
Subscription[3]	31,315		31,479
Professional services	13,204		7,308
Total cost of revenue	44,519		38,787
Gross profit	138,698		117,879
Operating expenses			
Sales and marketing[4]	96,991		94,974
Research and development	68,856		64,548
General and administrative	33,109		29,854
Total operating expenses	198,956		189,376
Loss from operations	(60,258)		(71,497)
Interest income	1,255		4,251
Other (expense) income, net	4,011		(1,752)
Net loss before provision for income taxes	(54,992)		(68,998)
Provision for income taxes	704		380
Net loss	$ (55,696)	$	(69,378)

- Revenue: 총매출액 / Cost of revenue: 매출 원가 / Operating expenses: 운영비 / Loss from operations: 운영 손실 / Interest income: 이자 소득 / Other (expense) income, net: 기타 (경비) 소득 / Provision for income taxes: 법인세 / Net loss: 순손실
- 단위: 천 달러 | 출처: C3.ai 사업보고서

른 테크 성장 기업들처럼 사업을 확장하는 데 총력을 기울이고 있어 영업과 마케팅에 전체 매출의 절반 정도를, 연구개발비에 매출의 3분의 1 정도를 쓰고 있다.

#C3.ai의 성장이 기대되는 이유

C3.ai는 자사의 성장이 기대되는 이유를 다음과 같이 발표했다.

첫 번째, 시장성이 매우 좋다. C3.ai는 기업용 인공지능 데이터 분석 관련 시장 규모가 2024년까지 무려 2,170억 달러(약 238조 원) 규모로 크게 성장한다고 예상했다. 현재 C3.ai의 매출액이 1,723억 원 수준임을 감안해보면 아직 시장에서의 성장 여력은 크다고 볼 수 있다.

두 번째, 그동안 축적해온 C3.ai만의 인공지능 및 머신 러닝을 활용한 데이터 분석 기술이 있다. C3.ai는 아마존(클라우드 서비스인 AWS), 마이크로소프트(애저), 구글(구글 클라우드) 외에도 IBM, 엔비디아 등 테크 선두 기업들과 이미 파트너십을 맺고 있으며 특허를 낸 인공지능 분석 툴을 갖고 있다.

세 번째, 폭넓은 사업 파트너와의 에코 시스템(생태계)을 갖추고 있다. C3.ai는 기업 고객에 인공지능 데이터 분석 툴을 제공할 때 수많은 시장 내 파트너 기업과 협업해 가장 적절한 솔루션들을 골라 조합해 만든다. 이러한 폭넓은 파트너십 네트워크를 통해 기업 고객에 딱 맞는 맞춤형 AI 플랫폼을 제공할 수 있게 된다.

네 번째, C3.ai는 아직 규모가 작지만 실력만으로 보면 시장에서 선두주자 중 하나로 인정받고 있다. 기술력을 인정받아 블룸버그 등 유명한 미디어 업체들로부터 AI 분야 선두 기업으로 선정됐다.

다섯 번째, 다른 기업 고객들과 일하면서 성공적인 사례를 많이 만들어

놓았다. 앞에서 이야기한 글로벌 정유회사 로열더치쉘, 글로벌 제약사 아스트라제네카, 미국 공군 등에 이미 C3.ai의 솔루션이 성공적으로 활용되고 있다.

#C3.ai의 매출 전망

C3.ai의 향후 매출 전망은 어떠할까? 2021년 6월 5일 기준으로, 시킹알파에서 미국 애널리스트들이 전망하고 있는 수치를 살펴보면, 2030년의 예상 매출액은 32억 5,000만 달러(약 3조 5,750억 원)다.

앞으로 매년 두 자릿수 성장을 할 것으로 전망하고 있다. 물론 이 수치는 애널리스트들이 각자의 가정을 갖고 예상한 수치이므로 참고만 한다.

[C3.ai의 미래 예상 매출]

Fiscal Period Ending	Revenue Estimate	YoY Growth	FWD Price/Sales	Low	High	# of Analysts
Apr 2022	245.36M	33.92%	26.78	243.95M	247.18M	10
Apr 2023	329.11M	34.13%	19.97	315.74M	345.85M	10
Apr 2024	475.86M	44.59%	13.81	401.76M	579.00M	4
Apr 2025	901.00M	89.34%	7.29	901.00M	901.00M	1
Apr 2026	1.29B	43.73%	5.07	1.29B	1.29B	1
Apr 2027	1.67B	28.96%	3.94	1.67B	1.67B	1
Apr 2028	2.12B	26.65%	3.11	2.12B	2.12B	1
Apr 2029	2.64B	24.78%	2.49	2.64B	2.64B	1
Apr 2030	3.25B	23.34%	2.02	3.25B	3.25B	1
Apr 2031	3.97B	22.00%	1.65	3.97B	3.97B	1

• Fiscal Period Ending: 회계 연도 / Revenue Estimate: 예상 매출 / YoY Growth: 전년 대비 매출 성장률 / FWD Price/Sales: 예상 주가 매출 비율 / Low: 예상 매출 최저치 / High: 예상 매출 최고치 / # of Analysts: 매출 예상치 산정에 참여한 애널리스트 수
• 주: M은 밀리언 달러(100만 달러), B는 빌리언 달러(10억 달러) | 출처: seekingalpha.com

#C3.ai의 리스크

C3.ai는 매출 2조 원이 넘는 스플렁크 같은 기업에 비하면 매우 작다고 할 수 있다. 그리고 현재 막 열리고 있는 빅데이터 분석 시장에 다른 기업이 많이 진입하는 상황이라서 앞으로 경쟁이 치열해진다는 분석 때문에 부정적인 영향을 받기도 한다.

아직 작은 기업이다 보니 경기의 변화 등에 크게 타격을 받을 수 있다. 또한, 주요 기업 고객이 계약 연장을 하지 않거나 핵심 임원의 사임 등 내외부의 부정적인 이벤트가 생기면 다른 초우량 테크 기업들보다 실적과 주가에 더 큰 영향을 받을 수 있다. 즉, C3.ai는 큰 폭의 성장이 기대되지만 한편으로는 리스크도 다른 초우량 테크 기업들보다 더 크게 발생할 여지가 있는 것이다.

향후 인공지능을 활용해 기업의 다양한 문제를 선제적으로 파악하고 해결하는 데 도움을 주는 사업 분야는 크게 성장할 것이 분명하다. 특히 빅데이터 수집 및 분석과 관련해서는 스플렁크와 C3.ai가 선두주자인데 현재는 각각 플레이하는 분야가 약간 다르지만 미래에는 서로 경쟁하는 상황이 될 것이라는 예측도 있다. 하지만 이 분야의 시장이 워낙 크기 때문에 한 기업이 독식하기보다는 여러 기업이 서로 시장을 나눠 가지면서 성장할 것으로 전망된다.

CEO인 토마스 시에벨은 이미 미국의 IT 업계에서는 유명한 인물이다. 그래서 기존에 큰 성공을 거둔 토마스 시에벨의 역량을 보고 아직 성장 초기 단계인 C3.ai에 투자한다는 말도 있다. 이후 C3.ai에 투자할 계획이라면 장기적인 호흡을 갖고 분기마다 실적이 어떻게 변화하는지 확인하면서 결정할 필요가 있다.

[C3.ai 투자 포인트]

- C3.ai는 미국 IT 업계에서 유명한 토마스 시에벨이 설립했다. 인공지능을 활용해 기업 고객의 다양한 문제를 해결하는 솔루션을 제공한다.

- 다양한 기업 고객의 정보를 인공지능과 머신 러닝 기법을 활용해 수집하고 분석하여 기업 고객의 비용을 절감해주고 업무 효율을 높여주는 데이터 분석 사업으로 확장하고 있다.

- 향후 기업용 인공지능 데이터 분석 서비스 시장은 238조 원 규모로 크게 성장한다고 예상하는데 이에 따라 C3.ai도 큰 폭의 매출 성장을 기대하고 있다.

- 그동안 구축해 놓은 폭넓은 사업 파트너와의 에코 시스템을 활용해 기업 고객에 가장 적절한 솔루션을 골라서 조합하는 맞춤형 AI 플랫폼을 제공할 수 있다는 강점을 두고 있다.

- 그러나 아직 성장 초기 기업으로 규모가 작고 시장 내 경쟁도 치열해 앞으로 큰 폭의 성장 가능성과 어려움을 겪을 때 버틸 체력이 상대적으로 약하다는 리스크가 공존하는 기업이다.

세일즈포스닷컴
영업 관리 솔루션 분야의 세계 최고 기업

2020년 8월 24일, 미국 주식 시장에 큰 뉴스가 나왔다. 미국을 대표하는 30개 기업으로 구성되는 다우지수에 90여 년간 들어가 있던 미국 최대 석유회사 엑슨모빌이 빠진 것이다. 그 대신, 영업 및 고객 관리 솔루션, 즉 CRM(Customer Relationship Management, 고객 관리) 솔루션 분야에서 세계 1위 기업인 세일즈포스닷컴(Salesforce.com, 티커: CRM)이 들어갔다.

세일즈포스닷컴의 다우지수 편입은 거의 100년 동안을 군림해온 전통 산업들이 쇠퇴하고 이제 테크 기업이 미국을 대표하는 기업으로 등극한다는 측면에서 큰 의미가 있다. 과거에는 GE와 같은 제조업이나 석유회사, 금융회사들이 미국을 대표했으며 전 세계에서도 기업 가치가 가장 컸다. 그러나 이제 세상이 바뀐 것이다. 향후 성장성이 더 크게 예상되는 기업들로는 이제 테크 기업들이 자리매김하고 있다.

이런 와중에 세일즈포스닷컴은 지난 2020년 실적을 발표했다. 코로나로 기업들이 비용을 줄이거나 사업을 연기하면서 최근 몇 년간 세일즈포스닷컴이 야심 차게 추진해온 디지털 트랜스포메이션 프로젝트들도 타격을 입었을 것이라고 시장은 우려했다. 그러나 막상 뚜껑을 열어보니 매출은 약 210억 달러(약 23조 원)로 전년도 약 170억 달러(약 19조 원)보다 무려 23% 이상 증가했다.

#사스 개념을 처음 만든 IT 업계의 선구자

세일즈포스닷컴은 1999년 오라클 임원을 지냈던 마크 베니오프가 창업했다. 클라우드를 기반으로 해서 영업 및 고객 관리 솔루션을 제공한다.

1964년 실리콘밸리에서 가까운 샌프란시스코의 유대인 집안에서 태어난 마크 베이오프는 서던캘리포니아대학교(한국에서는 남가주대학교라고도 부름)에서 경영학을 전공했다.

마크 베니오프는 15살 때 리버티소프트웨어를 창업하고 아타리 8비트 컴퓨터를 위한 게임을 만들어 판매했다. 16살 때에는 게임에 대한 로열티로 매달 1,500달러(165만 원)를 벌었다고 한다. 서던캘리포니아대학교를 다닐 때는 애플에서 개발자로 인턴을 했고 졸업 후에는 당시 실리콘밸리에서 가장 잘 나가던 기업 중 하나인 오라클에 입사한다.

오라클에서도 마크 베니오프는 두각을 나타내어 23살 때 올해의 신입상을 수상하고 3년 후에는 최연소 부사장으로 승진한다. 이후 오라클에서 13년간 근무하면서 세일즈, 마케팅, 상품 개발 부문의 다양한 임원 자리를 골고루 경험한다. 그러던 1999년 인터넷 붐이 한창 불자 마크 베니오프는 자신의 회사를 창업하기 위해 임원직을 내려놓고 샌프란시스코의 한 아파트를 빌려 세일즈포스닷컴을 창업한다.

세일즈포스닷컴이 내놓은 슬로건은 '소프트웨어의 종말(The End of Software)'이다. 무슨 뜻일까?

마크 베니오프는 인터넷이 앞으로 소프트웨어를 구매하는 형태까지 바꿔 놓을 것이라고 확신했다. 기존에는 소프트웨어를 구매하려면 소프트웨어 프로그램이 담긴 CD를 구입해야 했는데 미래에는 CD를 구매할 필요 없이 매달 돈을 내고 온라인에 접속해 필요한 기업용 소프트웨어를 사용하는 시대가 올 것이라고 믿은 것이다. 지금이야 당연한 이야기라고 할 수 있겠지만 그 당시에는 말도 안 되는 이야기였다. 한마디로 마크 베니오프는 선구자적인 혜안을 갖고 있었던 것이다.

회사에서 세일즈포스닷컴의 CRM 솔루션을 사용한 적이 있다면 이해하겠지만 접해 보지 않았다면 금방 와닿지 않을 수 있다.

예를 들어보겠다. 대기업 대부분은 자사의 물품을 판매하기 위해 영업사원들을 거느리고 있다. 이 영업사원은 거래처 관리 등의 영업 외에도 소비자를 바로 만나는 방문 판매를 할 때도 있다. 그리고 영업사원의 숫자도 한두 명이 아닐 것이다. 수백 명에서 수천 명, 수만 명일 수 있다. 해당 기업은 이렇게 많은 영업사원을 통해 영업사원별로 고객을 관리해야 한다.

과거에는 어떻게 고객을 관리했을까? 아주 오래전으로 거슬러 올라가 보면 영업사원들은 고객의 명함을 받아 수첩에 명함 내용 등을 일일이 적으면서 관리에 들어갔을 것이다. 그러다가 1990년대 들어서면서 컴퓨터가 보급되자 영업사원들은 고객의 정보를 수첩이 아니라 컴퓨터에 저장해서 관리하기 시작했다. 그러자 IT 기업들은 앞다퉈 고객 관리 소프트웨어를 개발해 기업에 비싸게 판매했는데 이것이 CRM이라고 불리는 고객 관리 소프트웨어의 시초다. 이러한 소프트웨어 덕분에 영업사원이 그만두더라도 후임자가 손쉽게 컴퓨터로 고객 정보를 인수받을 수 있었다. 또한, 고객 분석을 통해 다른 영업도 할 수 있게 됐다. 다양한 판촉과 마케팅이 가능해진 것이다.

그런데 이러한 고객 관리 소프트웨어에는 문제가 있었다. 바로 비용과 시간이었다. 영업 및 고객 관리 시스템을 구축할 때 비용이 너무 많이 들어갔다. 또한, 시스템을 구축하는 데 1년 이상 걸리는 경우가 허다했고 설령 구축을 다 해도 이후 사용하면서 유지 및 보수하는 데에도 지속적으로 비용이 많이 들었다. 그래서 과거에는 미국의 중소기업이 자체적인 영업 및 고객 관리 시스템을 구축한다는 것은 결코 쉬운 일이 아니었다.

오라클에서 다양한 기업 고객을 대상으로 경력을 쌓은 마크 베니오프는 이 점을 간파했다. 기업 고객들에 좀 더 저렴하고 신속하게 고가의 기업용 고객 관리 솔루션을 '빌려준다'라는, 그 당시 소프트웨어 업계에 존재하지 않았던 획기적인 개념을 도입해 기업 고객들의 마음을 사로잡았다. 한 번에 비싼 돈을 내지 않고도 사용자 1명당 매달 50달러(5만 5,000원)만 내면 마음껏 세일즈포스닷컴의 CRM 소프트웨어를 이용할 수 있는 방식의 저렴한 정기 구독형 서비스를 내놓아 기존의 값비싼 CRM 소프트웨어를 중소기업도 손쉽게 사용할 수 있게 했다. 이것을 전문 용어로는 사스(SaaS)라고 한다. '서비스로서의 소프트웨어(Software as a Service)'라는 의미다.

현재는 이러한 사스 방식이 아주 흔해졌다. 마이크로소프트는 오피스 365에, 포토샵 등으로 유명한 어도비는 디자인 관련 프로그램에 매달 비용을 정기적으로 내는 방식을 도입했다.

#사스 모델을 통한 급속한 성장

세일즈포스닷컴은 고객 관리(CRM) 부문에서 사스라는 획기적인 방법을 도입해 미국의 수많은 기업을 고객으로 끌어들이면서 엄청나게 빠른 속도로 성장했고 큰돈을 벌게 된다. 현재 세일즈포스닷컴의 CRM 솔루션은 전세계 15만 개 이상의 기업이 사용하고 있다. 특히 〈포춘〉이 선정한 '미국 상위 100대 기업' 중 99개 기업이, '글로벌 500대 기업' 중 431개 기업이 사용하고 있다(2020년 기준). 필자가 세일즈포스닷컴에 관심을 둔 계기도 회사에서 세일즈포스닷컴의 소프트웨어를 영업 및 고객 관리에 사용하고 있기 때문이다.

최근 들어, 세일즈포스닷컴은 클라우드와 AI 기술을 접목해 정기적으로 자동 업데이트가 되게 하는 서비스, 좀 더 정확하고 신속하게 고객과 관련한 데이터 예측이 가능해지게 하는 서비스 등을 선보이고 있다. 참고로, 샌프란시스코에 방문했는데 가장 먼저 눈에 띄는 크고 높은 빌딩을 봤다면 2018년에 완공된 세일즈포스타워일 가능성이 높다. 밤이 되면 건물 꼭대기에서 다양하게 멋진 광경이 연출되는 것을 볼 수 있다.

#세일즈포스닷컴이 펼치고 있는 사업

세일즈포스닷컴이 하는 사업은 크게 4가지로 나눠진다.

첫 번째는 '세일즈 클라우드'다. 기업의 영업사원들이 고객을 잘 관리하고 영업 목표를 달성할 수 있도록 지원해주는 솔루션이다. 고객 관리, 판매 분석 및 예측, 계약 및 청구서 관리 등 영업사원에게 필요한 서비스를 제공한다. 이 분야에서 세일즈포스닷컴은 세계 시장 점유율 1위다.

두 번째는 '서비스 클라우드'다. 콜센터처럼 기업들의 고객 서비스 관리 부서를 지원하는 솔루션이다. 기업이 콜센터 관련 시스템을 직접 개발하려면 돈과 시간이 많이 소요된다. 세일즈포스닷컴은 기업이 효율적으로 고객과의 통화 및 상담 처리를 할 수 있게 해주는 서비스를 제공하고 있다. 최근에는 인공지능 분석 도구인 아인슈타인을 통해 좀 더 손쉽게 고객 불편사항을 처리할 수 있도록 도와주고 있다.

세 번째는 '플랫폼 클라우드'다. 세일즈포스닷컴의 프로그램을 현재 사용하고 있는 타 기업의 솔루션과 통합해주거나 내부에 흩어져 있는 다양한 데이터를 통합해주는 솔루션이다. 어떤 기업은 세일즈포스닷컴의 프로그램과 타 기업의 프로그램을 같이 사용하고 싶어 할 수 있다. 이때 타 기업의 프로그램에 저장된 고객 자료를 세일즈포스닷컴의 프로그램에 있는 고객 자료와 통합할 수 있게 도와주는 서비스다. 쉽게 말해, 기업 고객이 원하는 다양한 니즈를 만족시켜주기 위해 세일즈포스닷컴의 솔루션을 기반으로 유연하게 타 기업의 프로그램들을 사용할 수 있게 해주는 솔루션인 것이다.

네 번째는 '마케팅과 커머스 클라우드'다. 마케팅 클라우드는 이메일 마케팅, 모바일 마케팅, SNS 마케팅 등을 위한 마케팅 자동화 솔루션 및 분석 솔루션을 제공하는 사업이다. 커머스(전자 상거래) 클라우드는 온라인 쇼핑몰 등 온라인 고객을 분석해 좀 더 쉽게 온라인 마케팅을 수행할 수 있도록 지원하는 서비스를 의미한다.

한마디로 세일즈포스닷컴은 이름에서 이미 말하듯이 기업에 필요한 영업 및 고객 관리, 마케팅 관리 솔루션을 클라우드에서 원스톱으로 제공하는 이 분야 세계 최고의 기업이라고 할 수 있다.

#압도적인 시장 점유율

세일즈포스닷컴은 CRM 시장에서 SAP, 오라클, 마이크로소프트, 어도비 등과 경쟁하고 있지만 시장 점유율을 보면 압도적인 1위를 차지하고 있다. 특히 세일즈포스닷컴은 영업 및 고객 관리, 마케팅과 커머스 등을 모두 묶어 기업 고객에 원스톱 서비스로 '커스터머(Customer) 360'을 제공하고 있다. 최근 기업 고객들에 가장 핫이슈인 디지털 트랜스포메이션을 지원하는 대표적인 솔루션이다.

고객 데이터 관리 부문에서는 AI 서비스를 결합해 세상에서 가장 똑똑한 고객 관리 서비스를 제공하고 있다. 이름은 앞에서도 말했던 아인슈타인이다.

[CRM 부문의 시장 점유율]

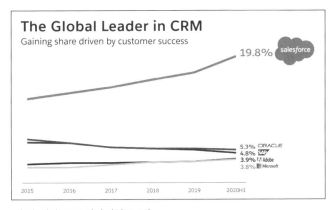

• 출처: 세일즈포스닷컴 사업보고서

세일즈포스닷컴은 혼자 모든 것을 개발하려고 하지 않는다. 파트너십을 맺은 기업이 더 잘하는 부분이 있으면 적극적으로 받아들여 기업 고객이 원하는 니즈에 최대한 맞춰주는 맞춤형 솔루션을 제공한다는 특징을 갖고 있다. 예를 들어, 세일즈포스닷컴의 강점인 영업 및 고객 관리 플랫폼에 아마존의 음성 인식 기술이나 마이크로소프트의 솔루션을 통합해 같이 제공하는 식의 오픈 API(Application Programming Interface) 방식을 취하고 있다.

세일즈포스닷컴은 글로벌 CRM 시장 규모가 2024년에 1,760억 달러(약 194조 원)에 다다를 것으로 전망하고 있다. 물론 세일즈포스닷컴은 이 시장에서 현재 선두의 위치를 공고히 하면서 지속적으로 성장할 것으로 예상된다. 또한, 일하기 좋은 회사, 혁신적인 회사 순위에서 늘 상위에 랭크되는 것으로도 유명하다.

#세일즈포스닷컴의 실적

세일즈포스닷컴은 지난 7년 동안 CRM 소프트웨어 기업에서 세계 1위를 차지해오고 있다. 또한, 사업도 지속적으로 성장하고 있다. 2017년 1월 말 기준 매출액은 약 84억 달러(약 9조 2,400억 원)였는데 2021년 1월 말에는 2배 이상 늘어난 약 212억 달러(약 23조 3,000억 원)를 기록했다.

세일즈포스닷컴은 4차 산업혁명에서 꼭 필요한 기업들의 디지털 트랜스포메이션과 관련한 CRM 부문에서 매우 독보적인 위치를 점하고 있다. 2000년대부터 세일즈포스닷컴의 매출 성장은 아마존과 비견될 정도로 경이로운 수준이다. 지난 20년간 매년 20% 이상 성장을 기록한 기업은 세일즈포스닷컴밖에 없다고 자랑하고 있다.

영업 이익률은 현재 2% 정도로 높은 수준은 아니다. 세일즈포스닷컴은 아마존과 비슷한 성장 전략을 쓰고 있는데 당장 수익을 많이 내려고 하기

[세일즈포스닷컴의 매출]

Annual Data | Millions of US $ except per share data		2021-01-31	2020-01-31	2019-01-31	2018-01-31	2017-01-31
Revenue	📊	$21,252	$17,098	$13,282	$10,540	$8,437
Cost Of Goods Sold	📊	$5,438	$4,235	$3,451	$2,773	$2,234
Gross Profit	📊	$15,814	$12,863	$9,831	$7,767	$6,203
Research And Development Expenses	📊	$3,598	$2,766	$1,886	$1,553	$1,208
SG&A Expenses	📊	$11,761	$9,634	$7,410	$5,760	$4,777
Other Operating Income Or Expenses	📊	-	$-166	-	-	-
Operating Expenses	📊	$20,797	$16,801	$12,747	$10,086	$8,219
Operating Income	📊	$455	$297	$535	$454	$218
Total Non-Operating Income/Expense	📊	$2,106	$409	$448	$-34	$-39
Pre-Tax Income	📊	$2,561	$706	$983	$420	$179
Income Taxes	📊	$-1,511	$580	$-127	$60	$-144
Income After Taxes	📊	$4,072	$126	$1,110	$360	$323
Other Income		-	-	-	-	-
Income From Continuous Operations	📊	$4,072	$126	$1,110	$360	$323
Income From Discontinued Operations		-	-	-	-	-
Net Income	📊	$4,072	$126	$1,110	$360	$323

• Revenue: 총매출액 / Cost of Goods Sold: 매출 원가 / Gross Profit: 매출 총이익 / Research And Development Expenses: 연구개발비 / SG&A Expenses: 판매관리비 / Operating Income: 영업 이익 / Net Income: 순이익
• 단위: 백만 달러 | 출처: macrotrends.net

보다는 공격적인 마케팅과 M&A에 엄청난 자금을 쏟아부어 시장에서 독보적인 위치를 계속 점하는 기업으로 성장하려고 하고 있다.

현금 보유량도 약 119억 달러(약 13조 원)로 넉넉하다. 지금까지 이어지고 있는 코로나에도 큰 어려움 없이 사업을 지속할 수 있는 역량을 보유하고 있다고 할 수 있다. 사업을 확장하기 위해 연구·개발뿐만 아니라 공격적인 M&A도 꾸준하게 하고 있다.

[세일즈포스닷컴의 자산 현황]

Annual Data | Millions of US $ except per share data		2021-01-31	2020-01-31	2019-01-31	2018-01-31	2017-01-31
Cash On Hand	📊	$11,966	$7,947	$4,342	$4,521	$2,208.887
Receivables	📊	$7,786	$6,174	$4,924	$3,921	$3,196.643
Inventory		-	-	-	-	-
Pre-Paid Expenses	📊	$991	$916	$629	$471	$279.527
Other Current Assets	📊	$1,146	$926	$788	$671	-
Total Current Assets	📊	$21,889	$15,963	$10,683	$9,584	$5,996.827
Property, Plant, And Equipment	📊	$2,459	$2,375	$2,051	$1,947	$1,787.534
Long-Term Investments	📊	$3,909	$1,963	$1,302	$677	$566.953
Goodwill And Intangible Assets	📊	$30,432	$29,858	$14,774	$8,141	$8,377.221
Other Long-Term Assets	📊	$1,715	$1,348	$1,232	$1,489	$486.869
Total Long-Term Assets	📊	$44,412	$39,163	$20,054	$12,400	$11,588.1
Total Assets	📊	**$66,301**	**$55,126**	**$30,737**	**$21,984**	**$17,584.92**
Total Current Liabilities	📊	$17,728	$14,845	$11,255	$10,067	$7,295.466
Long Term Debt	📊	$2,673	$2,673	$3,173	$695	$2,008.391
Other Non-Current Liabilities	📊	$1,565	$1,278	$704	$846	$780.939
Total Long Term Liabilities	📊	$7,080	$6,396	$3,877	$1,541	$2,789.33
Total Liabilities	📊	**$24,808**	**$21,241**	**$15,132**	**$11,608**	**$10,084.8**
Common Stock Net	📊	$1	$1	$1	$1	$0.708
Retained Earnings (Accumulated Deficit)	📊	$5,933	$1,861	$1,735	$635	$-464.91
Comprehensive Income	📊	$-42	$-93	$-58	$-12	$-75.841
Other Share Holders Equity	📊	-	-	-	-	-
Share Holder Equity	📊	**$41,493**	**$33,885**	**$15,605**	**$10,376**	**$7,500.127**

- Cash On Hand: 보유 현금 / Receivables: 매출 채권 / Inventory: 재고 / Pre-Paid Expenses: 선급 비용 / Total Current Assets: 총 유동자산(1년 안에 현금화할 수 있는 자산) / Total Assets: 총자산 / Total Current Liabilities: 단기 부채(1년 안에 만기가 돌아오는 부채) / Total Liabilities: 총부채 / Share Holder Equity: 자기 자본
- 단위: 백만 달러 | 출처: macrotrends.net

#세일즈포스닷컴의 리스크

이런 세일즈포스닷컴에 리스크는 없을까? 세일즈포스닷컴의 주식에 투자한다는 시점에서 보면, 현 주가가 순이익 대비 너무 높다고 할 수 있다. 월가의 애널리스트들이 가장 염려하는 부분이기도 하다.

세일즈포스닷컴이 글로벌 넘버 원의 CRM 솔루션 기업인 것은 맞지만 주가 수익 비율, 즉 PER은 약 50배로 높은 것을 확인할 수 있다(2021년 6월 초 기준). 주가가 높다는 것은 투자자들의 기대가 크다는 이야기인데 이러한 투자자들의 기대에 부응해 앞으로도 세일즈포스닷컴이 좋은 실적을 만들지는 꾸준하게 확인해야 한다.

세일즈포스닷컴은 CRM 시장에서 1등이지만 당분간은 이 자리를 지킬 것으로 보인다. 특히 이제 막 시작되는 4차 산업혁명의 물결을 본격적으로 타면 더 크게 성장할 것이다. 인공지능과 클라우드 기술, 다양한 테크 기업들과의 파트너십을 활용해 타 경쟁사가 제공하기 힘든 고객 맞춤형 CRM 솔루션을 제공하면서 전 세계 다양한 기업의 디지털 트랜스포메이션을 지원하는 중요한 기업으로 자리매김할 것이기 때문이다.

[세일즈포스닷컴 투자 포인트]

- 세일즈포스닷컴은 기업의 영업 및 고객 관리, 마케팅 관리를 온라인상에서 손쉽게 할 수 있는 솔루션을 지원해주는 기업이다.
- 관련 분야에서 전 세계 시장 점유율 1위를 달리고 있으며 그동안 타의 추종을 불허하며 수많은 기업 고객을 확보하고 빠른 속도로 성장해왔다.
- 다우지수에 편입되면서 시장으로부터 더 큰 스포트라이트를 받고 있다.
- 2020년 매출액은 한화로 23조 원 규모이며 순이익은 약 4조 4,000억 원을 기록했다.
- 4차 산업혁명에서 중요한 디지털 트랜스포메이션 사업에도 인공지능과 클라우드를 활용해 앞장서고 있어 지속적인 성장이 기대된다.

12

줌
코로나의 최대 수혜 기업

　최근 들어, 줌(Zoom, 티커: ZM)을 모르는 사람은 별로 없을 것이다. 줌은 2020년 코로나 이후 수혜를 많이 입은 기업 중 하나다. 불과 1년도 안 되어 초등학생부터 대기업 회장까지 모두가 사용하는 전 세계적인 국민 화상회의 소프트웨어가 됐기 때문이다. 코로나가 발생하기 전인 2019년만 해도 줌이 무엇인지 모르는 사람이 대부분이었는데 말이다.

　필자는 줌을 몇 년 전에 처음 접했다. 필자가 다니는 회사에는 대형 모니터와 마이크, 오디오 시설이 구비되어 있는 화상회의실이 여러 개 있다. 다른 나라에 있는 사업부들과 화상으로 회의하는 일이 많아서다.

　그 당시만 해도 오랜 기간 사용했던 화상회의 소프트웨어는 줌이 아니라 시스코의 웹엑스였다. 그런데 어느 날, 갑자기 기존까지 잘 사용하고 있던 웹엑스 대신에 듣도 보도 못했던 줌이라는 스타트업의 서비스로 회사 전체의 화상회의 시스템을 바꾼다는 통지를 듣고 깜짝 놀랐다. 대기업이 시스코와 같이 안정된 기업의 검증된 화상회의 소프트웨어를 갑자기 스타트업의 제품으로 바꾼다는 것은 결코 쉬운 결정이 아니기 때문이다. 특히 대기업의 경우 적게는 몇십 명에서 많게는 몇백, 몇천 명이 들어오는 화상회의도 하기 때문에 중요한 발표나 회의에서 화상회의가 중간에 끊기거나 문제가 생기면 큰일이 난다.

기존에 이용하던 시스템을 갑자기 바꾸면 새로운 시스템 사용법을 다시 숙지하고 이에 적응하는 것이 매우 귀찮고 번거로운 일이다. 당시 필자도 마음 한편에는 '왜 잘 쓰고 있는 웹엑스 대신 줌을 쓴다고 하지', '프로그램 다시 깔고 또 복잡한 절차를 거쳐야 하는 거 아니야'라는 약간의 귀차니즘(만사를 귀찮게 여기는 것)적인 생각도 있었다.

그런데 줌을 사용하자마자 내 생각이 틀렸음을 알게 됐다. 웹엑스에서 이름과 디자인만 조금 바꾼 것 같았고 인터페이스는 거의 같았다. 사실상 웹엑스를 그대로 베껴 놓은 것 같았다.

줌이란 기업에 대해 알아보니 줌의 기본 베이스가 웹엑스에서 나온 것을 알게 됐다. 줌이 2013년 웹엑스보다 더 나은 제품을 출시하자 그제야 위기감을 느낀 웹엑스가 줌의 인터페이스 및 기능을 벤치마킹하며 따라 하기 시작했다는 사실도 알게 됐다. 이미 그 당시부터 많은 대기업이 하나둘씩 줌의 화상회의 소프트웨어를 채택하고 있었던 것이다. 특히 줌은 사용 가격을 웹엑스보다 훨씬 더 저렴하게 책정해 웹엑스의 고객들을 빼앗아 오고 있었다.

그러나 경쟁사인 웹엑스를 비롯한 스카이프(마이크로소프트), 행아웃(구글)은 화상회의 사업이 큰 수익이 안 된다고 생각했던 것인지 자사의 서비스를 개선할 노력을 하지 않았다. 그러는 사이 줌은 서비스를 향상하면서 앞서 나가기 시작했다. 그런 줌에 말 그대로 천운이 터진다. 바로 2020년에 코로나가 발생한 것이다.

#하루아침에 글로벌 스타가 되다

미국을 비롯한 많은 국가가 록다운을 선포하자 기업들은 재택근무를 시작하게 됐다. 억지로라도 화상회의 소프트웨어를 사용해야만 하는 처지에 놓인 것이다. 그렇다면 당연히 화상회의 품질이 좋고 사용하기가 너무나 간편하면서 상대적으로 저렴한, 그리고 무료 플랜도 있는 줌이 첫 번째 선택지가 될 수밖에 없었다.

학교의 재택수업은 줌의 인지도를 더 폭발적으로 늘려줬다. 학교가 재택수업을 어쩔 수 없이 시행하자 줌은 발 빠르게 유치원부터 고등학교까지 무료로 화상 수업을 하게 해줬다. 이는 정말 탁월한 결정이었다. 어린아이부터 10대 학생들에까지 줌이라는 브랜드 이름이 폭발적으로 퍼졌기 때문이다. 이제 미국에서 줌을 모르는 사람은 거의 없을 정도다. 거기에 40분까지 무료 그룹 미팅을 지원하자 사람들은 줌을 통해 파티나 미니 콘서트를 열고 강사들은 강의하기에 부담이 적었다. 이내 줌은 하나의 서비스를 넘어 코로나로 인한 언택트 시대를 나타내는 하나의 사회현상이자 문화의 아이콘으로까지 자리 잡게 됐다. 대학생들 사이에서는 "줌대학을 다닌다" 라는 말이 유행했고 〈뉴욕타임스〉는 '우리는 지금 줌에 살고 있다'라는 기사를 내기도 했다.

2021년 6월 초 주가는 2020년 코로나 때의 60달러 대비 5배 정도 올랐고 시가총액은 한화로 무려 120조 원 정도가 된다. 애플의 시가총액이 2,000조 원을 넘었다, 아마존은 1,800조 원이 넘었다 등의 기사가 많아서 어떻게 보면 작아 보일지도 모르겠다. 그렇다면 시가총액 1등 국내 기업인 삼성전자와 비교해보자. 삼성전자 시가총액이 480조 원 정도다(삼성전자 우 제외). 온라인 화상회의 서비스를 주력으로 제공하는, 설립된 지 10년도 안 된 기업의 시가총액이 삼성전자 기업가치의 4분의 1 정도나 되는 것이다. 참고로, 국내 시가총액 2위인 SK하이닉스의 시가총액이 약 93조 원이니 화상회의 솔루션 사업 하나를 갖고 있는 줌보다 시가총액이 작다고 할 수 있다.

이쯤에서 여러 가지 의문이 든다. 아니 화상회의 서비스가 줌만 있는 것도 아닌데 투자자들은 왜 줌에 이렇게 열광하는 것일까? 줌의 서비스가 단기간에 경쟁사가 따라잡기 힘들 정도로 힘든 강력한 경쟁우위를 가진 제품인가? 코로나가 사라지면 줌은 현재의 성장세를 지속할 수 있을까? 미래 성장을 위해서 줌은 무엇을 준비하고 있을까?

줌의 미래를 살펴보기 위해 먼저 줌은 어떻게 설립됐고 시장에서 열광적인 평가를 받게 된 이유는 무엇인지 알아보자.

#포기를 모르는 산둥성 청년

줌의 설립자는 중국계 이민자인 에릭 유안이다. 에릭 유안은 줌의 창업을 통해 또 하나의 실리콘밸리 이민자의 신화가 됐다. 에릭 유안은 1970년에 중국 산둥성에서 태어났고 산둥과학기술대학교에서 컴퓨터공학과 응용수학을 전공했다.

현재 부인인 여자친구를 만나기 위해 10시간이 넘도록 기차를 타고 다니면서 비디오 콘퍼런스 사업에 관심을 갖게 됐다고 밝혔다. 에릭 유안은 대학교를 졸업하고 1990년대 중반에 창업을 위해 베이징에 왔다가 인터넷이라는 신문물을 접하게 된다. 당시 에릭 유안은 빌 게이츠의 인터넷에 대한 강연을 듣고 무작정 실리콘밸리로 가야겠다고 결심한다. 마침 당시는 미국에서 야후, 구글 등이 생긴 지 얼마 안 된 시기였고 닷컴 붐이 생기고 있을 때였다.

에릭 유안은 미국에 비자를 신청했는데 퇴짜를 맞는다. 그래도 포기하지 않고 계속 비자를 신청했지만 2년 동안 무려 8번의 거절을 당한다. 보통 그 정도면 '더 이상은 안 될 거야'라고 포기할 텐데 에릭 유안은 9번째 신청을 한다. 그렇게 해서 마침내 비자를 획득해 미국으로 건너간다. 에릭 유안은 비자 심사담당관 앞에서 매번 퇴짜를 맞을 때마다 자신에게 '괜찮아. 나는 내가 여기 안 와도 된다고 할 때까지 내가 할 수 있는 모든 것을 다 할 거야. 나는 결코 포기하지 않는다'라는 다짐을 했다고 한다.

1997년 실리콘밸리로 온 에릭 유안은 당시에 생긴 지 2년밖에 되지 않은 작은 스타트업인 웹엑스에 20번째 멤버로 입사한다. 웹엑스는 당시에 온라인 화상회의 툴을 만들고 있었다.

당시에는 영어가 서툴렀던 중국 산둥성 출신의 패기 넘치는 청년인 에릭 유안은 코딩만큼은 자신 있다며 그동안 꿈꿨던 성공을 위해 밤낮을 가리지 않고 일에 매진했다. 에릭 유안은 남들이 놀러 나가는 금요일에도 밤을 새우며 코딩 작업을 했고 토요일 오후가 되면 잠을 자지 않은 채로 축구경기를 했다고 한다.

에릭 유안이 웹엑스에 취업한 지 3년 만인 2000년, 웹엑스는 당시 닷컴 열풍을 타고 순조롭게 성장해서 IPO를 하게 된다. 그리고 7년 뒤인 2007년, IT 공룡인 시스코는 웹엑스를 자사의 기업용 솔루션 중 하나로 편입시키기 위해 32억 달러(3조 5,200억 원)라는 큰 금액으로 인수한다. 이 인수

과정에서 에릭 유안은 웹엑스의 800명이 넘는 개발자를 인솔하는 엔지니어링 부문의 부사장이 된다.

개발자 출신인 에릭 유안은 당시에도 웹엑스의 기능들이 더 발전할 여지가 많다고 봤다. 아직도 웹엑스는 굉장히 뛰어난 제품이 아니라고 생각했던 것이다. 특히 당시에는 사용자가 웹엑스 화상회의에 로그인할 때마다 웹엑스 시스템이 아이폰 OS, 안드로이드, 윈도우, 또는 맥의 버전을 일일이 확인해야 해서 사용 속도가 느려지는 문제점이 있었다. 너무 많은 사람이 화상회의에 참석하면 비디오와 오디오가 끊기는 현상도 발생했다. 또한, 에릭 유안은 당시에 막 나오기 시작한 스마트폰을 위한 스크린 공유 기능도 웹엑스에 넣고 싶었다.

2011년 에릭 유안은 웹엑스의 개선을 위해 시스템을 대대적으로 뜯어고치는 방안을 시스코 경영진에게 제안한다. 그러나 에릭 유안의 제안은 모두 거절당한다. 당시 시스코는 회사 내에 소셜 네트워크 서비스(SNS)를 제공하는, 일명 기업용 페이스북과 같은 제품을 만드는 일에 집중하고 있었기 때문에 웹엑스의 개선 작업에 큰 비용을 쓸 수 없었다. 한마디로 웹엑스는 우선순위에서 밀려난 것이다.

에릭 유안은 시스코의 경영진이 큰 실수를 하고 있다고 생각했다. 미래에는 기업용 SNS보다 온라인 화상회의가 훨씬 더 중요해진다고 굳게 믿었던 것이다. 경영진을 계속 설득했지만 안 되자 결국 자신이 원하는, 고객을 위한 더 좋은 온라인 화상회의 툴을 만들기 위해 웹엑스를 그만둔다.

이 당시에 에릭 유안은 아내를 설득하는 것이 가장 힘들었다고 말했다. 시스코라는 일류 IT 기업의 부사장이라는 직함과 고액 연봉, 안정된 삶, 800명의 팀원을 놔두고 갑자기 스타트업을 한다고 하니 아내가 만류한 것은 어찌 보면 당연하다고도 할 수 있다. 그러나 결국 아내를 설득했고 2011년 시스코를 그만둔다. 웹엑스에서 같이 일했던 개발자 40명을 데리고 나와 줌을 창업한다. 에릭 유안은 비용을 절감하기 위해 중국에도 개발자 30명을 추가로 둔다.

#뛰어난 기술과 파격적인 가격을 내세우다

에릭 유안은 과거 웹엑스의 CEO였던 서브라 아이어에게 한화 40억 원 정도를 투자받는다. 그러나 당시 다른 벤처캐피털 대부분은 줌의 사업을 형편없는 아이디어라고 생각했다. 이미 시장에는 선두주자인 웹엑스가 꽤 높은 시장 점유율을 확보하고 있었고 구글은 행아웃, 마이크로소프트는 스카이프라는 비슷한 화상회의 툴을 갖고 있었기 때문이다. 또한, 블루진스(2020년에 미국 최대 통신사인 버라이즌이 인수함) 등 화상회의 전문 스타트업들이 시장에 포진해 있었다.

이런 상황에서도 에릭 유안은 웹엑스보다 훨씬 더 나은 제품을 만들 자신이 있었기에 웹엑스에서 14년간 쌓아온 개발 경험과 자신의 개선 아이디어를 묶어 더 나은 서비스 개발에 박차를 가했다.

설립 후 2년이 지난 2013년에 퀄컴으로부터 한화 약 70억 원의 시리즈 A 투자(시제품을 개발한 스타트업이 시장 진출 전에 받는 투자)를 유치하게 된다. 그런데 당시 퀄컴 내부에서도 줌 투자와 관련한 반대가 많았다고 한다. 참고로, 퀄컴이 투자한 지 7년 후인 2020년 가을에 줌의 기업 가치가 퀄컴을 넘어선 적도 있었다.

2011년부터 조용히 온라인 화상회의 툴을 개발한 줌은 2년 후에 매킨토시이든, 아이폰이든, 윈도우든 서로 다른 버전의 앱을 설치할 필요 없이 하나의 버전으로 가볍게 구동할 수 있고 각 브라우저가 업데이트할 때 버그를 최소화하는 제품을 만들어냈다. 또한, 불안정한 인터넷 라인에서도 안정적으로 온라인 화상회의를 진행할 수 있게 했다. 호스트 1명당 매달 9.99달러(약 1만 1,000원)라는 파격적인 가격을 제시해 시장에 충격을 줬다[현재는 14.99달러(약 1만 6,500원)다].

지금은 줌의 고객센터 리더인 짐 머서는 당시에는 경쟁사 중 하나였던 고투미팅에서 일하고 있었다. 줌에 대한 평판이 너무 좋은 것을 알게 된 짐 머서는 직접 가입해 사용했는데 한 번의 클릭으로 쉽게 화상회의에 들어가고 25명의 참가자가 한꺼번에 회의하는 모습을 보면서 도대체 이를 어떻게 가능하게 한 것인지 너무나도 놀랐다고 한 인터뷰에서 말했다. 화상회의 소프트웨어 개발만큼은 누구보다도 자신 있었던 에릭 유안은 더 나은 품질과 더 나은 가격을 내세워 기업 고객을 하나둘씩 웹엑스에서 빼앗아 오기 시작했다.

#그렇다면 줌의 실적은?

코로나 이후 실제로 줌의 이용자는 얼마나 늘었을까? 2020년 초까지만 해도 하루 사용자가 1,000만 명 정도였는데 코로나가 터지고 난 뒤인 2020년 4월에는 무려 3억 명으로 늘어났다. 사용자가 몇 달 사이에 30배가 늘어난 것이다. 몇 달 만에 사용자 수가 1,000만 명에서 3억 명으로 폭등하는 경우는 거의 보기 힘든 케이스다. 물론 무료 플랜을 이용하는 개인 사용자, 학교와 같은 기관이 많으므로 실제로 코로나가 줌의 성장에 어떻게 영향을 미쳤는지를 보려면 올해 매출을 봐야 한다.

코로나가 터지기 전인 2020년 1월까지 줌은 매년 2배씩 성장하는 놀라운 성장세를 보여줬다. 그리고 코로나는 훨씬 더 놀랄만한 선물을 줌에 쳤다. 2020년 1월 말 결산 기준의 매출액은 약 6억 2,200만 달러(약 6,842억원)였는데 2021년 1월 말 기준의 매출액은 무려 약 26억 5,100만 달러(약 2조 9,160억 원)로 1년 만에 4배 넘게 뛰었다. 순이익 역시 약 2,100만 달러(약 230억 원)에서 약 6억 7,100만 달러(약 7,380억 원)로 무려 30배 이상 증가했다.

[줌의 매출]

Annual Data | Millions of US $ except per share data		2021-01-31	2020-01-31	2019-01-31	2018-01-31
Revenue	📊	$2,651.368	$622.658	$330.517	$151.478
Cost Of Goods Sold	📊	$821.989	$115.396	$61.001	$30.78
Gross Profit	📊	$1,829.379	$507.262	$269.516	$120.698
Research And Development Expenses	📊	$164.08	$67.079	$33.014	$15.733
SG&A Expenses	📊	$1,005.451	$427.487	$230.335	$109.798
Other Operating Income Or Expenses		-	-	-	-
Operating Expenses	📊	$1,991.52	$609.962	$324.35	$156.311
Operating Income	📊	$659.848	$12.696	$6.167	$-4.833
Total Non-Operating Income/Expense	📊	$18.186	$13.666	$2.182	$1.315
Pre-Tax Income	📊	$678.034	$26.362	$8.349	$-3.518
Income Taxes	📊	$5.718	$1.057	$0.765	$0.304
Income After Taxes	📊	$672.316	$25.305	$7.584	$-3.822
Other Income		-	-	-	-
Income From Continuous Operations	📊	$672.316	$25.305	$7.584	$-3.822
Income From Discontinued Operations		-	-	-	-
Net Income	📊	$671.527	$21.75	-	$-8.227

- Revenue: 총매출액 / Cost of Goods Sold: 매출 원가 / Gross Profit: 매출 총이익 / Research And Development Expenses: 연구개발비 / SG&A Expenses: 판매관리비 / Operating Income: 영업 이익 / Net Income: 순이익
- 단위: 백만 달러 | 출처: macrotrends.net

#줌은 비밀병기라도 갖고 있는 것일까?

1년 만에 이렇게 매출이 크게 오르다니…, 혹시 줌이 우리가 모르는 인공지능이라든지, 어떤 첨단 비밀병기라도 갖고 있는 것일까? 그렇지 않다. 사실 줌의 사업 모델은 너무나도 간단하다.

줌이 제공하는 서비스는 회의 및 채팅, 웨비나[Webinar(Web과 Seminar의 합성어), 온라인상에서의 세미나를 의미], 회의실, 줌 폰(Zoom Phone), 마켓 플레이스 등 5개가 전부다.

이 5가지 서비스 중 사람들이 가장 많이 이용하는 핵심 서비스는 바로 회의 및 채팅 서비스다. 화상회의를 할 때 사용하는 서비스로 컴퓨터나 스마트폰을 통해 언제든지 상대방과 미팅할 수 있다. 1:1 화상 미팅의 경우 무료이고 100명까지는 40분간 무료다. 더 사용하고 싶은 사람이나 기업은 매달 정기 구독형으로 호스트당 14.99달러(약 1만 6,500원)에서 최대 19.99달러(약 2만 2,000원)를 내면 된다.

웨비나는 수백, 수천 명이 모이는 강의장이나 발표, 마케팅 이벤트 등을 할 때 제공되는 서비스다. 그리고 회의실 서비스는 기업이 회의실에서 화상회의를 할 수 있도록 해주는 기기[웹캠(Webcam), 모니터, 마이크, 스피커 등]나 관련 시스템을 제공해주는 것을 말한다.

지금까지 말한 3가지 서비스가 기업들이 보통 사용하는 줌의 가장 핵심적인 서비스다. 이와 연결해 줌 사용자들이 줌을 통해 간단하게 전화를 걸거나 받을 수 있는 줌 폰이 있다.

또한, 2020년 말에 새로운 사업으로 내놓은 마켓 플레이스 사업이 있다. 줌의 이용자가 강의, 댄스 강습, 요리강좌 등을 마켓 플레이스에 개설하고 유료로 수강생을 모집할 수 있게 지원해주는 플랫폼이다. 사실 온라인 수업은 기존에도 있었는데 좀 더 확장한 개념이라고 보면 된다.

#줌의 경쟁력이 되는 강점

줌은 애플이나 엔비디아처럼 혁신적인 제품을 내놓았다기보다 고객이 원하는 제품을 가장 기본에 충실하게 제공한다는 이미지가 더 강하다.

줌은 가장 큰 장점으로 3가지를 꼽을 수 있는데 첫 번째가 바로 사용자를 위한 뛰어난 편의성, 즉 사용하기가 너무나 편리하다는 점이다. 단 몇 번의 클릭으로 계정을 개설할 수 있다. 그리고 주어진 나의 화상회의 링크를 상대방에게 이메일이나 메신저로 보내면 끝이다.

최근 들어, 이러한 사용자 편의성은 다른 기업들도 많이 카피하면서 따라오고 있다. 필자가 예전에 웹엑스를 사용했을 때 사용자로서 받은 느낌으로는 편의성 측면에서 거의 차이가 없었다. 다른 기업들과의 화상회의 때문에 블루진스 등 다른 화상회의 툴을 사용한 적도 있었는데 그다지 불편함을 느끼지 못했다. 그런데도 줌은 확실히 사용하기 매우 편리하고 직관적이라는 느낌을 계속 들게 한다.

두 번째, 화상회의 품질이 매우 뛰어나다는 점이다. 스카이프(마이크로소프트), 행아웃(구글) 등 줌 이전의 화상회의 플랫폼은 주로 P2P 네트워크 기반이어서 중간에 끊김 없이 일정 수준 이상의 영상 품질을 제공하지 못한다는 한계가 있었다. 이를 간파한 에릭 유안은 클라우드 기반으로 플랫폼을 구축해 HD급 영상을 네트워크가 좋지 못한 상황에서도 지연 없이 제공하도록 했다.

세 번째, 가격이 저렴하다는 점이다. 아마 필자의 회사도 웹엑스에서 줌으로 바꾼 이유 중 가장 큰 이유이지 않을까 싶다. 단순 비교이지만 가장 큰 경쟁사인 웹엑스의 비즈니스 플랜이 26.95달러(약 2만 9,600원)인데 비해 줌은 19.99달러(약 2만 2,000원)다. 예전에는 고객을 좀 더 빨리 유치하기 위해 지금보다 더 저렴했다.

#줌의 리스크

한편으로는 '줌의 경쟁력이 되는 이러한 강점들이 얼마나 오래갈 수 있을까?'라는 의문이 든다. 이번 코로나로 인해 화상회의가 급증하자 시스코, 구글, 마이크로소프트, 페이스북 등 IT 대기업 뿐 아니라 블루진스, 고투미팅 등 다른 화상회의 서비스 업체도 관련 사업을 강화하기 시작했다. 이렇게 경쟁이 치열해진다는 점이 바로 줌이 가진 가장 큰 리스크다.

게다가 줌의 서비스는 사실상 화상회의 하나다. 앞에서 말한 웨비나, 마켓 플레이스 같은 다른 서비스도 있지만 크게 보면 화상회의 기술을 확장한 것이다. 화상회의의 경우 경쟁사가 더 나은 기능이나 가격을 제시하면 고객들은 쉽게 바꾸는 경우가 많다.

많은 기업이 뛰어들어 경쟁하고 있는 화상회의 시장에 특히 IT 공룡 기업들이 자사의 화상회의 기능을 끼워팔기 방식으로 들어온다면? 기업용 메신저를 제공하는 슬랙이 마이크로소프트의 팀스로 인해 어려움을 겪은 것처럼 줌도 이후 성장에 어려움을 겪을 가능성이 있다.

슬랙의 초기 성장 스토리도 줌과 비슷했다. 기존의 기업 내 커뮤니케이션 툴의 경우 기업별로 따로 되어 있어서 편리하지 못했다. 특히 개발자들 사이에서는 더욱더 그랬다. 슬랙의 창업자는 이 점을 간파하고 팀원 간에 쉽고 편하게 커뮤니케이션을 할 수 있는 협업 툴을 내놓았고 이 단일 제품으로 큰 성공을 거둔다. 그런데 이후 마이크로소프트가 팀스라는 사내 협업 툴을 내놓으면서 마이크로소프트의 제품을 사용하는 기업 고객들에게는 무료로 풀면서 팀스는 슬랙을 앞질러 성장하게 된다.

[슬랙과 팀스의 1일 활성 사용자 수]

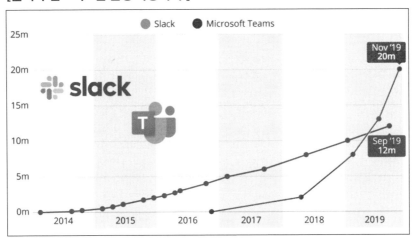

• 출처: statista.com

　이번 코로나의 영향으로 전 세계 화상회의 시장의 규모가 크게 확대되었기 때문에 당분간 줌은 큰 수혜를 입을 것으로 보인다. 여기 실리콘밸리만 해도 2021년 말까지 재택근무를 선언한 기업이 많다. 줌을 더 많이 이용할 수밖에 없다는 이야기다.

　2021년 초, 다른 사람들의 화상회의에 침입해 성인영화를 올리거나 인종차별적인 코멘트를 하는 일이 벌어지면서 보안 문제가 대두됐으나 줌은 바로 보안 관련 기업을 인수해 보안을 강화하면서 관련 문제를 잘 넘어갔다. 2020년 4월에는 일부 이용자의 화상회의 데이터가 중국 서버를 거쳐 전송됐다고 알려지자 이슈가 됐는데 북미 트래픽이 너무 몰려서 벌어진 일로 판명됐다.

　줌은 코로나 상황에서 시장 점유율을 무려 40% 이상으로 끌어올렸다. 예전의 1인자였던 시스코의 웹엑스는 12%밖에 되지 않으며 나머지 화상회의 기업들의 시장 점유율도 여전히 매우 낮다.

3억 명이라는 엄청난 사용자 수를 기반으로 강력한 브랜드 파워와 마켓의 선두주자라는 위치를 얻은 줌은 향후 사용자를 대상으로 상향 판매나 교차 판매를 할 수 있는 무궁무진한 기회를 얻었다. 현재 줌이 받는 시장의 탄력을 잘만 이용한다면 이후에도 큰 폭의 성장이 가능할 수 있다는 이야기다. 게다가 줌은 이미 흑자로 돌아서서 수익을 계속 창출하고 있다. 매출 대비 수익성도 25% 이상으로 매우 높은 편이다.

줌의 화상회의 솔루션은 정말 편리하고 간편하며 영상 품질도 매우 안정적이다. 기업은 회의실에서 몇 명이 모여 하는 화상회의 외에도 수백, 수천 명이 참여하는 화상회의도 해야 한다. 이때 영상 품질 면에서는 웹엑스나 줌이 가장 앞서나가고 있다. 스카이프, 행아웃 등 다른 경쟁사들의 제품 상황을 봐도 단기간에 줌을 넘어서는 획기적이고 더 나은 서비스를 개발하기는 쉽지 않아 보인다. 설령 개발한다고 해도 현재 줌이 갖고 있는 강력한 브랜드 파워, 즉 '화상회의 하면 줌'이 떠오르는 상황을 바꿀 수 있을지는 미지수다.

2021년 6월 초 기준 줌의 주가는 330달러대로 2020년 코로나 때 60달러대와 대비하면 5배 정도 상승했다. 이로 인해 주가 수익 비율(PER)은 115배에 다다른다.

줌이 현재 주가의 정당성을 인정받기 위해서는 최근의 급격한 성장세를 미래에도 어떻게 이어갈 것인지, 코로나가 해결되고 사람들이 직장과 학교에 복귀하게 되면 어떻게 할 것인지, 향후 스카이프(마이크로소프트)나 웹엑스(시스코) 같은 경쟁사들을 따돌리면서 경쟁사가 카피하거나 따라할 수 없는 강력한 경제적인 해자를 어떻게 쌓을 것인지, 그리고 현재 얻은 명성과 시장 리더의 위치, 3억 명이라는 사용자를 어떻게 더 큰 수익화로 연결할 것인지에 대한 명확한 로드맵이 필요할 것이다.

[줌 투자 포인트]

- 줌은 중국 산둥성의 청년인 에릭 유안이 수많은 어려움을 극복하고 성공시킨, 화상회의 전문 솔루션을 제공하는 기업이다.
- 코로나로 인해 매출은 1년 만에 거의 3조 원대로 4배 이상 성장했고 순이익도 30배 이상 증가하는 대박을 기록했다.
- 줌은 뛰어난 사용자 편의성, 시장 내 최고 수준의 화상회의 품질, 저렴한 가격 등으로 빠르게 시장을 장악하고 있으며 코로나 이후 남녀노소가 모두 사용하는 글로벌 브랜드로 단숨에 도약했다.
- 코로나가 끝나고 난 후 어떻게 현재의 모멘텀을 이어갈지에 대한 줌 경영진의 성장 전략과 실행 역량이 향후 줌의 미래를 결정할 것으로 보인다.

워크데이
인사 관리 최고 전문가가 만든 기업

  실리콘밸리에서 근무하면서 매일 필자가 사용하거나 팀 내 개발자들이 많이 사용하는 소프트웨어들이 있다. 한국에는 잘 알려지지 않은, 미국 스타트업들이 만든 제품들이다.

  스타트업이 만든 제품이라고 해서 무시해서는 안 된다. 제품이 크게 성공해서 해당 스타트업의 가치가 웬만한 한국 대기업의 시가총액보다 크기 때문이다. 이런 경우에 속하는 워크데이(Workday, 티커: WDAY)를 살펴보자.

#클라우드 기반으로 인사 관리를 하다

  워크데이는 한마디로 클라우드를 기반으로 기업 고객들에 인사 및 재무 관리 솔루션을 제공하는 기업이다. 2018년 미국 경제지 〈포춘〉이 선정한 '미래 유망 기업'에서 1위를 차지하기도 했다. 특히 인사 관리 솔루션 부문을 중심으로 수년간 빠르게 성장해왔다. 워크데이의 재무 관리 솔루션 부문은 인사 관리 솔루션 부문이 커감에 따라 사업의 규모를 더 확대하기 위해 공격적으로 추가하고 있는 부문이라고 보면 된다.

인사 관리 솔루션이라는 말이 조금 어렵게 들릴 수도 있다. 알고 보면 쉬운 개념이다. 직원 개개인이 급여 확인, 휴가 신청, 인사 평가 진행, 각종 사내 지원 확인 등을 쉽게 관리하게 해주는 시스템을 제공해주는 서비스라고 보면 된다. 직장인은 매달 월급명세서를 확인한다. 휴가를 가려면 정해진 과정에 따라 신청한다. 상사에게는 인사고과를 평가받고 부하직원이 있으면 반대로 평가한다. 특히 미국에서는 직장이 보조해주는 건강보험이나 은퇴주식계좌와 같은 혜택을 매우 중요하게 생각해서 자주 확인하고 관리한다. 워크데이는 이러한 관리를 온라인에서 쉽게 할 수 있도록 해주는 클라우드 기반의 소프트웨어를 제공하고 있다.

별것 아니라고 생각할 수 있다. 사실 이러한 솔루션이 과거에 없었던 것도 아니다. 이제까지 기업들은 이러한 인사 관련 포털이나 시스템을 오라클 등이 제공하는 IT 솔루션을 사용해 자체적으로 자신의 니즈에 맞게 만들어 사용해왔다. 예를 들어 삼성그룹이든, LG그룹이든 직원이 사용하는 인사 관리 포털과 시스템이 다 있다. 물론 똑같지는 않고 각각 그룹 상황에 맞게 세팅을 해놓는다.

그런데 기존의 이러한 인사 관리 시스템에는 문제가 있다. 일단 구축하는 데 비용이 많이 든다. 특히 대기업의 경우 수천, 수만 명에 달하는 직원의 데이터를 저장하고 관리해야 하기 때문에 자체적인 서버까지 필요해서 한 번 만들어 놓으면 업그레이드하거나 바꾸기가 매우 힘들다.

이후 기업의 사업 내용, 조직 변화 등에 따라 새로운 기능을 추가해야 하거나 기존에 있던 기능을 변경해야 하는 경우가 발생할 수 있다. 그때마다 추가하거나 변경하는 일은 비용도 많이 들고 매우 비효율적인 작업이 된다. 하지만 워크데이의 인사 관리 솔루션을 이용하면 인사 관리 때문에 발생하는 기업의 고민이 해결된다. 왜 그렇게 되는지는 뒤에서 좀 더 상세히 설명하겠다.

필자도 실리콘밸리에 와서 워크데이에 대해 처음 알게 됐다. 여기까지 읽고 '인사 관리 소프트웨어를 제공하는 회사가 얼마나 크겠어?', '그런 회사가 성장성이 있을까?'라고 생각하는 독자가 있을 것 같다. 필자도 그랬다.

그런데 필자가 인터넷에서 워크데이를 처음 검색했을 때 매우 놀란 점이 2개나 있었다. 미국의 작은 스타트업인 줄 알았던 워크데이가 이미 상장했다는 점과 4년 전인 2017년 당시 시가총액이 무려 한화로 13조 원이 넘었다는 점이었다. 참고로, 2021년 6월 초 기준으로 시가총액은 약 560억 달러(약 62조 원)다. 그러면 워크데이를 좀 더 잘 이해하기 위해서 누가 설립했고 어떻게 성장해왔는지 살펴보자.

#인사 관리 솔루션 부문 최고 전문가의 등장

워크데이는 인사 관리 솔루션 부문에서 최고의 전문가이자 크게 성공한 연쇄 창업가인 데이브 더필드가 2005년에 설립했다. 한국에서는 잘 알려진 인물이 아니지만 관련 업계 사람들의 경우 이름을 한 번쯤 들어봤을 정도로 미국 IT 업계에서는 나름 큰 성공을 이룬 인물이다.

데이브 더필드는 미국 동부 8개 명문 사립대학교를 지칭하는 아이비리그에 속하는 코넬대학교에서 전자공학을 전공했고 MBA를 취득했다. 첫 직장은 1980년대 당시 최고의 IT 기업이었던 IBM이었으며 마케팅 및 시스템 엔지니어로 첫 커리어를 시작한다.

IBM에서 근무하면서 기업들의 인사 관리 소프트웨어에 대한 수요를 확인한 데이브 더필드는 회사를 곧 그만두고 IBM의 시스템상에서 기업들이 쉽게 사용할 수 있는 기업용 인사 및 회계 관리 소프트웨어 개발사인 회사인 인테그랄 시스템즈를 창업한다. 이것이 데이브 더필드의 첫 번째 창업이었다. 이후 기업용 컴퓨터 시스템 시장이 성장하자 좀 더 개선된 인사 및 재무 관리 소프트웨어 솔루션을 제공하는 기업을 새롭게 만들기로 계획했고 지금으로부터 약 34년 전인 1987년에 그 유명한 피플소프트를 창업한다.

이후 피플소프트는 1987년부터 2005년까지 18년 동안 인사 관리, 재무 관리, 공급망 관리, CRM(고객 및 영업 관리) 등 기업 관리 분야의 전 영역을 아우르는 기업용 종합 소프트웨어 솔루션 기업으로 성장한다. 오라클에 이어 세계에서 두 번째로 큰 ERP(Enterprise Resource Planning, 전사적 자원 관리) 솔루션 기업이 된 것이다.

당시 ERP 시장 1위였던 오라클의 래리 앨리슨 회장의 눈에 피플소프트의 이러한 큰 성장이 달가울 리가 없었다. 오라클은 시장을 독점하기 위해 피플소프트에 매각을 제안했으나 피플소프트 주주들은 반대한다. 결국 오라클은 2003년 피플소프트에 대한 적대적 M&A를 추진하겠다고 선포했고 더 비싼 가격으로 주식을 매수하기 시작해 결국 2005년 1월에 인수하고 만다. 현재도 오라클 웹사이트에 가보면 피플소프트의 제품들을 볼 수 있다.

#쉼 없는 도전의 결과

데이브 더필드는 피플소프트가 오라클에 인수되면서 회사를 나와야 했는데 그래도 매각 대금은 받았기 때문에 큰돈을 벌었다. 다른 사람 같았으면 은퇴를 생각했을 텐데 데이브 더필드는 2개월 후인 2005년 3월, 피플소프트의 CSO(Chief Strategy Officer, 최고전략책임자)였던 아닐 부스리와 같이 의기투합해 기업용 인사 관리 소프트웨어 솔루션 기업을 다시 설립한다. 이 기업이 바로 워크데이다. 자신이 만든 기업이 적대적 M&A로 경쟁사에 넘어가자 더 나은 인사 관리 소프트웨어를 제공하는 기업을 만들기로 작정한 것이다.

창업 초기 2~3년 동안에는 꽤 힘든 시간을 보냈다. 더 나은 새로운 소프트웨어를 만들어야 했고 기업 고객들을 상대로 제로(0)인 상황에서부터 영업해야 했기 때문이다. 그러다가 2008년 직원이 20만 명이 넘는 플렉트로닉스와 인사 관리 소프트웨어 서비스 계약을 체결하게 된다. 꽤 큰 계약에 속한다. 그리고 이 계약을 기점으로 기업 고객이 늘어나면서 워크데이는 점차 성장 가도를 달리게 된다.

2011년에는 8,500만 달러(935억 원)에 달하는 투자를 유치한다. 이때 워크데이의 독보적인 기술력과 제품의 성장 가능성을 보고 내로라하는 유명한 투자 기관들이 앞다퉈 투자하려고 줄을 섰다. 여기에는 아마존의 창업자인 제프 베조스, 세계적인 투자은행인 모건스탠리, 글로벌 자산운용사인 티 로우 프라이스도 있었다.

워크데이는 2012년 봄이 됐을 때 〈포춘〉이 선정한 '글로벌 500대 기업'에 속한 기업들을 포함해 310개가 넘는 기업을 고객으로 확보하게 된다. 이러한 성장세에 힘입어 2012년 10월에 뉴욕증권거래소에 상장했다. 상장하자마자 주가가 74% 급등하는 기염을 토하기도 했다. 당시 워크데이의 시가총액은 약 95억 달러(약 10조 4,500억 원)였다. 페이스북이 IPO를 한 이후 가장 많은 현금을 조달한 테크 기업이 됐다. 그만큼 시장에서 큰 기대를 받았던 것이다.

#워크데이의 성공 요인

워크데이는 클라우드 기반의 정기 구독 모델을 도입해서 사업을 키웠다. 기업 고객이 매달 일정한 사용료를 내면서 서비스를 쓸 수 있게 한 사업 모델은 시장의 뜨거운 호응을 끌어냈고 급격하게 성장하는 계기가 됐다. 실제로 중소기업, 중견기업, 대기업 할 것 없이 모두 워크데이가 제공하는 솔루션을 사용하기 시작했다. 워크데이가 제공하는 솔루션을 쓰니 이전보다 사내 인사 관리가 편해졌고 관련 비용도 크게 줄어든 것을 눈으로 확인했기 때문이다.

인사 관리 관련해서 기업이 자체적으로 시스템을 갖추는 방식이 아니라 클라우드를 기반으로 하는 방식으로 하면 무엇이 더 좋을까?

우선 고객의 데이터가 모두 클라우드 서버에 저장되기 때문에 기업은 따로 인사 관리에 필요한 서버를 자체적으로 보유하지 않아도 된다. 즉, 서버 운영 비용이 절감되는 것이다.

또한, 매달 사용한 만큼의 구독료를 내므로 초기에는 큰 비용이 들지 않고, 업그레이드도 신경 쓰지 않아도 된다. 워크데이가 알아서 최신 기술을 사용해 관련 서비스를 계속 업그레이드하기 때문이다. 무엇보다 기업별로 자사의 니즈에 맞게 워크데이의 시스템을 맞춤형으로 설치할 수 있어서 그렇게 하지 못하는 타사의 제품보다 훨씬 더 효율적이고 편리하게 사용할 수 있다.

#워크데이의 실적

워크데이의 핵심 사업은 가장 매출이 많은 인사 관리 솔루션 부문이다. 수년 전부터는 재무 관리로까지 확장하고 있다. 또한, 인사 관리와 재무 관리, 각 부문 내에서도 기업 고객들의 니즈에 따른 새로운 서비스들을 지속적으로 추가시켜 매출 기회를 확대하고 있다. 그렇다면 궁금하지 않을 수 없다. 실적은 과연 얼마나 좋을까? 정말 빠르게 성장하고 있는 것이 맞을까?

2017년 1월 말 기준 매출액은 약 15억 7,400만 달러(약 1조 7,310억 원)였는데 2021년 1월 말 기준 매출액은 약 43억 1,700만 달러(약 4조 7,490억 원)로 5년 동안 2.7배 정도 성장했다. 그러나 순이익에서는 약 2억 8,200만 달러(약 3,100억 원) 적자를 기록했다. 이 적자의 가장 큰 이유는 워크데이가 연구·개발에 매년 엄청난 돈을 쏟아붓고 있기 때문이다. 실제로 최근 기준으로 약 17억 2,100만 달러(약 1조 8,900억 원)를 연구개발비

[워크데이의 매출]

Annual Data | Millions of US $ except per share data		2021-01-31	2020-01-31	2019-01-31	2018-01-31	2017-01-31
Revenue		$4,317.996	$3,627.206	$2,822.18	$2,143.05	$1,574.44
Cost Of Goods Sold		$1,198.132	$1,065.258	$834.95	$629.413	$483.545
Gross Profit		$3,119.864	$2,561.948	$1,987.23	$1,513.637	$1,090.895
Research And Development Expenses		$1,721.222	$1,549.906	$1,211.832	$910.584	$680.531
SG&A Expenses		$1,647.241	$1,514.272	$1,238.682	$906.276	$763.45
Other Operating Income Or Expenses		-	-	-	-	-
Operating Expenses		$4,566.595	$4,129.436	$3,285.464	$2,446.273	$1,927.526
Operating Income		$-248.599	$-502.23	$-463.284	$-303.223	$-353.086
Total Non-Operating Income/Expense		$-26.535	$19.783	$39.532	$-11.563	$-32.427
Pre-Tax Income		$-275.134	$-482.447	$-423.752	$-314.786	$-385.513
Income Taxes		$7.297	$-1.773	$-5.494	$6.436	$-0.814
Income After Taxes		$-282.431	$-480.674	$-418.258	$-321.222	$-384.699
Other Income		-	-	-	-	-
Income From Continuous Operations		$-282.431	$-480.674	$-418.258	$-321.222	$-384.699
Income From Discontinued Operations		-	-	-	-	-
Net Income		$-282.431	$-480.674	$-418.258	$-321.222	$-384.699

- Revenue: 총매출액 / Cost of Goods Sold: 매출 원가 / Gross Profit: 매출 총이익 / Research And Development Expenses: 연구개발비 / SG&A Expenses: 판매관리비 / Operating Income: 영업 이익 / Net Income: 순이익
- 단위: 백만 달러 | 출처: macrotrends.net

로 사용했다. 매출액의 40% 정도를 고객사에 더 나은 서비스를 제공하기 위한 연구개발비로 쓰고 있는 것이다.

그렇다면 현금은 얼마나 쌓아 놓고 있을까? 2021년 1월 말 기준으로 현금은 약 35억 3,500만 달러(약 3조 8,880억 원)를 확보하고 있다.

[워크데이의 자산 현황]

Annual Data | Millions of US $ except per share data		2021-01-31	2020-01-31	2019-01-31	2018-01-31	2017-01-31
Cash On Hand	📊	$3,535.653	$1,944.573	$1,778.418	$3,267.85	$1,996.745
Receivables	📊	$1,032.484	$877.578	$704.68	$528.208	$409.78
Inventory		-	-	-	-	-
Pre-Paid Expenses	📊	$111.16	$172.012	$136.689	$97.86	$66.59
Other Current Assets		-	-	-	-	-
Total Current Assets	📊	$4,802.061	$3,094.622	$2,700.596	$3,956.978	$2,524.445
Property, Plant, And Equipment	📊	$972.403	$936.179	$796.907	$546.609	$365.877
Long-Term Investments		-	-	-	-	-
Goodwill And Intangible Assets	📊	$2,068.251	$2,127.662	$1,692.365	$193.61	$207.141
Other Long-Term Assets	📊	$189.757	$144.605	$147.36	$109.718	$53.57
Total Long-Term Assets	📊	$3,916.35	$3,721.743	$2,820.15	$990.446	$743.837
Total Assets	📊	**$8,718.411**	**$6,816.365**	**$5,520.746**	**$4,947.424**	**$3,268.282**
Total Current Liabilities	📊	$4,282.648	$2,969.404	$2,430.691	$2,058.874	$1,285.243
Long Term Debt	📊	$691.913	$1,017.967	$972.264	$1,149.845	$534.423
Other Non-Current Liabilities	📊	$35.854	$14.993	$47.697	$47.434	$36.677
Total Long Term Liabilities	📊	$1,157.929	$1,360.41	$1,131.613	$1,308.185	$706.431
Total Liabilities	📊	**$5,440.577**	**$4,329.814**	**$3,562.304**	**$3,367.059**	**$1,991.674**
Common Stock Net	📊	$0.242	$0.231	$0.221	$0.211	$0.202
Retained Earnings (Accumulated Deficit)	📊	$-2,909.99	$-2,627.359	$-2,146.304	$-1,727.856	$-1,406.865
Comprehensive Income	📊	$-54.97	$23.492	$-0.809	$-46.413	$2.071
Other Share Holders Equity		-	-	-	-	-
Share Holder Equity	📊	**$3,277.834**	**$2,486.551**	**$1,958.442**	**$1,580.365**	**$1,276.608**

- Cash On Hand: 보유 현금 / Receivables: 매출 채권 / Inventory: 재고 / Pre-Paid Expenses: 선급비용 / Total Current Assets: 총 유동자산(1년 안에 현금화할 수 있는 자산) / Total Assets: 총자산 / Total Current Liabilities: 단기 부채(1년 안에 만기가 돌아오는 부채) / Total Liabilities: 총부채 / Share Holder Equity: 자기 자본
- 단위: 백만 달러 | 출처: macrotrends.net

워크데이는 아직 수익을 챙기기보다는 공격적인 성장을 통해 일단 시장을 선점하는 전략에 더 집중하고 있다. 따라서 투자자들은 현재의 적자 상황을 크게 개의치 않고 있는 것으로 보인다. 향후 매출이 더 크게 성장하고 수익도 흑자로 전환되면 주가가 더 크게 오를 가능성이 높기 때문이다.

#워크데이의 성장 요인

이제까지 워크데이가 잘 성장해온 것은 알겠는데 앞으로도 높은 성장이 가능할까? 시장에서는 워크데이가 하는 사업이 향후에도 크게 성장할 여력이 있다고 본다.

첫 번째, 경쟁사가 쉽게 카피하기 힘든 소프트웨어 기술력이다. 워크데이가 제공하는 솔루션이 단순한 인사 및 재무 관리 소프트웨어처럼 보여도 그 안을 들여다보면 절대 단순하지 않다. 매일 매시간, 수천만 건의 데이터를 실시간으로 처리해야 할 뿐만 아니라 보안과 안정성을 확보하면서 문제없이 데이터를 분석하고 저장할 수 있는 기술력이 있어야 한다. 또한, 기업 고객마다 인사 및 재무 관리 스타일이 다르므로 이에 맞게 커스터마이즈(Customize, 개인이나 기업 환경에 맞도록 하드웨어나 소프트웨어 기능을 수정하는 것)된 서비스를 제공할 수 있어야 한다.

이 정도를 처리하려면 사실 엄청난 연구개발비가 뒷받침되어야 하며 하루아침에 기술력이 생기지 않는다. 실제로 이러한 서비스를 고객사에 실시간으로 제공하는 기업은 손에 꼽는다. 후발주자들이 있기는 하지만 눈에 띄는 경쟁사가 뛰어들기에는 쉽지 않은 시장이다. 게다가 워크데이를 사용하는 기업들의 만족도가 매우 높다. 필자도 워크데이의 인사 관리 시스템을 회사에서 매일 사용하고 있는데 직관적으로 매우 깔끔하게 잘 만들어져 있어서 사용하기가 매우 편리하다.

현재 워크데이는 인사 관리 솔루션 부문에서 시장 점유율 8.2%로 1위를 점하고 있다. 물론 SAP, 마이크로소프트도 인사 관리 관련 서비스 제품을 내놓고 워크데이와 경쟁하고 있다. 그런데 그동안 인사 관리 부문에 집중해온 워크데이에 비하면 아직 경쟁사들의 서비스는 가격과 편리성, 확장

[인사 관리 부문 소프트웨어 시장 점유율]

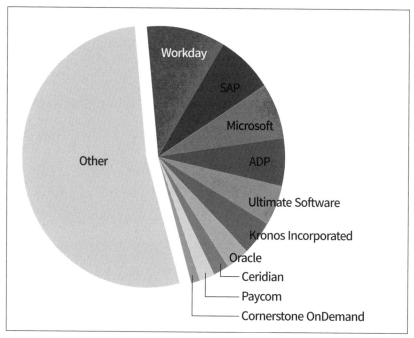

Workday
SAP
Microsoft
ADP
Ultimate Software
Kronos Incorporated
Oracle
Ceridian
Paycom
Cornerstone OnDemand
Other

• 출처: appsruntheworld.com

성 측면에서 워크데이를 크게 뛰어넘기는 쉽지 않은 상황이다.

두 번째, 재무 관리 솔루션 부문의 성장 가능성이다. 이제까지 워크데이는 주로 인사 관리 부문에서 큰 두각을 나타내며 성장해왔다. 2015년만해도 워크데이의 인사 관리 솔루션 부문의 매출이 전체 매출의 95%를 차지했다. 그런데 이후 재무 관리 솔루션 부문이 크게 성장해 2020년에는 전체 매출의 19%를 차지하고 있다.

현재 워크데이가 사업을 벌이고 있는 인사 및 재무 관리 솔루션 부문의 전체 시장 규모가 2014년에는 580억 달러(약 64조 원)였는데 2019년에는 880억 달러(약 97조 원)로 성장했다. 물론 이후에도 계속 커지고 있다. 워크데이가 사업을 벌이고 있는 시장의 규모가 성장하고 있는 것이다.

현재 기업들의 최고 화두는 사내 시스템을 디지털화하는 디지털 트랜스포메이션이다. 이 과정에서 기업들은 인사와 재무를 좀 더 탄력적으로 관리하기 위해 워크데이와 같은 기업들이 클라우드를 기반으로 제공하는 솔루션을 더욱더 많이 이용할 것이다. 따라서 클라우드를 기반으로 하는 인사 관리 솔루션 시장과 재무 관리 솔루션 시장, 이 두 시장의 전체 크기 역시 앞으로 더 커질 수밖에 없다.

세 번째, 글로벌 시장으로의 확대 가능성이다. 현재 워크데이의 전체 매출에서 76%는 북미에서 발생하고 있다. 북미에서만 기업 고객이 2,200개가 넘는다. G2K(Global Top 2K, K는 미국에서 1,000을 뜻함), 즉 글로벌 톱 2,000개 기업 중 38%가 워크데이의 솔루션을 사용하고 있다. 바꿔 말하면, 워크데이가 향후 글로벌 시장으로 사업을 확장할 수 있는 여지가 매우 크다는 말이 된다. 실제로 워크데이는 호주, 뉴질랜드, 서유럽의 대기업, 아시아의 중소기업을 대상으로 사업을 확장하려고 계획 중이다. 한국에는 이미 들어와 있고 사이트도 한국어로 운영하고 있다.

네 번째, 무궁무진한 교차 판매의 기회다. 워크데이의 솔루션을 사용하기 시작한 기업 고객을 대상으로 연관된 주변 제품의 교차 판매가 가능하다. 실제로 현재 발생하고 있는 ACV(Annual Contract Value, 연간 계약 금액), 즉 신규로 계약하는 금액의 20% 정도가 기존에 판매한 제품에 덧붙여 판매되는 애드온(Add-on) 제품에서 나오고 있다. 처음에는 워크데이의 인사 관리 솔루션이 좋아서 계약했다가 워크데이의 재무 관리나 회계와 같은 다른 부문의 제품도 사용하게 되는 것이다. 워크데이는 한 기업 고객에 점점 더 다양한 제품을 정기 구독형 서비스로 계약하게 유도해 지속적으로 매출을 확대하고 있다.

마지막으로, 역량 있는 CEO와 경영진을 갖추고 있다. 창업자이자 회장인 데이브 더필드는 앞에서 이야기한 대로 인사 및 재무 관리 부문에서 이미 크게 성공한 역사가 있는 명실공히 해당 부문 최고의 전문가다. 현재 CEO이자 피플소프트 때에는 최고전략책임자라는 임원을 지냈던 아닐 부스리 역시 둘째가라면 서러운 전문가다. 데이브 더필드와 같이 워크데이를 제로(0)에서부터 만들어내기도 했다.

이들이 현재 펼치고 있는, 집중적인 연구·개발을 통한 독보적인 제품력확보, '인사 관리 솔루션'이라는 핵심 제품을 중심으로 해서 주변 제품으로 매출 기회를 확대하는 전략, 글로벌 확장 계획 등을 살펴보면 향후 오라클, SAP에 필적하는 기업으로 성장할 가능성이 있다. 마치 데이브 더필드와 아닐 부스리가 17년 전에 피플소프트를 오라클에 대적할 만한 기업으로 키워서 결국 높은 프리미엄을 받고 매각했던 것처럼 말이다.

#워크데이의 리스크

워크데이 앞에는 장밋빛만 있는 것은 아니다. 제일 큰 숙제는 갈수록 치열해지는 경쟁 속에서 현재의 1위 자리를 어떻게 수성할지, 2~3위와의 격차를 어떻게 더 벌릴지다. 현재 SAP, 마이크로소프트, ADP 등 다양한 기업이 워크데이의 경쟁사다. 아마 이 중에서 많은 기업이 서로 인수·합병이 될 가능성도 커 보인다. 이런 상황에서 워크데이가 사업을 어떻게 강화하고 경쟁사에 기업 고객을 뺏기지 않는 동시에 빼앗아 오는지 관심 있게 지켜볼 필요가 있다.

또 하나는 수익성 부분이다. 현재 워크데이는 지속적인 적자를 기록하고 있다. 워크데이는 2025년까지 매출 확대를 통한 규모의 경제를 달성해 마진율을 25%까지 올릴 계획을 세웠다. 이 계획대로 갈 수만 있다면 향후 워크데이의 주가는 큰 폭의 성장을 기대할 수 있다. 물론 워크데이가 자체적으로 목표로 정한 것이기 때문에 향후 어떻게 수익성이 향상되어 가는지 분기마다 발표되는 재무제표를 통해 확인해야 한다.

[워크데이 투자 포인트]

- 워크데이는 클라우드를 기반으로 인사 관리 솔루션을 기업들에 제공하는 기업이다. 인사 관리 솔루션 부문에서 글로벌 1위를 차지하고 있다.
- 모든 솔루션이 클라우드를 통해 제공되고 있어서 기업 고객은 서버를 확충할 일도 없고 업그레이드를 신경 쓸 필요도 없을 뿐만 아니라 편리하게 고품질의 인사 관리 서비스를 받아 만족도가 높다.
- 경쟁사가 카피하기 힘든 소프트웨어 기술력, 인사 관리 외에 재무 관리 솔루션 부문의 증가세, 글로벌 확장 전략 등이 미래에도 워크데이가 지속적인 성장을 할 수 있는 요인이다.
- 현재 SAP, 마이크로소프트, ADP 등 다양한 경쟁사가 시장에 진입하고 있어서 앞으로 어떻게 현재의 1위 자리를 수성할지 지켜볼 필요가 있다.

도큐사인

종이 계약서를 온라인으로 옮기다

우리는 알게 모르게 수많은 계약서에 사인을 하며 살아간다. 예를 들어, 스마트폰을 새로 구입해 개통할 때 통신사 대리점에서 계약서에 사인을 하고, 은행에서 금융 상품에 가입할 때도 사인을 한다.

보통 개인의 경우 계약서를 작성하는 일이 많지는 않지만 기업의 경우에는 계약서를 작성하는 일이 매우 많고 할 때마다 복잡하고 시간도 많이 소요된다. 그리고 계약서를 관리하는 것도 일이다.

일반적으로 기업에서는 법무팀 등에서 종이로 된 계약서를 하나하나 다 두꺼운 바인더에 넣어서 캐비닛에 보관한다. 이렇게 보관하면 분실하기도 하고 시간이 많이 지나면 찾기 어려운 상황에 부닥치기도 한다. 담당자가 바뀌면 관리는 더욱더 복잡해진다.

또한, 기업의 계약서는 그 자체로도 내용이 길고 복잡하며 계약서에 사인해야 하는 사람이 여러 명인 경우도 많다. 종이 계약서라면 우리 측 담당자에게 직접 사인을 받고 상대방에게도 직접 사인을 받아야 하는데 의외로 시간이 많이 소요되고 이후에 관리하는 것도 쉽지 않다. 게다가 코로나가 발생한 이후 미국에서는 재택근무를 하는 기업이 많아지는 바람에 직장 상사나 거래처 상대방에게 종이 계약서에 사인을 받는 일이 더 힘들어졌다.

이러한 종이 계약서의 불편함을 온라인으로 해결하고 혁신하고 있는 기업이 바로 도큐사인(Docusign, 티커: DOCU)이다. 도큐사인은 한마디로 기존의 종이 계약서를 온라인으로 옮겨와 간단하게 온라인상에서 사인하게 해주는 '온라인 계약서' 서비스를 제공한다.

몇 년 전, 필자가 미국에 처음 왔을 때 놀라우면서도 신기한 경험을 했다. 많은 기업이 정말로 더 이상 종이 계약서를 쓰지 않는 것이다. 필자가 근무하는 회사에서도 도큐사인을 이용하고 있었는데 그 편리함에 많이 놀랐다. 종이 계약서가 아니라 이메일로 계약서가 오고 가는데 과장하지 않고 단 몇 번만의 클릭으로 계약이 완료됐다. 심지어는 내가 사인을 할 필요도 없고 사인도 나를 대신해서 시스템이 알아서 해준다. 말 그대로 클릭 몇 번에 계약서에 사인하는 일이 끝난 것이다. 그 과정이 너무 간단해서 '이렇게 쉽게 계약해도 법적으로 정말 효력이 있을까?' 하는 의구심이 들 정도였다.

개인적으로 부동산 계약을 할 때도 부동산 중개인이 이메일로 도큐사인의 계약서를 보내줬다. 집주인과 부동산 중개인을 만나 종이 계약서에 사인할 필요 없이 스마트폰에서 손쉽고 빠르게 단 몇 번의 클릭만으로 계약이 성사됐다. 미국에서 스마트폰을 새로 장만하기 위해 한 통신사 대리점에 방문했을 때에도 종이로 된 계약서가 아니라 단말기에다 터치 몇 번과

사인으로 간편하게 계약이 완료됐다.

이러한 온라인 계약서 관련 시스템을 제공하는 도큐사인의 서비스를 한 번 사용하고 나면 그 편리함에 반해 종이 계약서를 사용하는 것이 마치 구시대의 유물처럼 느껴지게 될 정도다.

도큐사인을 처음 접한 시기가 벌써 수년 전이었지만 필자는 그때부터 당장은 아니더라도 조만간 종이 계약서가 없어지는 시대가 오겠다는 생각을 했다. 그렇기에 더더욱 온라인 계약서 서비스 시장에서 거의 독보적으로 선두를 달리고 있는 도큐사인이 향후 크게 성장할 가능성이 있겠다는 생각까지 했다.

그렇다면 궁금하지 않을 수 없다. 정말 온라인 계약서 서비스 시장이 향후 큰 성장 가능성이 있는 것인지, 정말 경쟁사들이 뒤따라오기 힘든 확고하고 강한 경쟁우위를 도큐사인이 확보하고 있는 것인지, 그리고 미래에도 도큐사인의 지속적인 성장이 가능한지 등에 대해서 말이다. 먼저 도큐사인이 어떻게 시작됐는지 살펴보자.

#생각보다 오래된 기업

도큐사인은 생각보다 설립된 지 꽤 오래된 기업이다. 지금으로부터 약 18년 전인 2003년 코트 로렌티니, 톰 곤서, 그리고 에릭 랜프트라는 3명의 창업자에 의해 공동으로 설립됐다. 이 중 한 명인 톰 곤서는 이미 1998년에 넷업데이트를 설립하고 CEO로 재직하고 있었다. 넷업데이트는 돈을 빌려주는 모기지 대출 관련 온라인 솔루션을 제공해주는 기업으로 당시 다양한 기업을 인수했는데 그중에 온라인 계약서 관련 특허를 보유한 '도큐터치(Docutouch)'가 있었다.

미래에는 온라인 계약서 서비스가 크게 성장한다고 판단한 톰 곤서는 다른 2명의 공동 창업자와 함께 넷업데이트로부터 도큐터치의 특허 관련 부분을 사들여 따로 기업을 설립했다. 그 기업이 바로 도큐사인이다.

도큐사인은 2005년에 처음으로 세일즈를 시작했으나 계약서에 대한 사람들의 고정관념을 단숨에 바꾸는 것은 무척 어려웠다. 전자 계약서가 정말 법적 효력이 있는지 사람들이 의구심을 거두지 않는 상황이 계속되자 초창기 몇 년 동안은 매출이 늘지 않아 고전했다(시장에서는 '전자 계약서', '온라인 계약서'를 혼용해서 쓰고 있다). 그러다가 점차 온라인과 모바일 시장이 성장하자 도큐사인도 주목받기 시작했다.

2012년에는 〈포춘〉이 선정한 '글로벌 500대 기업' 중 약 90%가 도큐사인을 사용한다고 미국 유력 경제지 〈비즈니스 인사이더〉가 기사를 낼 정도로 크게 성장하게 된다. 이후에도 성장은 멈추지 않았고 2017년에는 〈포브스〉가 선정한 '100대 클라우드 기업' 중 4위를 차지했을 정도로 시장에서도 큰 주목을 받는다.

#도큐사인의 서비스

도큐사인이 현재 기업 고객에 제공하고 있는 서비스는 크게 3가지다.

첫 번째가 가장 핵심인 온라인 계약서와 관련한 이시그니처(eSignature) 서비스다. 두 번째로는, 다양한 기업 고객의 니즈를 위한 계약서 분석, 계약서의 생애 주기 관리(Life Cycle), 디지털 공증 등의 기타 부가 서비스가 있다. 세 번째로는, 기타 부가 서비스 중에서 핵심이 되는 것을 뽑아 계약서와 관련해 원스톱 종합 패키지로 제공하는 도큐사인 어그리먼트 클라우드(Agreement Cloud)가 있다.

먼저 이시그니처 서비스부터 알아보자. 말 그대로 종이 계약서가 아니라 시간과 장소에 구애받지 않고 이메일을 통해 언제 어디서든 계약과 관련한 사인을 할 수 있게 해주는 서비스다. 컴퓨터, 스마트폰, 태블릿 등을 모두 지원하기 때문에 계약 상대방의 이메일만 알고 있으면 말 그대로 언제 어디서든 사인을 할 수 있다.

이용 방법도 매우 간단하다. 정기 구독 형식으로 매달 10~40달러(1만 1,000~4만 4,000원) 정도만 내면 된다. 개인적으로 사용할 계획이고 매달 처리해야 하는 계약서의 수가 적다면 매달 10달러만 내는 플랜을 사용하면 된다. 기업을 운영하고 있어서 여러 명이 계약서에 사인해야 하고 처리해야 하는 계약서 수가 많다면 좀 더 비싼 플랜을 선택하면 된다.

현재 도큐사인의 매출 대부분이 이시그니처 서비스에서 나오고 있다. 그렇다면 궁금할 수 있다. 전자 계약서가 편리한 건 알겠는데 전자 계약서 시장이 정말 클까?

#27조 원 규모의 시장

사실 계약서는 사업을 하는 데 있어서 가장 기본이며 사업의 모든 과정에서 필요하다. 세일즈, 마케팅, 인사, 대금(지급), IT, 법률, 자재(관리) 등 각 부분을 진행할 때 다 계약서가 필요하며 계약서는 거래 상대방과의 사이에서 빈번하게 작성된다. 예를 들어, 사람 1명을 뽑을 때도 계약서가 필요하고 자재를 구매하거나 파트너십을 맺을 때도 계약서가 필요하다.

그래서 전자 계약서 시장은 전혀 작지 않다. 도큐사인은 전 세계 전자 계약서 시장을 총 250억 달러(27조 5,400억 원) 규모로 추정한다. 이 시장에서 현재 도큐사인이 약 14억 달러(약 1조 5,400억 원)의 매출을 일으키고 있으니 여전히 전체 시장 규모에 대비해서는 아주 작다고 볼 수 있다. 다시 말하면, 앞으로 도큐사인이 크게 성장할 수 있는 가능성이 매우 높다는 이야기다.

그렇다면 또다시 의문이 생길 수 있다. 시장에 도큐사인만 있는 게 아닐 텐데 경쟁사들은 어떻게 하고 있는 것일까? 경쟁사들도 가만히 있지는 않을 것 같은데 말이다.

그렇다. 시장에는 이미 다양한 경쟁사가 존재한다. 우리도 잘 알고 많이 사용하는 어도비는 어도비 사인이라는 서비스를 제공하고 있고, 클라우드 저장 공간을 제공하는 기업으로 유명한 드롭박스는 헬로 사인이라는 서비스를 제공하고 있다. 이 외에도 여러 온라인 계약서 서비스 기업이 있다. 그렇다면 이 기업들은 도큐사인에 위협이 되는 경쟁사일까?

#도큐사인의 강점

결론부터 말하면 아직 아니다. 이 경쟁사들이 도큐사인과 경쟁하기에 현재로서는 역량이 너무나도 약하다.

도큐사인은 단순히 하나의 서비스만을 제공하지 않는다. 기업이 사용하는 다양한 시스템에 맞는 서비스와 잘 연동될 수 있도록 포괄적인 기능을 제공한다. 현재 온라인 계약서 서비스 기업 중 이렇게 강력하고 포괄적인 역량을 지닌 기업은 도큐사인밖에 없다. 또한, 온라인 계약서 서비스 역시 보안이 매우 중요한데 이와 관련한 세계 최고 수준의 보안 기술을 보유하고 있는 기업이 바로 도큐사인이다. 게다가 다른 경쟁사보다 사용법은 쉽고 처리는 더 빠르며 편리한 기능을 더 많이 제공하고 있다. 가격까지 저렴하다.

온라인 계약에서 가장 중요한 것은 서비스의 신뢰도다. 내가 종이가 아닌 온라인으로 계약하는데 해당 계약서가 법적으로 유효하며 보안상으로도 문제가 없어야 한다. 그리고 국가 간에도 법률적으로 인정받는 시스템을 갖추고 있어야 한다. 특히 거래 금액이 크고 법률적으로 민감해 자칫 소송을 당할 여지가 있는 계약과 관련한 계약서라면 개인이든, 기업이든 돈을 조금 아끼려고 더 저렴한 서비스를 선택하기보다는 좀 더 공신력 있고 널리 쓰이는 서비스를 사용할 것이다. 따라서 온라인 계약서 시장에서도 1위 기업이 점점 더 큰 신뢰를 얻을 수밖에 없고 자연스럽게 더 큰 파워를 갖게 된다. 즉, 현재 1위 기업이 미래에도 더 많은 고객(사)을 얻을 수 있는 강력한 경쟁력을 갈수록 더 갖게 된다.

도큐사인의 경우가 이에 해당한다. 현재 도큐사인은 온라인 계약서 시장의 점유율이 무려 70%를 넘는다. 반면, 다른 수많은 경쟁사의 시장 점유율은 5~6% 정도로 파편화되어 있는 형편이다. 계약에서의 법적인 신뢰성과 안정성, 보안이 무엇보다 중요한 대기업들이 갈수록 도큐사인을 선호하는 이유가 되기도 한다. 향후 도큐사인의 시장 내 포지션은 더욱더 강해질 수밖에 없다.

코로나 이후 개인 간 접촉이 최소화되고 많은 기업이 재택근무를 선택하면서 종이 계약서가 아닌 온라인 계약서를 이용하는 고객 수가 폭증했다. 기업 고객의 수는 연평균 52%씩 크게 성장하고 있는데 기업 고객은 개인 고객보다 상대적으로 계약 건수가 많고 상향 판매나 교차 판매가 가능하기 때문에 도큐사인에 더 큰 수익원이 된다. 이미 전 세계 글로벌 대기업들 대부분은 도큐사인을 채택해 사용하고 있다.

매년 지속적인 투자를 통해 서비스를 업그레이드하고 있는 도큐사인의 서비스가 제공하는 편리성과 안정성은 경쟁사의 추종을 불허한다. 경쟁사가 도큐사인의 서비스를 따라오기 위해서는 마찬가지로 큰 투자를 해야 하는데 단기간에 쉽지 않다.

현재 도큐사인 매출의 80%가 미국에서 나오고 있고 20%만 해외에서 나오고 있다. 도큐사인의 핵심 전략 중 하나가 빠른 해외 진출이다. 유럽, 아시아 등으로 진출이 본격화되면 독보적인 온라인 계약서 시장의 1위 위치는 더욱 공고해질 것이다. 특히 다양한 글로벌 소프트웨어 기업들과 파트너십을 맺으면서 계약서 부문에서 더욱더 강력한 포지션을 구축하고 있다. 파트너십을 맺은 기업이 자사 제품을 도큐사인의 온라인 계약서 서비스와 패키지로 해서 같이 판매하는 것이다. 경쟁사들이 이러한 도큐사인의 강력한 포지션을 따라오기는 절대 쉽지 않을 것이다.

#도큐사인의 성장력

이시그니처 서비스 외에도 다양한 기업 고객의 니즈를 위한 기타 부가 서비스가 있다. 계약서 관련 사업을 하다 보니 연관되어 필요한 기능이나 서비스를 추가한 것이다. 온라인에서 사인을 하고 신용카드 등으로 결제할 때 관련된 사인 관련 기능을 제공하는 서비스, 계약서 내용을 인공지능이 자동으로 분석해 계약서 내용 중에 문제가 생길 만한 부분을 찾아주는 서비스를 예로 들 수 있다.

2019년에는 이러한 기타 부가 서비스 중에서 핵심이 되는 것들을 엮어 기업 고객이 계약서를 좀 더 체계적으로 관리할 수 있게 해주는 도큐사인 어그리먼트 클라우드를 출시했다. 이름만 들어서는 뭔가 어려워 보이지만 알고 보면 쉬운 개념이다.

기업에서 계약서 관련 업무는 절대로 단순하지 않다. 계약서에 사인하는 것이 가장 핵심이지만 이를 위해서는 '계약서 준비하기→법무팀 등에 피드백을 받아 고치기→프린트하기→계약 상대방에서 이메일로 보내기(종이 계약서라면 스캔을 하거나 해서 기록으로 남기기)→상대방에게 보냈으니 확인 부탁한다고 연락하기→상대방 연락 기다리기→상대방 피드백을 받고 보고하기(수정할 내용이 생기면 법무팀을 찾아가기)' 등의 과정을 거쳐야 한다. 이 외에도 만기가 돌아오는 계약들은 사전에 일일이 기록해놓고 있다가 갱신해야 하는 등 신경 쓸 일이 참 많다.

도큐사인 어그리먼트 클라우드는 이러한 부분을 모두 온라인상에서 쉽고 간편하게 처리할 수 있도록 도와주는 하나의 계약서 관련 종합 패키지다. 계약서 사인의 앞 단계와 뒷 단계를 모두 디지털화시켜 좀 더 효율적으로 기업 고객이 계약서 관련 업무를 처리할 수 있게 해주는 것이다. 물론 이는 앞에서 말한 것처럼 이미 기업 고객이 사용하고 있는 다양한 세일즈, 마케팅, IT 관련 시스템과 유기적으로 연결될 수 있어야 한다.

도큐사인은 현재로서는 이를 모두 포괄적으로 지원하는 역량을 갖춘 유일한 기업이다. 온라인 계약서 사인 서비스를 제외한 다른 부가적인 서비스의 글로벌 시장 규모 역시 작지 않은데 이 시장까지 선점해 미래에는 더 크게 성장하겠다는 전략을 세우고 있다.

#도큐사인의 실적

이러한 사업들을 통해 도큐사인은 현재 약 14억 5,300만 달러(약 1조 6,000억 원)의 매출액을 향후 50억 달러(5조 5,000억 원) 이상으로 키우겠다는 목표를 세웠다. 현재 도큐사인의 독보적인 시장 내 선두위치와 지속적인 서비스의 혁신 속도를 볼 때 가능할 수도 있어 보인다.

그렇다면 현재까지의 매출은 어떤지 살펴보자. 2017년 1월 말 기준 매출액은 약 3억 8,100만 달러(약 4,200억 원)였는데 2021년에는 약 14억 5,300만 달러(약 1조 6,000억 원)로 지난 5년 동안 4배 정도 성장한 것을 확인할 수 있다. 그런데 현재는 사업 성장에 집중하고 있어 순이익은 계속 적자다.

[도큐사인의 매출]

Annual Data | Millions of US $ except per share data		2021-01-31	2020-01-31	2019-01-31	2018-01-31	2017-01-31
Revenue	📊	$1,453.047	$973.971	$700.969	$518.504	$381.459
Cost Of Goods Sold	📊	$364.058	$243.234	$192.421	$118.273	$102.477
Gross Profit	📊	$1,088.989	$730.737	$508.548	$400.231	$278.982
Research And Development Expenses	📊	$271.522	$185.552	$185.968	$92.428	$89.652
SG&A Expenses	📊	$991.322	$738.694	$748.903	$359.456	$305.147
Other Operating Income Or Expenses		-	-	-	-	-
Operating Expenses	📊	$1,626.902	$1,167.48	$1,127.292	$570.157	$497.276
Operating Income	📊	$-173.855	$-193.509	$-426.323	$-51.653	$-115.817
Total Non-Operating Income/Expense	📊	$-55.637	$-10.047	$-1.885	$2.511	$0.761
Pre-Tax Income	📊	$-229.492	$-203.556	$-428.208	$-49.142	$-115.056
Income Taxes	📊	$13.775	$4.803	$-1.75	$3.134	$0.356
Income After Taxes	📊	$-243.267	$-208.359	$-426.458	$-52.276	$-115.412
Other Income		-	-	-	-	-
Income From Continuous Operations	📊	$-243.267	$-208.359	$-426.458	$-52.276	$-115.412
Income From Discontinued Operations		-	-	-	-	-
Net Income	📊	$-243.267	$-208.359	$-426.458	$-53.737	$-116.868

- Revenue: 총매출액 / Cost of Goods Sold: 매출 원가 / Gross Profit: 매출 총이익 / Research And Development Expenses: 연구개발비 / SG&A Expenses: 판매관리비 / Operating Income: 영업 이익 / Net Income: 순이익
- 단위: 백만 달러 | 출처: macrotrends.net

사내에 현금은 2021년 1월 말 기준으로 7억 7,300만 달러(약 8,500억 원) 정도를 보유하고 있다.

[도큐사인의 자산 현황]

Annual Data | Millions of US $ except per share data		2021-01-31	2020-01-31	2019-01-31	2018-01-31
Cash On Hand	📊	$773.505	$656.142	$769.381	$257.436
Receivables	📊	$323.57	$237.841	$174.548	$123.75
Inventory		-	-	-	-
Pre-Paid Expenses	📊	$48.39	$37.405	$29.976	$23.349
Other Current Assets	📊	$16.883	$12.502	$10.616	$14.26
Total Current Assets	📊	$1,162.348	$943.89	$984.521	$418.795
Property, Plant, And Equipment	📊	$165.039	$128.293	$75.832	$63.019
Long-Term Investments	📊	$92.717	$239.729	$164.22	
Goodwill And Intangible Assets	📊	$471.979	$251.382	$269.428	$51.454
Other Long-Term Assets	📊	$24.942	$24.678	$8.833	$11.17
Total Long-Term Assets	📊	$1,174.159	$947.248	$630.896	$201.178
Total Assets	📊	**$2,336.507**	**$1,891.138**	**$1,615.417**	**$619.973**
Total Current Liabilities	📊	$1,093.173	$693.965	$516.313	$373.819
Long Term Debt	📊	$696.609	$465.321	$438.932	-
Other Non-Current Liabilities	📊	$48.82	$18.173	$17.408	$11.746
Total Long Term Liabilities	📊	$917.597	$650.846	$484.742	$37.301
Total Liabilities	📊	**$2,010.77**	**$1,344.811**	**$1,001.055**	**$411.12**
Common Stock Net	📊	$0.019	$0.018	$0.017	$0.004
Retained Earnings (Accumulated Deficit)	📊	$-1,380.452	$-1,137.185	$-928.778	$-502.32
Comprehensive Income					
Other Share Holders Equity	📊	$4.964	$-1.673	$-1.965	$3.403
Share Holder Equity	📊	**$325.737**	**$546.327**	**$614.362**	**$208.853**

- Cash On Hand: 보유 현금 / Receivables: 매출 채권 / Inventory: 재고 / Pre-Paid Expenses: 선급 비용 / Total Current Assets: 총 유동자산(1년 안에 현금화할 수 있는 자산) / Total Assets: 총자산 / Total Current Liabilities: 단기 부채(1년 안에 만기가 돌아오는 부채) / Total Liabilities: 총부채 / Share Holder Equity: 자기 자본
- 단위: 백만 달러 │ 출처: macrotrends.net

시장에 여러 경쟁사가 있지만 아직 도큐사인을 위협할 만한 좋은 서비스를 가진 경쟁사는 없어 보인다.

종이 계약서가 사라지고 온라인상에서 간편하게 계약을 체결하고 관리할 수 있는 시대는 이미 시작됐고 점점 더 확산할 수밖에 없다. 이러한 시대의 흐름에 큰 수혜를 입는 기업 중 하나가 바로 도큐사인이 될 것이다.

[도큐사인 투자 포인트]

- 도큐사인은 온라인으로 간편하게 계약서에 사인할 수 있게 해주는 서비스를 제공한다. 관련 부문에서 글로벌 1위의 자리를 차지하고 있다.
- 전 세계 전자 계약서 시장은 27조 원 규모로 추산되는 반면, 도큐사인의 매출액은 아직 1조 5,400억 원 정도이므로 향후 더 크게 성장할 가능성이 있다.
- 도큐사인은 이용이 너무나도 간편하며 다양한 기업 고객의 서로 다른 시스템에 각각 맞출 수 있다는 장점을 갖고 있다.
- 특히 현재 도큐사인의 매출 80%가 미국에서 나오고 있어 해외 진출을 통한 성장도 기대되고 있다.
- 시장에 여러 경쟁사가 있지만 아직 도큐사인을 위협할 만큼 강력한 경쟁사는 없다. 앞으로 점차 종이 계약서가 사라져 가는 4차 산업혁명의 큰 흐름에서 수혜를 입는 기업이 될 수 있다.

15

쿠파
글로벌 기업의 구매 관리를 책임지다

독자 여러분 대부분은 쿠파(Coupa, 티커: COUP)라는 기업에 대해서는 처음 들었을 것이다. 사실 쿠파는 매우 착실하고 빠르게 성장을 거듭해오고 있는 숨어 있는 강자, 즉 히든 챔피언(Hidden Champion)으로 불리는 아주 탄탄한 기업이다.

쿠파는 한마디로 클라우드를 기반으로 '기업의 구매 관리 소프트웨어'를 제공하는 기업이다. 관련 부문에서 가장 선두를 달리고 있다. 세일즈포스닷컴이 기업의 영업 관리를 간편하게 해주는 소프트웨어를 제공하는 것처럼 쿠파는 기업의 구매 관리를 간편하게 해주는 소프트웨어를 제공한다.

영어로 BSM(Business Spend Management)이라고 하는 '기업의 구매 관리'를 처음에 들으면 무슨 말인지 잘 와닿지 않을 것이다. 하지만 알고 보면 매우 쉬운 개념이다.

기업은 기본적으로 물건이나 서비스를 판매하지만 반대로 사내에 필요한 물품을 다양하게 구매하기도 한다. 제품을 만들기 위해 필요한 원자재, 사무실에 필요한 책상이나 의자, 컴퓨터, 모니터, 심지어 직원들이 먹을 간식까지 그 대상도 엄청나다. 매일 구매해야 하는 제품도 많다.

기업 규모가 작으면 회계 업무를 맡는 직원이 그냥 다 구매하면 된다. 문제는 기업이 성장하면서부터다. 기업이 점점 커지면서 다양한 부서가 생기고 직원이 1,000명, 2,000명, 더 많게는 수만 명까지 늘어나면 구매는 더 이상 단순한 작업이 아닌 게 된다. 부서마다 필요한 물품이 다 다른 상황에서 어느 부서가 어떤 물품을 어디에서 얼마에 구매했는지까지 통합해 관리할 필요가 생기는 것이다.

그렇다면 과거에는 기업에서 물품을 어떻게 구매했을까? 직원이 필요한 물품을 사러 매장에 직접 가거나 아마존 같은 온라인 사이트에서 법인카드로 물품을 구매한 다음, 영수증을 차곡차곡 종이에 붙여 품의서와 함께 제출해 승인을 받았다. 이 과정이 당연하게 느껴질지 모르겠지만 사실 여기에는 2가지 문제점이 있다.

첫 번째, 구매 가격을 줄일 여지가 없었다. 부서마다 필요한 물품 중에 같거나 비슷한 물품은 모아서 공급처와 협상하면 좀 더 할인된 가격으로 구매할 수 있다. 과거에는 부서마다 알아서 소량으로 구매했기 때문에 가격 협상의 여지가 없었다.

두 번째, 경비 처리를 할 사람이 필요했다. 매장에 직접 가거나 영수증을 붙이는 작업도 직원의 시간과 노력이 들어간다. 이 과정을 없애거나 간소화하면 경비 처리를 위해 들어가는 인건비를 절약할 수 있는데 과거에는 그렇게 하지 못했다.

#쿠파의 구매 관리, 그렇게 대단한 것인가?

쿠파는 누구나 쉽고 편리하게 사용할 수 있는 기업용 구매 관리 소프트웨어를 제공해줘서 기업의 구매 과정을 혁신시켰다. 각 부서의 직원들은 필요한 물품이 있으면 쿠파의 사이트에 들어가 필요한 제품을 검색하고 구매하면 끝이다. 이미 쿠파는 500만 곳이 넘는 물품 공급처가 파트너로 연결되어 있다. 만일 쿠파에 등록되어 있지 않은 공급처에서 물건을 구매하고 싶으면 관련 공급처를 시스템에 등록하면 된다. 그러면 다른 부서의 사람도 쿠파를 통해 해당 공급처에서 구매하면 미리 기업끼리 협상으로 할인된 가격으로 살 수 있다.

영수증은 모두 시스템상에서 자동 처리되고 승인도 담당자에게 이메일로 자동으로 가기 때문에 영수증을 풀로 종이에 붙여 제출해야 하는 번거로움이 더 이상 없다. 기업의 관리자 입장에서는 구매 관련 비용을 절감할 수 있고 모든 지출이 하나의 플랫폼에서 통합되어 관리되기 때문에 기업의 자금을 누가 어디에 어떻게 사용했는지 한눈에 파악이 가능해진다. 또한, 이로 인해 수집된 엄청난 양의 지출 관련 데이터를 통해 향후 기업 자금을 어떻게 더 효율적으로 써야 할지, 어디에서 더 아낄 수 있을지에 대한 인사이트가 생기게 된다.

'구매? 이런 구매 소프트웨어가 뭐 그렇게 대단한 거야?'라고 생각할 수 있다. 그렇다. 대단한 게 맞다. 서로 다른 시스템을 사용하는 수많은 기업이 기존에 쓰고 있던 ERP(전사적 자원 관리) 시스템과 연동해 손쉽게 자신들의 입맛에 맞게 커스터마이즈가 된 새로운 구매 소프트웨어를 구하는 것은 결코 쉬운 일이 아니다. 쿠파의 경쟁력이 바로 여기에서 나온다. 쿠파의 가장 큰 경쟁우위는 SAP, 넷스위트, 오라클, 워크데이, 마이크로소프트다이내믹스 등 기존 ERP 시스템이나 인사 관리 시스템 등과 매우 손쉽게 통합해 사용할 수 있다는 점에 있다.

쿠파는 이미 구매 관리 소프트웨어 부문에서 시장을 선점한 선두주자로 전 세계 1,400여 개 기업을 고객으로 보유하고 있다. 여기에는 우리가 아는 유명한 대기업이 많이 포함되어 있다. 아틀라시안, 세일즈포스닷컴 등 IT 기업들뿐 아니라 전통적인 제조업체들인 코카콜라, 토요타, BMW 등이 있다.

#쿠파의 설립 및 성장

쿠파의 사업 모델에 대해서는 이해했으니 언제 누구에 의해 만들었는지 살펴보자. 쿠파는 지금으로부터 15년 전인 2006년에 데이브 스티븐스와 노아 아이즈너에 의해 실리콘밸리에 설립됐다.

데이브 스티븐스는 1991년 미국 서부의 명문인 버클리대학교에서 화학 공학을 전공했다. 졸업한 후에는 텍사스에 있으면서 기업들의 공장 자동화를 도와주는 컨설팅회사에서 4년간 근무했다. 이후 실리콘밸리로 돌아와서 오라클로 이직한다.

오라클은 '전사적 자원 관리', 즉 ERP 관련 소프트웨어로 유명한 기업이다. ERP는 기업의 회계·재무·프로젝트 관리, 공급망 운영, 그리고 기업의 구매 관련 활동 등을 모두 통합해 컴퓨터에서 한눈에 보고 파악할 수 있게 관리해주는 시스템을 말한다.

오라클의 ERP 시스템에는 e-Procurement, 즉 기업 내 전자 구매 시스템을 구축하는 솔루션도 포함되어 있었는데 데이브 스티븐스는 오라클에서 이 전자 구매 시스템 부문을 총괄하는 부사장까지 올라간다.

데이브 스티븐스는 오라클에서 7년간 근무를 했는데 오라클 내에서 혁신의 속도가 점점 느려지는 것에 불만을 느끼게 되면서 스타트업 창업을 고민하다가 2005년 11월에 퇴사하게 된다. ERP 소프트웨어를 만드는 사업을 하려다가 곰곰이 생각해보니 자신이 가장 잘 아는 분야가 바로 오라클에서 담당했던 전자 구매 분야이고 당시 전자 구매 분야는 사람들에게 큰 관심을 받고 있지 못하다는 점에 주목했다.

오라클에서 수많은 기업의 ERP 시스템 안에 전자 구매 소프트웨어를 설치해주는 일을 했지만 사실 전자 구매 소프트웨어는 사용하기 복잡해 부서에서 사람들이 잘 사용하지 않는 경우가 많았다.

기존 전자 구매 소프트웨어의 문제점을 누구보다 잘 알고 있었던 데이브 스티븐스는 직장 동료였던 노아 아이즈너와 함께 의기투합해 쿠파를 설립하게 된다. 그리고 중소기업부터 대기업까지 저렴한 가격으로 기존에 사용하던 ERP 시스템에 연동해 손쉽게 사용할 수 있는 편리한 전자 구매 소프트웨어를 개발하게 된 것이다. 시장에 제품이 출시되면서 쿠파는 빠르게 성장했다.

#새로운 CEO 영입과 제2의 도약

2009년에 쿠파는 사업의 성장을 더 빠르게 이끌 새로운 CEO를 영입한다. 바로 롭 번슈테인이다. 그는 하버드대 MBA를 졸업하고 세계적인 경영 컨설팅사인 맥킨지와 오라클에서 제품 전략과 마케팅을 담당했던 엘리트다.

롭 번슈테인이 CEO를 맡고 나서 쿠파는 더욱더 사업에 날개를 달게 되었는데 이후 무려 26분기, 즉 6년 반 동안 한 번도 빠짐없이 매출 성장을 달성하는 기염을 토하게 된다. 2016년 쿠파는 나스닥에 성공적으로 상장하면서 약 1억 3,300만 달러(약 1,460억 원)를 현금으로 조달한다.

그렇다면 현재 쿠파의 매출은 어떤지 살펴보자. 쿠파의 2017년 1월 말 기준 매출액은 약 1억 3,300만 달러(약 1,460억 원)였는데 2021년에는 약 5억 4,100만 달러(약 5,950억 원)로 4배 정도 성장했다. 영업 이익과 순이익은 아직 적자로 2021년 1월 말 기준으로 약 1억 8,000만 달러(약 1,980억 원) 적자다. 연구개발비로 매출액의 약 25%인 약 1억 3,300만 달러(약 1,460억 원)를 지출하고 영업 및 마케팅 비용으로 매출액의 약 65%를 사용하는 것을 보면 현재는 공격적으로 사업을 확장하는 중으로 보인다.

[쿠파의 매출]

Annual Data | Millions of US $ except per share data		2021-01-31	2020-01-31	2019-01-31	2018-01-31	2017-01-31
Revenue	📊	$541.643	$389.719	$260.366	$186.78	$133.775
Cost Of Goods Sold	📊	$221.701	$139.216	$83.454	$59.906	$46.269
Gross Profit	📊	$319.942	$250.503	$176.912	$126.874	$87.506
Research And Development Expenses	📊	$133.842	$93.089	$61.608	$44.536	$30.262
SG&A Expenses	📊	$352.653	$230.839	$162.664	$127.3	$92.668
Other Operating Income Or Expenses		-	-	-	-	-
Operating Expenses	📊	$708.196	$463.144	$307.726	$231.742	$169.199
Operating Income	📊	$-166.553	$-73.425	$-47.36	$-44.962	$-35.424
Total Non-Operating Income/Expense	📊	$-77.95	$-28.342	$-8.701	$2.805	$-1.335
Pre-Tax Income	📊	$-244.503	$-101.767	$-56.061	$-42.157	$-36.759
Income Taxes	📊	$-64.386	$-10.935	$-0.537	$1.648	$0.848
Income After Taxes	📊	$-180.117	$-90.832	$-55.524	$-43.805	$-37.607
Other Income		-	-	-	-	-
Income From Continuous Operations	📊	$-180.117	$-90.832	$-55.524	$-43.805	$-37.607
Income From Discontinued Operations		-	-	-	-	-
Net Income	📊	$-180.117	$-90.832	$-55.524	$-43.805	$-37.607

- Revenue: 총매출액 / Cost of Goods Sold: 매출 원가 / Gross Profit: 매출 총이익 / Research And Development Expenses: 연구개발비 / SG&A Expenses: 판매관리비 / Operating Income: 영업 이익 / Net Income: 순이익
- 단위: 백만 달러 | 출처: macrotrends.net

쿠파의 현금 보유량은 약 6억 600만 달러(약 6,670억 원)를 기록하고 있다(2021년 1월 기준).

[쿠파의 자산 현황]

Annual Data | Millions of US $ except per share data		2021-01-31	2020-01-31	2019-01-31	2018-01-31	2017-01-31
Cash On Hand	📊	$606.32	$767.205	$321.419	$412.903	$201.721
Receivables	📊	$196.009	$118.508	$95.274	$61.366	$47.614
Inventory		-	-	-	-	-
Pre-Paid Expenses	📊	$36.381	$31.636	$10.343	$10.952	$9.15
Other Current Assets		-	-	-	-	-
Total Current Assets	📊	$854.251	$929.331	$434.36	$488.977	$261.576
Property, Plant, And Equipment	📊	$28.266	$18.802	$10.549	$5.186	$4.642
Long-Term Investments		-	-	-	-	-
Goodwill And Intangible Assets	📊	$2,113.02	$570.772	$265.485	$64.43	$12.154
Other Long-Term Assets	📊	$31.491	$12.221	$10.766	$9.961	$2.597
Total Long-Term Assets	📊	$2,250.914	$664.742	$305.704	$83.473	$22.288
Total Assets	📊	**$3,105.165**	**$1,594.073**	**$740.064**	**$572.45**	**$283.864**
Total Current Liabilities	📊	$1,061.507	$510.768	$401.859	$153.699	$108.537
Long Term Debt	📊	$897.525	$562.612	-	$163.01	
Other Non-Current Liabilities	📊	$67.915	$28.62	$22.304	$12.88	$0.467
Total Long Term Liabilities	📊	$1,003.058	$620.813	$24.924	$178.206	$1.435
Total Liabilities	📊	**$2,064.565**	**$1,131.581**	**$426.783**	**$331.905**	**$109.972**
Common Stock Net	📊	$0.007	$0.007	$0.006	$0.006	$0.005
Retained Earnings (Accumulated Deficit)	📊	$-525.806	$-345.689	$-254.857	$-204.481	$-160.476
Comprehensive Income	📊	$9.165	$0.871	$0.335	$-0.298	-
Other Share Holders Equity	📊	$0.369	$16.835			
Share Holder Equity	📊	**$1,040.6**	**$462.492**	**$313.281**	**$240.545**	**$173.892**

- Cash On Hand: 보유 현금 / Receivables: 매출 채권 / Inventory: 재고 / Pre-Paid Expenses: 선급 비용 / Total Current Assets: 총 유동자산(1년 안에 현금화할 수 있는 자산) / Total Assets: 총자산 / Total Current Liabilities: 단기 부채(1년 안에 만기가 돌아오는 부채) / Total Liabilities: 총부채 / Share Holder Equity: 자기 자본
- 단위: 백만 달러 │ 출처: macrotrends.net

#쿠파의 성장 요인

그렇다면 쿠파는 미래에도 지속적으로 성장할 수 있을까? 쿠파의 성장 요인은 크게 4가지로 정리가 가능한데 성공적으로 성장하는 스타트업의 요건을 모두 갖추고 있다.

첫 번째, 쿠파는 현재 시장 1위의 구매 관리 소프트웨어를 보유하고 있고 시장에서 선두주자의 위치를 점하고 있는데 향후 큰 이변이 없는 한 지금의 선두주자로서의 위치를 공고히 하며 성장할 것으로 전망된다. 미국 시장 조사 기관인 포레스터 리서치, 가트너 등의 리포트에서도 알 수 있듯이 쿠파는 구매 관련 부문에서 시장 1위를 차지하고 있다. 매출액도 매년

꾸준히 증가하고 있고 정기 구독으로 나오는 매출 비중이 전체 매출의 89%를 차지하고 있어 안정적인 매출 구조를 확보하고 있다.

두 번째, 쿠파는 강력한 세일즈 파트너 네트워크를 구축해 후발주자인 경쟁사들보다 이미 경쟁에서 유리한 위치를 점하고 있다. 기업이 기존에 사용하고 있는 ERP 시스템에 쿠파의 전자 구매 소프트웨어를 도입하기 위해서는 이를 연결해줄 수 있는 IT 컨설팅 업체가 필요하다. 이 컨설팅 업체들이 매우 중요한데 그 이유는 쿠파를 대신해 쿠파의 전자 구매 소프트웨어를 자사와 연관된 기업들에 홍보하고 권유하기 때문이다. 쿠파는 현재 글로벌 톱 IT 컨설팅 업체들부터 중소형 컨설팅 업체들까지 파트너로 확보해 강력한 파트너 네트워크 시스템을 구축하고 있다.

세 번째, 쿠파가 속한 전자 구매 소프트웨어 시장의 사이즈를 고려해볼 때 아직 쿠파가 크게 성장할 여지가 많다. 쿠파가 제공하는 서비스 관련 시장의 전체 규모는 560억 달러(약 62조 원)로 추산된다. 현재 쿠파의 매출액이 전체 시장의 1%도 되지 않기 때문에 향후 큰 폭의 성장이 기대된다.

마지막으로, 수익성이 분기별로 개선되고 있다는 점이 매우 긍정적이다. 현재 전체 매출 총이익률은 60% 정도로 높은 마진율을 보이고 있으며 영업 마진율 역시 분기마다 개선되고 있는 것을 확인할 수 있다.

쿠파의 현금 흐름도 지속적으로 향상되고 있는데 쿠파는 장기적인 관점에서 사업이 더 확장되면 규모의 경제를 통해 영업 마진율을 현재의 8%대에서 30%대까지 올릴 계획이라고 밝혔다. 이렇게 실제 숫자들이 쿠파의 밝은 미래 성장성을 보여주고 있기 때문에 투자자들에게 큰 관심을 받고 있고 쿠파의 주가 역시 우상향의 모습을 보여주고 있다.

미국에는 참 성장성이 좋은 테크 기업이 많다. 꼭 쿠파가 아니더라도 평소에 좋은 기업에 대해 공부하고 이름을 기억해놓았다가 시장에 조정이 오거나 큰 이벤트들이 생겨서 출렁일 때 저가에 매수하면 장기적으로 좋은 투자 결과가 있지 않을까 생각된다. 물론 늘 분산 투자와 분할 매수는 잊지 말아야 하겠지만 말이다.

[쿠파 투자 포인트]

- 쿠파는 기업이 간편하고 효율적으로 구매 활동을 관리할 수 있게 해주는 소프트웨어를 제공하고 있다. 이미 전 세계에 1,400개 이상의 기업을 고객으로 두고 있는 자타공인 구매 관리 솔루션 부문의 글로벌 1위 기업이다.
- 2021년 1월 말 기준으로 매출액은 한화로 약 5,950억 원이다. 4년 전 대비 4배 정도 성장했다. 연구개발비로 전체 매출액의 약 25%에 달하는 비용을 지출하고 영업 및 마케팅 비용으로 전체 매출액의 약 65%를 사용하며 공격적으로 사업을 확장 중이다.
- 쿠파는 현재 구매 관리 솔루션 관련 시장 1위로 선두의 포지션을 점하고 있으며 강력한 세일즈 파트너 네트워크를 통한 에코 시스템을 구축하고 있다. 또한, 전자 구매 솔루션 시장의 밝은 성장 전망, 수익성 개선 추세 등이 미래에도 성장할 수 있음을 기대하게 해준다.

16

옥타
온라인 통합 인증 솔루션 글로벌 1위

요새는 기억해야 하는 아이디와 패스워드가 너무 많아졌다. 이메일부터 온라인 뱅킹, 쇼핑몰 등 여러 사이트를 이용하다 보면 패스워드가 기억나지 않아 곤란을 겪고 시간을 낭비하는 경우가 종종 발생한다.

옥타(Okta, 티커: OKTA)는 이러한 문제를 해결해주는, 한마디로 다양한 온라인 서비스들에 통합 인증, 즉 싱글 사인 온(Single Sign On)을 가능하게 해주는 소프트웨어 솔루션을 제공하는 미국의 스타트업이다. 그럼 싱글 사인 온이 무엇인지부터 설명하면서 옥타에 대한 소개를 시작하겠다.

#한 번의 로그인으로 다 로그인된다

필자는 현재 한 IT 기업에서 일하고 있는데 매일 사무실에서 온라인에 접속해 사용하는 소프트웨어 수가 머릿속에 기억나는 것만 나열해도 10가지가 넘는다. 회사의 자체 시스템만 해도 여러 개이고 인사 관리 포털인 워크데이, 업무협업 툴인 아틀라시안, 데이터 리포트를 받기 위한 스플렁크, 물품을 구매하기 위해 사용하는 쿠파, 화상회의 때 사용하는 줌 등 외부 기업의 서비스도 있다.

그런데 각 서비스를 이용할 때마다 아이디와 패스워드를 넣어야 하는데 이와 관련해 하나하나 다 설정해 관리하는 것은 시간도 많이 들고 너무 복잡하다. 특히 기업의 경우 패스워드를 정기적으로 바꿔줘야 하는데 시간이 지나면 패스워드가 막 헷갈리기 시작한다. 이때 '이거 그냥 한 번의 로그인으로 모든 사이트에 다 로그인이 되게 해주는 거 없나?'라고 생각한 사람이 분명 있을 것이다. 그렇다. 바로 그것을 가능하게 해주는 솔루션이 옥타다.

옥타를 통하면 하나의 아이디와 패스워드로 모든 사이트에 접속이 가능하다. 이렇게 1개의 아이디와 패스워드로 관리할 수 있게 해주는 시스템을 바로 통합 인증, 영어로는 싱글 사인 온, 즉 SSO라고 부른다.

통합 인증 서비스는 기업들의 보안 시스템과 매우 밀접하게 연결되어 있어 매우 중요하다. 지금은 언제 어디서나 인터넷만 연결되면 회사 내부 시스템에 접속이 가능한 세상이기 때문에 누군가 내 아이디와 패스워드를 알아내면 말 그대로 내가 다니는 회사 시스템에 들어갈 수 있다. 통합 인증 서비스에는 그 어떤 서비스보다 훨씬 더 철저한 보안 장치가 필요한 이유다.

옥타는 스마트폰을 이용해 문자, 지문 인식, 얼굴 인식 등 이중, 삼중으로 본인을 인증해야만 접속이 가능한 시스템도 같이 제공한다. 이렇게 여러 단계를 걸쳐서 인증하는 시스템을 MFA(Multi-Factor Authentication)라고 부른다. 이러한 인증 과정을 여러 기업의 다양한 소프트웨어들과 유기적으로 연결해 끊김 없이 간편하고 빠르게 본인 인증을 할 수 있게 해주는 기술력이 바로 옥타의 경쟁력이다.

잘 와닿지 않는 독자가 있을 수 있어 필자의 실제 사례를 예로 들어보겠다. 아침에 필자가 회사 노트북을 키고 인사 관련 업무를 처리하기 위해 워크데이 사이트에 접속하면 로그인 창이 뜬다. 이때 아이디와 패스워드를 넣으면 바로 '옥타 인증'이라고 불리는 2차 본인 인증을 위한 팝업이 뜬다. 팝업에는 필자의 휴대폰으로 본인 인증을 위한 메시지를 보낼지에 대해 묻는 내용이 나온다. '본인 인증 보내기'를 누르면 몇 초 후에 필자의 휴대폰에 지금 로그인하려는 사람이 당신이 맞는지 물어보는 문자가 온다. 여기에서 'Yes'를 클릭하면 즉시 접속이 가능해진다.

현재 옥타는 이러한 통합 인증 서비스 분야에서 선두를 달리고 있는 기업이다. 옥타의 성장 상황을 보면 정말 성공적으로 잘 성장하는 기업의 정석이라고 할 만큼 거의 모든 면에서 굉장히 좋은 모습을 보여주고 있다. 그렇다면 궁금할 것이다. 이야기를 들어보니 조그만 스타트업 같은데 돈은 잘 벌고 있을까?

놀라지 마시라. 옥타의 기업 가치는 2021년 6월 초 기준으로 무려 한화 30조 원이 넘는다. 전 세계에 9,400여 개의 기업을 고객으로 두고 있으며 제품에 대한 만족도가 매우 높아 달러 기준 순매출 유지 비율(전년 대비 같은 고객들로부터 발생한 매출액 비율) 역시 123%가 넘는다. 작년에 고객이었던 기업들이 올해에는 23%나 더 매출을 올려주고 있다는 이야기다. 최근 결산 자료를 보면 한화로 9,000억 원이 넘는 매출을 기록했고 2018년부터 매출액은 매년 50%에 가깝게 급성장하고 있다.

옥타는 전 세계 사용자 수가 1억 명을 넘었다고 2019년에 밝힌 바 있다

(지금은 더 많아졌을 것이다). 또한, 500억 명이 사용해도 문제가 없을 정도로 솔루션의 확장성과 안정성, 높은 보안 수준을 확보할 계획이라는 포부를 드러냈다. 그렇다면 이렇게 엄청난 옥타는 누가 어떻게 창업한 것일까?

#창업을 결심한 세일즈포스닷컴 부사장

옥타는 2009년 토드 맥키넌이 샌프란시스코에 설립했다. 2021년 현재 49세인 토드 맥키넌은 캘리포니아폴리테크닉주립대학교에서 컴퓨터공학 석사를 마치고 피플소프트라는 인사 관리 전문 소프트웨어 기업에 들어가 개발자로 8년을 근무한다.

피플소프트? 어디서 들어본 기억이 나지 않는가? 워크데이를 소개할 때 이야기한 데이브 더필드가 워크데이를 창업하기 전에 만들었던 기업이다. 이 피플소프트가 오라클에 매각되자 토드 맥키넌은 그 당시 급속하게 성장하던 세일즈포스닷컴으로 이직해서 5년간 부사장으로 근무한다. 그러던 중 2008년 세계 경제를 강타한 글로벌 금융위기가 터지자 토드 맥키넌은 회사에서 자신의 위치가 안전하지만은 않다는 사실을 깨닫는다. 마침 토드 맥키넌은 세일즈포스닷컴에서 일하면서 얻은 사업 아이디어가 있었다.

세일즈포스닷컴과 같이 매달 돈을 내고 소프트웨어를 사용하는 방식을 사스(SaaS, Software as a Service)라고 하는데 당시에는 인터넷과 클라우드 사업의 붐을 타고 세일즈포스닷컴을 비롯해 다양한 사스 프로그램이 시장에 막 나오고 있었다.

토드 맥키넌은 세일즈포스닷컴에서 부사장으로 일하면서 많은 기업 고객 관계자와 만났는데 이러한 사스 프로그램을 설치하고 운영하는 기업 고객에 니즈가 있다는 점을 알게 됐다. 기업은 직원들이 사스 프로그램을 이용할 때 보안 관련 문제는 없는지, 직원들이 정말 해당 사스 프로그램을 많이 사용하는지 확인하고 싶어 했다. 만약 직원들이 사스 프로그램을 잘 이용하지 않는다면 그 원인을 찾아 더 효율적으로 사용할 수 있게 도와주는 방법도 알고 싶어 했다.

그래서 토드 맥키넌은 이러한 기능의 솔루션을 기업 고객에 제공해주는 회사를 차리기로 결심한다. 당시 회사 이름은 지금 들으면 조금 촌스러울 수 있는 사슈어(Saasure)였다. 사스(SaaS)에 '확신'을 의미하는 'Sure'를 더해서 만들었던 것이다. 토드 맥키넌은 자신의 아이디어를 실행으로 옮기기 위해 반드시 설득해야 하는 한 사람이 있었다. 누구였을까? 바로 와이프였다.

#와이프를 설득하기 위해 프레젠테이션을 하다

당시에 30대 중반이었던 토드 맥키넌은 고등학교 동창과 결혼해 6개월이 된 아기가 있는 상황이었다. 만약 사업이 잘못되면 돈을 벌기 위해 와이프는 다시 일을 나가야 할 수도 있었다. 게다가 토드 맥키넌은 당뇨병까지 진단받은 상황이었다. 그래도 와이프를 설득하기 위해 13장짜리 프레젠테이션 자료를 만든다.

프레젠테이션 자료를 보면 어떻게 와이프를 설득했는지 알 수 있는데 그 내용이 재밌다. 프레젠테이션 제목은 '스타트업을 창업하기 위한 제안서'인데 부제가 '내가 왜 미치지 않았는가(Why I'm not crazy)'이다. 사실 당시 실리콘밸리에서 제일 잘 나가는 기업 중 하나였던 세일즈포스닷컴 부사장 자리를 박차고 실패할 수도 있는 스타트업을 차린다고 하면 와이프 입장에서는 충분히 미쳤다고 할 수 있다.

토드 맥키넌은 세일즈포스닷컴을 그만둬야 하는 이유를 다음과 같이 들었다.

- 회사에서 더 이상 새로운 것을 빠르게 배우지 못하고 있다.
- 사내 정치 때문에 당분간 중요한 보직을 맡을 가능성이 매우 낮다.
- 5년 후 회사에서의 내 모습을 그려봐도 지금과 별반 다를 게 없어 보인다.
- 결론적으로 회사에 가는 것이 더 이상 즐겁지 않다.

프레젠테이션에는 질문과 답을 같이 쓴 부분도 있는데 그중 하나를 소개하겠다.

'그러면 왜 갑자기 회사를 창업하려고 하는가?'
- 창업은 언제나 내 최종적인 꿈이었다.
- 현재 재정 상황은 내가 사업을 시작해도 가족의 미래를 위험에 빠뜨리지 않을 정도로 괜찮다.
- 만약 1년 반에서 2년 정도 사업을 해보고 실패하면, 세일즈포스닷컴과 스타트업 창업의 경험을 살려 다른 회사에 취직할 수 있다.

미국은 고용에 대한 유연성이 매우 높다. 특히 IT 기업의 환경에서는 다니던 회사를 그만두고 창업했다가 다시 취업하는 것이 한국보다 상대적으로 용이하다. 실리콘밸리에서는 창업을 통해 배운 것이 직장생활에도 도움이 된다고 생각하는 분위기다. 그래서 회사에서 원하는 역량이 있다면 창업 실패라는 이력은 재취업에 크게 문제가 되지 않는다. 특히 젊은 사람에게는 그 문이 더 넓다. 필자도 주변에서 이런 경우를 많이 봤다.

이 프레젠테이션에서 매우 중요한 이야기가 나오는데 토드 맥키넌의 미래를 내다보는 혜안이 드러나는 부분이기도 하다. 토드 맥키넌은 현재 소프트웨어 산업이 큰 변혁기를 맞고 있으며 특히 On-premise 환경, 즉 기업이 직접 서버를 보유하고 운영하는 기존의 IT 환경에서 온라인에 정보를 저장하는 클라우드 컴퓨팅 시대로 넘어가고 있으므로 여기에서 파괴적인 혁신이 일어날 기회가 생긴다고 했다. 또한, 2008년 글로벌 금융위기로 인해 많은 창업가와 기업이 이러한 대변혁기가 도래했는데도 새로운 분야에 투자하는 것을 망설이고 있기 때문에 오히려 이를 기회로 역이용해야 한다는 내용도 담고 있었다. 지금 뒤돌아보면 정확하게 맞았던 예측이었다.

토드 맥키넌이 와이프에게 제시한 기업의 이름은 앞에서 말했던 사슈어다. 기업의 사스 프로그램과 관련된 보안 상황 확인, 직원들의 사스 프로그램 이용 현황 모니터링, 그리고 직원들이 사스 프로그램을 더 잘 활용할 수 있게 도와주는 솔루션 등을 메인으로 제공하는 것이 사업 목적이었다.

토드 맥키넌은 친구들과 회사 동료들의 솔직한 피드백도 빼먹지 않고 와이프에게 보여줬다. 회사를 그만두고 앞으로 2년간 어떻게 가정의 재정을 꾸려 나갈지에 대한 계획도 상세하게 보여줬다.

이미 지인들에게 50만 달러(5억 5,000만 원) 정도를 엔젤 투자로 받기로 한 상태였는데 재미있게도 프레젠테이션에 투자하겠다고 이야기한 사람은 누구이고 투자할 수도 있다고 한 사람은 누구인지도 솔직하게 모두 적어놓았다.

진행에 대한 시나리오도 작성했는데 첫 번째 시나리오로 투자금을 모으지 못하고 실패하면 새로운 직업을 구하거나 세일즈포스닷컴으로 돌아가 겠다고 적었다. 또한, 창업한 후 어떻게 할지에 대한 시나리오, 그러니까 투자 유치에 성공하는 경우, M&A를 당하는 경우 등에 대한 시나리오도 만들어 와이프에게 보여줬다.

결국 와이프의 허락을 받은 토드 맥키넌은 세일즈포스닷컴을 그만두고 직장 동료였던 프레데릭 케레스트와 함께 창업을 한다.

#시장의 반응을 살피고 사업 방향을 바꾸다

토드 맥키넌은 계획에 따라 사슈어의 서비스를 개발하다가 곧 큰 문제에 봉착하게 된다. 기업들의 수요가 많을 것으로 예상했던 사스 프로그램의 보안 상황 확인이나 이용 현황 모니터링 등이 알고 보니 기업들이 굳이 돈을 내고 적극적으로 이용할 정도까지는 아니라는 사실을 깨달은 것이다. 그러나 이와 동시에 토드 맥키넌은 한 가지 흥미로운 사실을 발견한다. 기업들은 사슈어의 서비스에는 관심이 없었던 반면, 사스 프로그램을 포함한 클라우드상의 다양한 서비스에 대해 아이디와 패스워드를 통합 관리해주는 본인 인증 관리 서비스를 개발해준다면 이에 대해서는 기꺼이 돈을 지불할 의사가 있다는 점이었다.

이후 토드 맥키넌과 프레데릭 케레스트는 사업 방향을 싱글 사인 온, 즉 통합 본인 인증 분야로 전환하기로 하면서 회사 이름도 사슈어에서 옥타로 변경한다. 옥타는 무슨 뜻일까? 구름의 양을 뜻하는 기상학 용어다. 통합 본인 인증은 클라우드 시대에 핵심적인 서비스로 클라우드(Cloud)가 구름이라는 뜻이라 거기에서 따왔다고 한다. 재치가 있다.

토드 맥키넌은 CNBC와의 인터뷰에서 당시에 많은 기업이 옥타가 제공하는 싱글 사인 온 관련 서비스를 매우 필요로 했고 빨리 옥타가 제품을 출시하기를 원할 정도였다고 밝힌 바 있다. 옥타는 당시 시장에서는 간절히 원했으나 아무도 제공하고 있지 않았던 서비스를 발 빠르게 준비해 통합 본인 인증 서비스를 출시한 것이다. 실제로 서비스를 출시하자마자 엄청나고 빠르게 성장했다.

옥타는 창업 6년 만인 2015년에 실리콘밸리에서 가장 유명한 벤처캐피털인 세쿼이어캐피탈, 안데르센 호로위츠, 그레이록파트너스로부터 기업가치를 12억 달러(1조 3,200억 원)로 평가받으면서 7,500만 달러(825억원)의 투자를 받는다. 세쿼이어캐피탈 등은 실리콘밸리의 IT 업계에서는 모르는 사람이 없을 정도로 유명하다. 이 벤처캐피털이 투자했다면 일단 시장에서 엄청난 주목을 받고 있으며 미래가 촉망받는 스타트업이라고 보면 된다.

2017년에는 IPO를 통해 한화로 약 2,000억 원을 성공적으로 조달한다. 옥타는 매년 옥테인(Octane)이라는 기업 고객을 위한 콘퍼런스를 여는데 2018년 콘퍼런스에는 버락 오바마 전 대통령이 기조연설을 해서 화제가 되기도 했다.

#옥타의 미래가 기대되는 이유

그렇다면 옥타의 미래는 어떨까? 긍정적인데 그 이유는 다음과 같다.

첫 번째, 이미 시장에서 인정받은 뛰어난 통합 인증 솔루션을 보유하고 있으며 이를 발판으로 시장 1위의 선두주자 위치를 확보하고 있다. 실제로 필자가 사용자로서 보니 정말 편리하고 사용법이 쉬웠다.

고객 수를 보더라도 매년 꾸준히 증가해 현재 9,400개가 넘는 기업 고객을 확보했다. 10만 달러 이상 매출을 일으키는 기업 고객은 2020년 3분기 기준으로 1,780개 이상인데 분기별로 꾸준히 상승하고 있다. 또한, 클라우드를 기반으로 한 서브스크립션, 즉 정기 구독형 서비스가 잘 자리 잡혀 정기 구독 매출 비중도 전체 매출의 95%에 달한다. 매출 구조가 매우 안정적이라고 볼 수 있다.

두 번째, 시장성이 매우 좋다. 아직도 옥타가 성장할 여지가 매우 많다는 이야기다. 세계적으로 디지털 트랜스포메이션이 활발해지면서 많은 기업이 줌, 워크데이 등 클라우드를 기반으로 한 다양한 외부 서비스를 이용하고 있는데 앞으로 더 많은 기업이 이런 움직임에 동참할 수밖에 없다. 이때 기업에 가장 중요한 것 중 하나가 바로 '제로 트러스트 보안(Zero Trust Security)'이다. 즉, 철저한 신원 확인 절차를 통해 기업의 중요 정보, 직원 또는 고객의 정보가 외부로 새 나가지 않도록 하는 것이다.

기업의 자사 직원에 대한 신원 보안 인증 관련 시장 규모는 300억 달러(33조 원)이고, 기업의 서비스를 사용하는 일반 고객에 대한 보안 인증 관련 시장 규모는 250억 달러(27조 5,000억 원)로 추산된다. 두 시장을 합친 전체 시장 규모가 무려 550억 달러(60조 5,000억 원)에 달하지만 아직 옥타의 매출액은 1조 원이 안 되기 때문에 향후 옥타는 더 크게 성장할 가능성이 매우 높다고 할 수 있다. 그리고 현재 미국 내 매출이 전체 매출의 84% 정도로 나오는 상황에서 유럽, 아시아로 시장을 확장하면 더 높은 성장이 기대된다.

세 번째, 점차 가시적으로 수익성 개선의 추세가 보이고 있다. 성장은 하지만 적자인 클라우드 관련 테크 기업이 상당히 많다. 그래서 언제 적자에서 흑자로 전환되는지를 중요하게 보고 있다. 옥타는 최근 들어 영업 이익과 현금 흐름이 개선되고 있다. 이러한 추세가 미래에도 지속한다면 조만간 흑자로 돌아설 가능성이 높다. 그렇다면 옥타가 정말 잘 성장하고 있는지 매출을 확인해보자.

#옥타의 실적

2017년 1월 말 기준 옥타의 매출액은 약 1억 6,000만 달러(약 1,760억 원)였는데 2021년에는 약 8억 3,500만 달러(약 9,190억 원)로 5배 정도 성장했다. 영업 이익과 순이익은 아직 적자이고 최근 자료를 보면 약 2억 6,600만 달러(약 2,930억 원)의 순손실을 기록했다.

옥타는 매출액의 27% 정도를 연구개발비로 투자하고 있고 세일즈와 마케팅 등에는 매출의 71% 정도를 사용하고 있는 것으로 봐서 현재 매우 공격적으로 영업을 하는 것으로 보인다.

[옥타의 매출]

Annual Data | Millions of US $ except per share data		2021-01-31	2020-01-31	2019-01-31	2018-01-31	2017-01-31
Revenue		$835.424	$586.067	$399.254	$256.547	$160.806
Cost Of Goods Sold		$217.681	$159.382	$113.421	$80.755	$55.949
Gross Profit		$617.743	$426.685	$285.833	$175.792	$104.857
Research And Development Expenses		$222.826	$159.269	$102.385	$70.821	$38.659
SG&A Expenses		$599.076	$453.248	$303.07	$216.823	$140.868
Other Operating Income Or Expenses		-	-	-	-	-
Operating Expenses		$1,039.583	$771.899	$518.876	$368.399	$235.476
Operating Income		$-204.159	$-185.832	$-119.622	$-111.852	$-74.67
Total Non-Operating Income/Expense		$-62.032	$-24.5	$-5.892	$1.682	$0.039
Pre-Tax Income		$-266.191	$-210.332	$-125.514	$-110.17	$-74.631
Income Taxes		$0.141	$-1.419	$-0.017	$-0.321	$0.425
Income After Taxes		$-266.332	$-208.913	$-125.497	$-109.849	$-75.056
Other Income		-	-	-	-	-
Income From Continuous Operations		$-266.332	$-208.913	$-125.497	$-109.849	$-75.056
Income From Discontinued Operations		-	-	-	-	-
Net Income		$-266.332	$-208.913	$-125.497	$-109.849	$-75.056

• Revenue: 총매출액 / Cost of Goods Sold: 매출원가 / Gross Profit: 매출 총이익 / Research And Development Expenses: 연구개발비 / SG&A Expenses: 판매관리비 / Operating Income: 영업 이익 / Net Income: 순이익
• 단위: 백만 달러 │ 출처: macrotrends.net

현금 보유량을 살펴보면, 한화로 약 2조 8,100억 원을 보유하고 있다.

[옥타의 자산 현황]

Annual Data | Millions of US $ except per share data		2021-01-31	2020-01-31	2019-01-31	2018-01-31	2017-01-31
Cash On Hand	📊	$2,556.191	$1,403.024	$563.768	$229.714	$37.672
Receivables	📊	$194.818	$130.115	$91.926	$52.248	$34.544
Inventory		-	-	-	-	-
Pre-Paid Expenses	📊	$81.609	$32.95	$28.237	$17.781	$7.025
Other Current Assets		-	-	-	-	-
Total Current Assets	📊	$2,878.567	$1,599.725	$708.116	$317.498	$92.79
Property, Plant, And Equipment	📊	$62.783	$53.535	$52.921	$12.54	$11.026
Long-Term Investments		-	-	-	-	-
Goodwill And Intangible Assets	📊	$75.032	$80.552	$31.986	$18.043	$11.785
Other Long-Term Assets	📊	$24.256	$18.505	$15.089	$10.427	$4.984
Total Long-Term Assets	📊	$420.23	$355.67	$276.197	$81.765	$37.845
Total Assets	📊	**$3,298.797**	**$1,955.395**	**$984.313**	**$399.263**	**$130.635**
Total Current Liabilities	📊	$1,545.614	$546.963	$573.104	$187.943	$134.496
Long Term Debt	📊	$857.387	$837.002	-	-	-
Other Non-Current Liabilities	📊	$11.375	$5.361	$3.018	$7.017	$6.079
Total Long Term Liabilities	📊	$1,059.14	$1,003.088	$158.832	$11.98	$11.79
Total Liabilities	📊	**$2,604.754**	**$1,550.051**	**$731.936**	**$199.923**	**$146.286**
Common Stock Net	📊	$0.013	$0.012	$0.011	$0.01	$0.002
Retained Earnings (Accumulated Deficit)	📊	$-967.456	$-701.124	$-492.211	$-366.714	$-287.909
Comprehensive Income	📊	$5.39	$0.892	$-0.319	$0.391	$-0.167
Other Share Holders Equity		-	-	-	-	-
Share Holder Equity	📊	**$694.043**	**$405.344**	**$252.377**	**$199.34**	**$-15.651**

• Cash On Hand: 보유 현금 / Receivables: 매출 채권 / Inventory: 재고 / Pre-Paid Expenses: 선급 비용 / Total Current Assets: 총 유동자산(1년 안에 현금화할 수 있는 자산) / Total Assets: 총자산 / Total Current Liabilities: 단기 부채(1년 안에 만기가 돌아오는 부채) / Total Liabilities: 총부채 / Share Holder Equity: 자기 자본
• 단위: 백만 달러 | 출처: macrotrends.net

코로나의 영향에도 불구하고 지속적인 실적 성장을 보여준 옥타는 시장에서 투자자들에게 상대적으로 인기가 많다. 그래서 주가도 현재 많이 올라가 있다. 2021년 6월 초 기준으로 220달러대다. 2020년 코로나 당시 100달러대에서 2배 정도 올랐다. 2021년 초에는 290달러대까지 오르기도 했다.

옥타는 매년 잘 성장하고 있지만 동시에 경쟁사들과의 경쟁이 갈수록 치열해지고 있다는 리스크가 존재한다. 가트너가 매년 발표하는 통합 인증 시장의 선두 기업들을 보면, 2019년까지만 해도 옥타가 가장 상위에

있었으나 2020년 10월에는 핑 아이덴티티, 마이크로소프트와 비슷한 위치로 내려와 있다. 그만큼 경쟁이 치열해지고 있다는 이야기다. 옥타가 아직 1위이긴 해도 어떻게 그 위치를 계속 유지할지 앞으로 지켜봐야 한다.

세일즈포스닷컴이라는 좋은 기업의 부사장 자리를 박차고 나와 창업한 스타트업을 10년 만에 시가총액 30조 원짜리 유니콘 기업으로 만든 토드 맥키넌이 향후 어떻게 다른 경쟁사들과의 경쟁에서 선두자리를 지키며 성장할지 기대가 된다.

[옥타 투자 포인트]

- 옥타는 다양한 온라인 사이트의 아이디와 패스워드를 통합해 본인 인증을 간편하게 해주는 기업용 통합 인증 솔루션 기업이다.
- 옥타는 기업용 통합 인증 솔루션 부문에서 글로벌 시장 1위이며 통합 인증 솔루션 하나로 기업 가치가 무려 한화 30조 원이 넘는 초우량 성장 기업이다(2021년 6월 초 기준).
- 현재 시장 1위라는 선두주자로서의 위치, 지속적인 연구·개발에 대한 막대한 투자, 전 세계 9,400개 이상의 고객사 확보, 클라우드 정기 구독형 서비스를 통한 안정적인 매출 구조, 밝은 시장성 등이 옥타가 아직도 크게 성장할 가능성이 높다고 보는 이유다.
- 최근 마이크로소프트, 핑 아이덴티티와 같은 경쟁사들이 점차 시장에 진입하고 있어 경쟁이 치열해질 전망이다. 앞으로 경쟁사들을 어떻게 제치고 선두자리를 지켜나갈지 관심 있게 지켜볼 필요가 있다.

17

유니티소프트웨어
메타버스 시대의 최대 수혜 기업

유니티소프트웨어(Unity Software, 티커: U, 이하 '유니티')는 4차 산업혁명에서 가상현실 및 메타버스와 관련해 에픽게임즈의 언리얼 엔진과 게임 엔진(Game Engine) 시장을 독식하고 있는 매우 중요한 기업이다.

최근 들어, 심심치 않게 뉴스 등에 등장하는 단어 중에 '메타버스'가 있다. '메타버스(Metaverse)'란, 가상이나 초월을 의미하는 '메타(Meta)'와 세계나 우주를 의미하는 '유니버스(Universe)'의 합성어로 3차원의 가상세계를 뜻한다. 미래에는 게임 산업과 메타버스, 즉 가상현실 관련 사업은 성장할 수밖에 없기 때문에 유니티 역시 지속적으로 큰 성장이 기대되는 기업이다. 그렇다면 유니티는 도대체 무엇을 만드는 기업일까?

#게임 엔진을 개발하다

유니티는 한마디로 게임을 개발할 때 꼭 필요한 게임 엔진을 개발하는 기업이다. 여기에서 게임 엔진은 자동차 엔진이 아니라 어도비의 포토샵과 같은 것이라고 보면 된다. 찍은 사진을 컴퓨터에서 수정하고 싶을 때 만일 포토샵과 같은 프로그램이 없다면 직접 본인이 사진을 수정하는 프로그램을 만들어야만 한다. 개발자도 아닌데 직접 포토샵과 같은 프로그램을 만들어야 한다? 생각만 해도 엄청난 시간과 돈과 노력이 들어갈 것이다. 다행히 우리는 포토샵이 있기에 너무나도 쉽고 빠르게 다양한 기능을 사용해 사진을 원하는 대로 편집할 수 있다.

　게임 개발에서도 마찬가지다. 게임을 만들고 싶다면 직접 게임을 제로(0)에서부터 하나하나 일일이 코딩을 다 해가며 만들 수는 있다. 하지만 이 작업은 엄청난 시간과 돈과 노력이 들어가야만 한다. 이때 유니티의 게임 개발 관련 소프트웨어를 사용하면 너무나도 쉽고 빠르게 높은 수준의 게임을 만들 수 있다. 특히 요즘 발매되는 게임들은 3D 기술을 이용해 매우 높은 수준을 자랑한다. 이러한 고(高)퀄리티의 게임을 개발사들이 쉽게 만들 수 있도록 도와주는 소프트웨어가 바로 유니티의 게임 엔진이다. 유니티의 소프트웨어로 만든 대표적인 게임으로는 앵그리 버드, 포켓몬 고 등이 있다. 또한, 닌텐도 스위치의 게임, 플레이스테이션(소니), Xbox(마이크로소프트), PC용 게임 등 거의 모든 게임 플랫폼의 많은 작품이 유니티의 소프트웨어를 사용한다.

　그러면 여기서 궁금증이 생긴다. 유니티가 게임 개발을 도와주는 소프트웨어라는 건 알겠는데 왜 4차 산업혁명에 필수적으로 중요한 기업이라고 할까? 4차 산업혁명을 주도하게 될 분야 중 하나인 가상현실 및 증강현실 분야에 바로 유니티의 게임 엔진이 사용되기 때문이다. 가상현실에서는 3D, 즉 입체로 된 정밀한 가상의 공간을 만들 수 있어야 하는데 이와 관련해 최적화된 솔루션을 바로 유니티가 제공한다. 이것은 마치 미래에 떠오르는 자율주행차 시장에서 엔비디아의 인공지능 및 그래픽 처리 기술이 들어 있는 GPU가 필수적이라서 엔비디아가 크게 성장할 가능성이 있는 것과 마찬가지다.

메타버스로 대표되는 3차원 가상세계 관련 사업은 먼 미래의 이야기가 결코 아니다. 이미 마이크로소프트, 페이스북 등 슈퍼 테크 기업들은 이 분야에 뛰어들어 시장을 창조하고 있다. 가상현실 관련 콘텐츠는 시장에 나오기 시작했고 머지않은 미래에는 우리 일상생활의 한 부분이 될 것이다. 가상현실이 얼마나 발전했는지 궁금하다면 페이스북이 얼마 전에 출시한 오큘러스 퀘스트 2를 구매하거나 체험해보기를 권한다. VR(가상현실) 기기를 처음 접해본 사람이라면 상상을 초월할 정도로 발전해 있는 가상현실의 세계에 깜짝 놀랄 것이다. 스티븐 스필버그 감독은 2018년 연출작인 '레디 플레이어 원'에서 가상현실 세계를 생생하게 그려놓았는데 오큘러스 퀘스트 2를 사용해보면 그러한 시대가 눈앞에 성큼 다가와 있다는 것을 몸으로 체험할 수 있다.

유니티가 제공하는 3D 그래픽 기술은 확장성이 어마어마하다. 게임의 영역에서 벗어나 영화 제작, 자동차 디자인, 건축 설계 등 2D와 3D 그래픽 기술이 필요한 거의 모든 분야에서 활용이 가능하다. 유니티라는 기업을 잘 이해하기 위해서는 유니티가 어떻게 만들어졌고 사업을 확장해왔는지부터 알아야 한다.

#덴마크에서 시작한 게임사

유니티는 처음에는 미국 회사가 아니었다. 2004년 덴마크 코펜하겐에서 데이비드 헬가손은 친구인 니콜라스 프렌시스, 요하킴 안테와 함께 지하실에 사무실을 차리고 '오버 더 에지 엔터테인먼트'라는 게임 개발사를 설립한다. 1년 후에 구볼이라는 게임을 처음으로 내놓았는데 잘 팔리지 않아 상업적으로 망한 게임이 된다.

그런데 게임은 망했지만 게임 개발 과정을 간단하게 하려고 만들어 놓은 게임 개발 소프트웨어에서 사업 기회를 포착하게 된다. 자신들과 같은 작은 인원의 게임 개발사들이 쉽게 게임을 제작할 수 있게 해주는 게임 엔진에 대한 니즈를 확인한 것이다. 이 부분에 집중하기로 하고 개발에 몰두했지만 처음 몇 년간은 사업이 순탄치 않았다.

2006년에 오버 더 에지 엔터테인먼트는 애플의 맥 OS용 그래픽 베스트 활용 부문에서 애플 디자인 어워드를 수상하면서 큰 전환기를 맞게 된다. 2007년 미국에서 아이폰이 최초로 출시됨과 동시에 아이폰용 모바일 게임 제작에 최적화된 게임 엔진 소프트웨어가 필요해졌다. 데이비드 헬가손은 아이폰용 게임 엔진을 빠르게 출시했는데 당시 앱스토어에서의 게임 앱 출시 열풍과 맞물려 급격히 성장하게 된 것이다. 이와 동시에 회사 이름을 오버 더 에지 엔터테인먼트에서 유니티로 바꾼다.

2012년에 유니티의 게임 엔진을 사용하는 개발자 수는 100만 명을 넘어섰고 그중 매달 사용하는 개발자 수는 30만 명에 달했다. 이 당시에 이미 전 세계 모바일 게임 개발자의 53%가 유니티의 게임 엔진을 사용할 정도였다. 유니티는 지속적인 기술 투자와 함께 더 급격하게 성장했고 2020년 말에는 150만 명의 개발자가 매달 유니티의 게임 엔진을 사용하고 있다. 그리고 매달 전 세계 27억 명이 유니티의 (게임 엔진을 포함한) 소프트웨어로 만든 게임이나 콘텐츠를 즐기고 있다. 그렇다면 왜 이렇게 게임 개발자들은 유니티를 선호하게 됐을까?

#유니티의 강점

게임 개발자의 선호에는 유니티의 강점 4가지가 큰 역할을 하게 된다.

첫 번째, 학생과 개인이 게임을 개발하는 경우 게임에서 발생하는 매출이 한화로 약 1억 1,000만 원이 되기 전까지는 무료로 소프트웨어를 사용할 수 있게 해줬다. 누구든 좋은 아이디어와 열정만 있다면 우리 소프트웨어를 사용해서 열심히 게임을 만들고 그 게임으로 1억 원 이상 벌면 그때부터 우리에게 사용료를 내라는 것이다.

유니티의 사업 철학은 영어로 'Democratize Game Development'이다. 한국말로 하면 '게임 제작의 민주화'라고 할 수 있다. 쉽게 말해 좋은 아이디어와 열정만 있다면 대기업이든, 학생이든, 부자든, 가난한 사람이든 평등하게 좋은 게임, 또는 좋은 3D 콘텐츠를 만들 수 있게 해주겠다는 이야기다.

두 번째, 게임 프로그래밍과 관련한 전문 지식이 없는 사람도 손쉽게 게임을 만들 수 있는 상대적으로 쉬운 게임 제작 소프트웨어를 제공하고 있다. 게다가 유니티의 소프트웨어를 사용하는 사람들을 위한 다양한 게임 제작 교육용 콘텐츠를 만들어 쉽게 배우는 기회까지 제공하고 있다. 정말 너그러운 방침이기도 하지만 한편으로 고객을 더 확보하고 시장에서 1위의 위치를 차지하기 위해 엄청난 비용을 고객에게 풀고 있다는 이야기도 된다. 아마존과 같이 일단 고객에게 경쟁사가 따라올 수 없을 만큼의 최고로 좋은 서비스를 제공해 시장의 우위를 확보하고 사업의 규모를 늘려가는 방식을 채택하고 있는 것이다. 고객 입장에서는 무료로 제품을 사용하게 해주고 트레이닝도 시켜주니 유니티를 안 쓸 이유를 오히려 찾기 힘들어지게 됐다.

세 번째, 다른 경쟁사들과 달리 엄청난 돈을 들여 자사의 소프트웨어를 통해 만든 게임이 다양한 기기에서 모두 호환될 수 있는 체계를 구축했다. 일반적으로 아이폰용으로 모바일 게임을 만들면 안드로이드폰에서는 호환이 안 되므로 처음부터 다시 안드로이폰용 게임을 만들어야 한다. 만약 PC용으로 만든 게임을 Xbox나 플레이스테이션에서도 할 수 있게 하려면 처음부터 해당 기기용 버전으로 만들어야 한다. 거의 새로 만든다고 보면 될 정도다.

그런데 유니티는 자사의 소프트웨어로 만든 게임이나 콘텐츠라면 디바이스나 시스템이 서로 달라도 거의 대부분 호환이 되도록 큰돈을 투자해 구축해놨다. 개발사 입장에서는 한 번 만든 게임이나 콘텐츠가 다른 기기에서도 모두 작동되니 게임 개발 비용과 시간을 엄청나게 절감할 수 있다. 유니티의 경쟁사로 종종 언급되는 에픽게임즈의 언리얼 엔진은 PC와 콘솔이 메인으로 모바일 쪽 지원은 거의 전무하다. 그래서 스마트폰으로 대변되는 모바일 시장 규모가 이미 PC와 콘솔 시장을 합친 규모보다 커졌기 때문에 유니티가 더 경쟁력이 있다고 시장에서 보고 있다.

마지막 네 번째, 자사의 소프트웨어로 만든 게임에 손쉽게 광고를 넣게 해주는 시스템도 개발해 제공하고 있다.

모바일 게임은 수익화가 쉽지 않다. 아주 재미있는 게임이라면 사람들이 알아서 다운로드를 받고 자발적으로 돈을 내며 게임을 한다. 반면, 인지도가 낮거나 새로 나온 게임은 그렇게 되기 힘들다. 그래서 개발자들 대부분은 게임을 무료로 먼저 배포했다가 게임을 하는 사람이 많아지면 그제야 수익화에 들어간다. 이때 보통 모바일 광고를 붙인다.

이런 상황에서 유니티의 소프트웨어로 게임을 개발했다면 유니티가 제공하는 광고 시스템을 추가해 손쉽게 매출을 올릴 수 있다. 물론 수익이 나면 유니티와 일정 부분은 나눠야 한다. 유니티는 자사의 소프트웨어를 사용하는 개발사들이 광고를 할 수 있게 해줘서 수익을 만들고, 개발사들은 매우 효과적인 광고 시스템을 손쉽게 사용할 수 있으니 서로가 윈윈하며 성장할 수 있게 된다.

이러한 강점들에 힘입어 유니티는 게임 산업에서 큰 주목을 받고 인기를 얻어 급성장하게 된다. 페이스북은 유니티의 소프트웨어를 이용하는 게임을 위한 개발 툴킷(Toolkit)을 내부 시스템에 통합시켜 관련 개발자를 지원하고 있다. 구글은 안드로이드 기기와 앱을 위한 증강현실 툴을 개발하기 위해 유니티와 파트너십을 맺었다. 마이크로소프트는 자사의 혼합현실 스마트 안경인 홀로렌즈에 유니티의 소프트웨어를 이용하고 있다.

유니티는 하고 있는 사업과 연관된 기업을 꾸준히 인수하면서 게임 산업 외에도 자동차, 건설 등 3D 시뮬레이션이나 콘텐츠가 필요한 기업 고객을 적극적으로 발굴해 사업 영역을 빠르게 확장하고 있다.

창업자이자 CEO였던 데이비드 헬가손은 2014년 10월에 CEO직에서 내려온다. 그리고 세계적인 게임 개발 및 유통업체인 EA의 전 CEO였던 존 리치티엘로가 새롭게 CEO를 맡게 된다. 현재 존 리치티엘로는 유니티를 게임 엔진 중심의 회사에서 자동차, 건축, 가상현실 등 4차 산업혁명을 이끄는 다양한 3D 콘텐츠 제작을 지원하는 솔루션 회사로 성공적으로 다각화시켰다는 좋은 평가를 받고 있다. 유니티는 샌프란시스코에 본사가 있고 전 세계 15개국에 30여 개의 사무소를 두고 있으며 한국에도 사무소를 열어 적극적으로 영업하고 있다.

#유니티의 사업 모델

그렇다면 현재 유니티는 어떻게 돈을 벌고 있을까? 유니티의 사업 모델을 통해 알아보자.

첫 번째는, 유니티의 가장 기본이 되는 사업으로 게임이나 3D 가상세계를 만드는 작업을 도와주는 소프트웨어 부문이다. 크리에이트 솔루션즈(Create Solutions)라고 하는데 게임이나 3D 콘텐츠 제작이 필요한 업체들은 정기 구독 형태로 매달 돈을 내고 소프트웨어를 사용할 수 있다. 유니티 전체 매출의 31% 정도를 차지하고 있다.

두 번째는, 현재 유니티 매출에서 60%를 차지하는 가장 큰 매출원인 광고 시스템 부문이다. 오퍼레이트 솔루션즈(Operate Solutions)라고 한다. 모바일 게임사들 대부분은 주로 게임 내 광고로 돈을 버는데 유니티는 이 게임사들이 돈을 벌 수 있는 광고 시스템을 제공해준다. 유니티는 현재 세계에서 가장 큰 모바일 광고 네트워크 중 하나를 보유하고 있으며 매달 230억 개의 광고를 집행한다고 한다.

마지막 세 번째는, 유니티 매출에서 약 9%를 차지하는 전략적 파트너십 및 기타 부문이다. 마이크로소프트, 페이스북, 구글 등 슈퍼 테크 기업들은 게임이나 가상현실 관련 사업들을 각각 추진하고 있다. 예를 들면, 페이스북은 오큘러스를 통해 가상현실 사업의 선두주자로 나서고 있고 구글은 플레이스토어에서 모바일 게임 앱을 판매하고 있으며 마이크로소프트는 게임 콘솔인 Xbox와 미래형 혼합현실 스마트 안경인 홀로렌즈를 개발하고 있다.

페이스북 등은 자사의 소프트웨어나 하드웨어가 현재 3D 및 가상현실 관련 게임 개발사, 콘텐츠 제작사들이 크게 선호하는 유니티의 소프트웨어와 잘 호환될 수 있도록 하는 것이 필수가 됐다. 그래서 슈퍼 테크 기업들은 유니티에 돈을 주면서 유니티의 소프트웨어가 자사의 플랫폼과 잘 연동될 수 있도록 힘을 쓰고 있다.

#유니티의 실적

지난 3년간 유니티의 매출액은 꾸준히 상승하고 있다. 2020년 매출액은 약 7억 7,200만 달러(약 8,500억 원)로 3년 전보다 2배 정도 성장했다. 매출 총이익률은 무려 78%로 마진율도 무척 높다.

[유니티의 매출]

Annual Data | Millions of US $ except per share data		2020-12-31	2019-12-31	2018-12-31
Revenue	〽	**$772.445**	**$541.779**	**$380.755**
Cost Of Goods Sold	〽	$172.347	$118.597	$81.267
Gross Profit	〽	**$600.098**	**$423.182**	**$299.488**
Research And Development Expenses	〽	$403.515	$255.928	$204.071
SG&A Expenses	〽	$471.395	$317.923	$225.718
Other Operating Income Or Expenses		-	-	-
Operating Expenses	〽	$1,047.257	$692.448	$511.056
Operating Income	〽	**$-274.812**	**$-150.669**	**$-130.301**
Total Non-Operating Income/Expense	〽	$-5.405	$-2.573	$-2.327
Pre-Tax Income	〽	**$-280.217**	**$-153.242**	**$-132.628**
Income Taxes	〽	$2.091	$9.948	$-1.026
Income After Taxes	〽	**$-282.308**	**$-163.19**	**$-131.602**
Other Income		-	-	-
Income From Continuous Operations	〽	**$-282.308**	**$-163.19**	**$-131.602**
Income From Discontinued Operations		-	-	-
Net Income	〽	**$-282.308**	**$-273.431**	**$-131.602**

• Revenue: 총매출액 / Cost of Goods Sold: 매출 원가 / Gross Profit: 매출 총이익 / Research And Development Expenses: 연구개발비 / SG&A Expenses: 판매관리비 / Operating Income: 영업 이익 / Net Income: 순이익

• 단위: 백만 달러 | 출처: macrotrends.net

연구개발비로는 전체 매출의 50%가 넘는 약 4억 300만 달러(약 4,430억 원)를 지출하고 있는데 성장하는 기업답게 큰돈을 장기적인 미래 성장을 위해 사용하고 있다. 그러한 영향으로 적자는 지속되고 있다.

2020년 말 기준으로 유니티가 보유하고 있는 현금은 약 17억 5,100만 달러(약 1조 9,260억 원)다. 2020년 9월에 상장하면서 많은 돈이 들어와

[유니티의 자산 현황]

Annual Data | Millions of US $ except per share data		2020-12-31	2019-12-31
Cash On Hand	�📊	$1,751.984	$129.959
Receivables	�📊	$274.255	$204.898
Inventory		-	-
Pre-Paid Expenses	�📊	$32.025	$23.142
Other Current Assets	�📊	$22.396	$9.418
Total Current Assets	�📊	$2,080.66	$367.417
Property, Plant, And Equipment	�📊	$95.544	$78.976
Long-Term Investments		-	-
Goodwill And Intangible Assets	�📊	$343.71	$280.339
Other Long-Term Assets	�📊	$47.702	$36.128
Total Long-Term Assets	�📊	$590.565	$395.443
Total Assets	�📊	**$2,671.225**	**$762.86**
Total Current Liabilities	�📊	$503.222	$336.528
Long Term Debt		-	-
Other Non-Current Liabilities	�📊	$11.805	$21.825
Total Long Term Liabilities	�📊	$130.86	$32.421
Total Liabilities	�📊	**$634.082**	**$368.949**
Common Stock Net	�📊	$0.002	$0.001
Retained Earnings (Accumulated Deficit)	�📊	$-797.498	$-515.19
Comprehensive Income	�📊	$-3.418	$-3.632
Other Share Holders Equity		-	-
Share Holder Equity	�📊	**$2,037.143**	**$393.911**

• Cash On Hand: 보유 현금 / Receivables: 매출 채권 / Inventory: 재고 / Pre-Paid Expenses: 선급 비용 / Total Current Assets: 총 유동자산(1년 안에 현금화할 수 있는 자산) / Total Assets: 총자산 / Total Current Liabilities: 단기 부채(1년 안에 만기가 돌아오는 부채) / Total Liabilities: 총부채 / Share Holder Equity: 자기 자본
• 단위: 백만 달러 | 출처: macrotrends.net

2019년 대비 보유 현금이 엄청나게 늘었다.

#골드러시 때 삽과 같은 역할

2020년 4분기 기준, 약 1억 1,000만 원 넘는 매출을 올리는 고객사의 수는 793개이며 지금도 기업 고객의 숫자는 꾸준히 증가하고 있다. 달러 기준 순매출 유지 비율, 즉 전년 대비 동일한 고객이 얼마나 더 매출을 일으켰는지를 보면 128~140%대나 된다. 또한, 동일 고객으로부터 교차 판매 등으로 얻는 매출의 증가세도 매우 좋은 편이다.

유니티는 온라인 게임인 포트나이트로 유명한 에픽게임즈의 언리얼 엔진과 경쟁하고 있지만 그렇다고 경쟁 영역이 완전히 겹치지는 않는다. 에픽게임즈의 매출 대부분은 언리얼 엔진이 아니라 게임 퍼블리싱에서 발생한다. 즉, 에픽게임즈는 자체적으로 만든 게임에서 나오는 수익이 주 수입원이라는 말이다. 물론 언리얼 엔진의 그래픽 결과물이 더 좋지만 PC와 콘솔에 주로 활용되고 있어 모바일을 비롯해 거의 대부분의 기기와 타 산업에서 손쉬운 활용이 가능한 유니티에 비해 범용성과 확장성 측면에서 상대적으로 열세에 있다. 그리고 유니티의 소프트웨어가 상대적으로 진입 장벽이 더 낮고 작업 속도도 빨라서 처음 게임 제작을 하는 개발자라면 유니티를 선호하는 경우가 많다.

유니티는 방대한 에셋 스토어(Asset Store)를 보유하고 있다. 에셋 스토어에는 다양한 그래픽 에셋이 엄청나게 올라와 있다. 개발자들이 게임에 들어가는 집, 책상, 나무, 사람 등의 다양한 그래픽을 올려놓고 다른 개발자들에게 파는 곳이다. 처음부터 그래픽을 하나하나 만드는 시간을 절약할 수 있다.

그렇다고 에픽게임즈가 좋지 않다는 이야기는 아니다. 에픽게임즈 역시 매우 유망한 회사이기 때문에 향후 3D 그래픽 제작 관련 엔진 시장은 좀 더 범용적이고 사용하기 편리한 유니티와 그래픽 퀄리티는 더 좋으나 확장성과 범용성 측면에서 상대적으로 떨어지는 에픽게임즈, 이 양대 산맥으로 과점 형태가 될 가능성이 높다. 마치 컴퓨터 운영체제 시장을 마이크로소프트와 애플이 양분하고 있는 것처럼 말이다.

유니티는 4차 산업혁명에 꼭 필요한 기업이다. 마치 과거 골드러시(19세기 미국에서 금광이 발견된 지역으로 사람들이 몰려든 현상) 때 꼭 필요했던 삽과 같은 역할을 해주는 기업으로 생각한다. 그리고 단순히 게임 제작에 활용되는 소프트웨어의 범위를 벗어나 가상현실과 증강현실 관련 콘텐츠 제작, 자동차 디자인, 영화 및 애니메이션 제작, 건축 설계, 엔지니어링, 고품질 교육, 시뮬레이션 제작 등 무궁무진하게 확장성을 보유했다고 할 수 있다.

현재 시장에서 경쟁사라고 할 수 있는 기업은 에픽게임즈 하나로 거의 시장을 양분해 과점적인 위치를 확보한 것으로 보인다. 그렇다고 에픽게임즈와 경쟁 영역도 완전히 겹치지도 않는다. 모바일 게임 관련 분야에서는 큰 강점을 지니고 있다.

물론 아직 적자이므로 투자를 생각하고 있다면 분기별로 매출의 성장 상황과 영업 이익을 꼼꼼히 확인하면서 접근할 필요가 있다.

[유니티 투자 포인트]

- 유니티는 글로벌 게임 산업에서 에픽게임즈의 언리얼 엔진과 함께 게임 엔진 시장을 양분하고 있는 게임 제작 소프트웨어 기업이다.
- 유니티가 개발하고 있는 3D 그래픽 제작 기술은 게임뿐만 아니라 4차 산업혁명을 주도하게 될 가상현실 및 증강현실 분야에서 크게 사용될 기술이기 때문에 현재 시장에서 큰 주목을 받고 있다.
- 투자자들의 큰 관심 속에 2020년 9월에 상장했으며 2021년 6월 초 기준으로 시가총액은 한화로 30조 원에 달한다.
- 전 세계 모바일 게임 개발자 중 50% 이상이 유니티의 게임 엔진을 사용하고 있다. 개발자가 일정 수익을 얻을 때까지 게임 엔진을 무료로 쓸 수 있게 해주고 다양한 게임 기기와 호환되게 하는 등 다른 경쟁사가 따라오기 힘든, 시장 선두 기업으로서의 강점들을 갖고 있다.
- 향후 에픽게임즈와 시장을 양분하며 성장할 것으로 기대된다.

18

버진갤럭틱
우주여행을 현실로 만들다

2004년 6월 21일, 미국 서부 로스앤젤레스에서 차로 동쪽으로 4시간 정도 떨어진 모하비 사막에서 민간인들의 우주를 향한 역사적인 도전이 시작됐다. 인류 역사상 처음으로, 미국이나 러시아 등의 정부가 아닌 민간 기업이 최초로 지구 밖 궤도, 즉 우주까지 사람이 탄 우주선을 쏘아 올리는 시도를 한 것이다. 우주선을 지구 밖으로 쏘아 올리는 것 자체가 엄청난 비용과 노력이 들어가는 일인데 도대체 누가 이런 도전을 했던 것일까?

#우주선을 만든 비행기 디자인 천재

이날 우주선을 쏘아 올린 장본인은 바로 항공기회사 스케일드 콤퍼짓의 창업자인 버트 루탄이었다. 버트 루탄은 한마디로 비행기 디자인 천재이자 스스로 비행기를 만드는 기업을 연쇄 창업해서 크게 성공해 자수성가한 인물이다.

버트 루탄의 우주선은 기존의 고정관념을 완전히 깨부수는 그야말로 혁신적인 디자인과 아이디어로 만들어졌다. 보통 '우주선'이라고 하면 우리는 지상에서 로켓으로 발사되는 것을 상상한다. 그러나 버트 루탄의 아이디어는 달랐다. 버트 루탄의 우주선은 두 부분으로 나눠진다.

먼저 화이트 나이트(White Knight), 즉 백기사라고 불리는 모체 비행선이 실제 우주로 날라갈 스페이스십 원(Spaceship One)이라고 불리는 작은 우주선을 매달고 고도 15킬로미터까지 올라간다. 고도 15킬로미터에 도달하면 화이트 나이트는 스페이스십 원을 떨어뜨린다. 떨어진 스페이스십 원은 바로 강력한 추진 로켓 모터를 점화해 마하 3 이상의 속도로 순식간에 고도 100킬로미터 이상, 즉 서브 오빗(Sub Orbit)이라고 불리는 우주 지역까지 날아간다. 참고로, 마하 3의 속도는 M16 소총에서 총알이 날아가는 속도다. 스페이스십 원은 중력과 대기권을 뚫고 올라가기 위해 총알보다 더 빠른 속도로 사람을 태우고 날아가는 것이다. 이때 엄청난 속도와 압력으로 훈련받지 않은 탑승자의 경우 사망할 수도 있다고 한다.

해수면 기준으로 100킬로미터 이상은 우주로 정의되며 100킬로미터 이상을 서브 오빗, 즉 준궤도라고 부른다. 200킬로미터 이상은 오빗(Orbit)이라고 하는데 인공위성이 돌고 있는 높이다. 우주 관광을 위한 우주선은 서브 오빗, 즉 100킬로미터 이상의 준궤도 높이까지 올라갔다가 내려오게 되는 것이다.

역사상 최초의 민간 우주선을 조종한 조종사는 1940년생으로 지난 25년 이상을 버트 루탄과 함께 호흡을 맞춰온 노련한 조종사 마이크 멜빈이다. 우주선 기체가 빠른 속도로 대기권을 뚫고 올라가면서 엄청난 압력과 진동이 몰려오자 마이크 멜빈은 실패하면 곧 죽을지도 모른다는 극도의 두

려움과 공포감을 느낀다. 게다가 로켓 추진의 단계 끝까지 오게 되자 트림 모터(Trim Motor)가 제대로 작동하지 않는 큰 문제가 발생한다. 모터를 점화시키는 데 기체가 왼쪽으로 90도 기울어진 것이다. 그대로 우주 밖으로 튕겨 나가거나 기체를 컨트롤하지 못해 죽을 수도 있는 상황이다.

마이크 멜빈은 필사적으로 트림 모터를 작동시키는 페달을 밟는다. 잠시 후 트림 모터는 원래 상태로 돌아오기 시작했고 기체도 다시 정상적인 형태로 서게 된다. 다행히 마이크 멜빈이 조종하는 스페이스십 원은 무사히 대기권 밖으로 빠져나온다. 마이크 멜빈은 자신이 정말 무중력의 우주에 있는 것인지 엠앤엠즈(M&M's) 초콜릿을 꺼내 공중에 던진다. 작고 둥근 초콜릿들이 공중에 둥둥 떠다닌다. 정말 우주로 나온 것이다! 우주선 창밖으로는 둥근 지구의 모습이 보이기 시작한다.

로켓 추진이 모두 끝나고 최대 고도 100킬로미터 부근에 도달하자 우주선은 날개를 접는다. 대기권 진입 시 속도를 늦추기 위해 천재 비행기 디자이너 버트 루탄이 고안한 특별한 디자인이다. 이후 대기권에 진입하고 나서 고도 21킬로미터 상공에서 다시 날개를 편다. 슬라이딩으로 착륙을 준비하기 위해서다. 마하 2.9, 즉 초당 (약) 3,200피트(시속 약 3,500킬로미터) 이상의 엄청난 속도로 우주선은 강하하기 시작한다. 마치 허리케인 한가운데 있는 것과 같은 무시무시하고 엄청나게 큰 굉음이 들린다. 마이크 멜빈은 조종간을 가운데 지점에 고정하고 우주선 기체가 압력을 이기지 못해 산산조각이 나지 않기만을 간절히 기도한다. 그런데 기적과도 같이 스페이스십 원은 무사하게 모하비 사막의 비행장으로 내려와 미끄러지듯 천천히 수평 착륙을 한다.

수많은 사람이 환호하고 이 모든 일을 계획했던 버트 루탄 역시 감격에 잠긴다. 버트 루탄의 이러한 도전에 큰 자금을 지원해준 마이크로소프트 공동 창업자 폴 앨런도 큰 기쁨에 감격스러워한다. 스페이스십 원 조종사 마이크 멜빈은 민간 기업 최초로 우주에 다녀온 우주선의 조종사가 된다. 그리고 화이트 나이트와 스페이스십 원은 현재 버진갤럭틱(Virgin Galactic, 티커: SPCE) 사업을 있게 해준 시초가 된다.

도대체 버트 루탄은 누구이고 어떤 사람이길래 왜 갑자기 이런 우주선을 만들었을까? 그리고 버트 루탄과 지금의 버진갤럭틱은 무슨 관계일까?

#비행기에 푹 빠져 살았던 비행기 신동

버트 루탄은 미국 항공업계에서는 살아 있는 전설로 불리는 천재 비행기 디자이너다. 1943년 미국 서부 오리건에서 태어났으며 8살 때 이미 비행기를 디자인하고 모델 비행기를 만들 정도로 비행기에 푹 빠져 사는 한마디로 비행기 신동이었다.

버트 루탄은 16살 때 처음으로 혼자 에어론카 챔피언이라는 비행기를 조종했으며 캘리포니아폴리테크닉주립대학교에 들어가 항공엔지니어링을 전공했다. 졸업 후에는 미 공군에서 비행기 테스트 엔지니어로 일하게 되는데 날개의 방향을 바꿔 수직 이착륙이 가능한 LTV XC, F-4 팬텀 등 다수의 전투기 관련 프로젝트에 참여했다.

버트 루탄은 1972년에 공군을 떠나 베드 에어크래프트에 입사한다. 베드 에어크래프트는 항공 엔지니어인 짐 베드가 1961년에 설립한 개인용 미니 비행기를 만드는 벤처 기업이었다. 여기에서 버트 루탄은 짐 베드를 도와 무게 160킬로그램에 4미터 정도의 초경량 제트기 BD-5 개발을 총괄하는 디렉터로 일한다. 특히 1983년에 상영한 '007 옥터퍼시'에도 나온

유명한 초경량 제트기 BD-5J는 세상에서 가장 작은 제트기로《기네스북》
에 올라가 있다.

#신동의 첫 번째 회사

베드 에어크래프트에서 개인용 미니 비행기의 매력에 빠져 살았던 버트
루탄은 2년 후인 1974년 31살 때에 자신만의 비행기회사를 만들기로 결
심하고 베드 에어크래프트를 떠난다. 그리고 설립한 회사가 바로 루탄 에
어크래프트 팩토리다.

버트 루탄은 베드 에어크래프트에서 배운 지식을 활용해 이때부터 본격
적으로 아마추어 조종사들을 위한 미니 비행기를 다양하게 만든다. 첫 번
째로 베리비겐이라는 비행기를 만들었다.

버트 루탄의 비행기를 보면 특징이 있는데 바로 기체 앞에 조그만 보조
날개가 하나 더 달려 있다. 이것을 카나드(Canard)라고 부르는데 기체의
안정성을 높여주는 역할을 한다. 이후 베리이지, 롱이지도 출시한다. 버트
루탄의 비행기들은 기존 비행기들에서는 볼 수 없는 독특한 디자인과 스
타일을 가지고 있었기 때문에 큰 인기를 얻었다. 자연스럽게 버트 루탄도
유명해졌다.

이후 버트 루탄은 좀 더 사세를 키워 1982년 4월 비행기 디자인 및 프
로토타입을 제작해주는 메이저급 항공기회사인 스케일드 콤퍼짓을 설립
한다. 스케일드 콤퍼짓은 캘리포니아 모하비 사막의 모하비항공우주센터
에 있다. 버트 루탄의 스케일드 콤퍼짓은 1986년 역사적인 루탄 보이저를
내놓는다.

루탄 보이저는 2명이 탑승할 수 있는 콤팩트(Compact)하면서도 장거리

비행이 가능한 초경량의 비행기다. 1986년 12월, 무려 9일 동안 한 번도 멈추지 않고 연료도 중간에 한 번도 채워 넣지 않는 단 한 번의 비행으로 지구를 한 바퀴 도는 데 세계 최초로 성공한다.

루탄 보이저는 최대한 가볍고 연료 소모가 적도록 엄청나게 효율적으로 만들어야만 했기 때문에 버트 루탄의 모든 항공 엔지니어링 역량이 녹아 들어가 있는 비행기라고 할 수 있다. 실제로 비행기 내부의 크기는 무척 좁아서 2명이 간신히 들어갈 수 있다. 그것도 교대로 한 명은 조종하고 한 명은 누워 있을 공간 정도였다. 루탄 보이저의 조종사 2명은 버트 루탄의 동생인 딕 루탄과 여성 파일럿인 지나 예거였다. 까딱 잘못하면 비행기가 바다나 산에 추락해 죽을 수도 있기 때문에 2명의 조종사는 수많은 연습을 통해 완벽하게 호흡을 맞춰야만 했다. 이러한 버트 루탄의 뛰어난 비행기 디자인 역량과 노하우는 향후 우주로 쏘아 올리는 스페이스십 원의 디자인에 모두 그대로 적용된다.

버트 루탄은 이외에도 다양한 비행기를 만든다. 그중에서 유명한 비행기로는 비포드가 있다. 평상시에는 자동차로 다니다가 날고 싶을 때 날개를 부착하면 비행이 가능하다. 말 그대로 하늘을 나는 자동차다. 바다, 눈, 잔디밭, 활주로 등에서 이착륙이 가능한 비행기인 스키컬도 내놓았다. 2010년 이후에는 마이크로소프트 공동 창업자인 폴 앨런의 지원으로 세계에서 가장 큰 공중 발사체 비행기인 스트라토런치를 만들기도 했다.

그런데 궁금한 점이 생긴다. 버트 루탄이 항공업계에서는 존경받는 비행기 디자인 천재라는 것은 알았다. 그런데 그는 왜 갑자기 우주선을 만들 생각을 했을까?

#우주를 동경했던 자수성가 억만장자의 등장

여기에서 우리가 기억해야 하는 또 한 명의 중요한 여성이 나온다. 이름은 아누셰흐 안사리, 1966년생으로 이란 혁명을 피해 이란에서 10대 때 미국에 이민을 온 이민자이자 자수성가 억만장자다.

아누셰흐 안사리는 버지니아의 조지메이슨대학교에서 전자공학을 전공하고 졸업 후에는 미국에서 대형 텔레콤회사 중 하나인 MCI에 입사해 엔지니어로 일하게 된다. 여기에서 텔레콤 관련 회사들의 네트워크 시스템을 개선하는 프로그램을 만들면 큰돈을 벌 수 있겠다는 사업 아이디어를 얻는다. 그리고 남편과 시동생을 설득해 전 재산을 털어 회사를 창업하는데 그 회사가 바로 텔레콤테크놀로지스다. 이 텔레콤테크놀로지스는 향후 크게 성공하고 아누셰흐 안사리는 억만장자의 대열에 오르게 된다.

아누셰흐 안사리에게는 어릴 적부터 마음속에 품은 꿈이 있었다. 바로 우주에 가는 것이었다. 때마침 1994년 그리스 출신 엔지니어이자 사업가인 피터 디아만디스가 인류에 도움을 주는 혁신적인 신기술을 개발하는 사람에게 상금을 주는 엑스프라이즈재단(X Prize Foundation)을 설립한다.

이 엑스프라이즈재단에 아누셰흐 안사리가 거금을 흔쾌히 기부하면서 첫 번째 도전과제가 제시된다. 지상 100킬로미터 이상의 고도, 즉 준궤도 이상까지 3명의 승객을 태울 수 있는 우주선을 쏘아 올리는 사람에게 1,000만 달러(110억 원)의 상금을 주는 과제였다. 이 도전과제는 큰돈을 기부한 아누셰흐 안사리 가족의 이름을 따서 안사리 엑스프라이즈로 명명된다. 참고로, 아누셰흐 안사리는 민간인으로는 네 번째, 민간인 여성으로는 첫 번째로 2006년 러시아 정부의 상업 우주 비행 프로그램에 참여한다. 우주 정거장으로 가서 여러 가지 실험을 하고 돌아온다. 한화로 187억 원 정도의 돈을 냈다고 한다.

안사리 엑스프라이즈의 이야기를 들은 버트 루탄은 자신의 비행기 디자인 역량을 총동원해 우주선을 만들기로 마음먹는다. 민간인을 위한 우주선을 만드는 안사리 엑스프라이즈는 1996년에 시작됐는데 버트 루탄은 무려 8년 동안 수많은 테스트와 시행착오를 거쳐 우주를 여행할 우주선을 만든다. 실제로 이 과정에는 엄청난 자금이 필요했는데 마이크로소프트 공동 창업자인 폴 앨런이 지원을 해준다. 상금은 한화로 110억 원이었지만 우주선을 만들고 테스트하는 데 들어간 돈은 이보다 훨씬 더 컸다고 한다.

2004년 버트 루탄은 지상에서 발사하는 로켓이 아닌 비행기에 우주선을 싣고 공중에서 발사시키는 혁신적인 아이디어로 민간인이 만든 최초의 유인 우주선을 준궤도까지 올려보내는 데 성공한다. 이러한 버트 루탄과 폴 앨런의 도전을 영국에서 유심히 지켜보고 있었던 또 다른 억만장자가 있었다. 누구였을까? 바로 영국에서 성공한 기업인 중 한 명인 버진그룹의 리처드 브랜슨 회장이다.

#버진갤럭틱의 시작

오래전부터 우주여행 사업에 관심이 있었던 리처드 브랜슨은 1999년에 이미 버진갤럭틱을 설립해놓고 있었다. 또한, 버트 루탄의 스폰서 중 한 명이었다.

버트 루탄의 화이트 나이트와 스페이스십 원은 지구 밖 준궤도를 여행하고 돌아오는 것에 성공했지만 실제로 이를 상용화하려면 더 많은 승객을 태워야 하고 더 안전한 우주선을 만들어야만 했다. 물론 여기에는 엄청나게 큰 투자가 필요하다.

리처드 브랜슨은 스페이스십 원이 성공하자 버트 루탄과 손을 잡고 본격적으로 민간인 우주여행을 위한 기업인 스페이스십컴퍼니를 설립한다. 리처드 브랜슨의 버진갤럭틱이 70%를, 버트 루탄의 스케일드 콤퍼짓이 30%를 투자한다. 그런 다음, 화이트 나이트와 스페이스십 원을 발전시킨 후속 우주선인 화이트 나이트 투와 스페이스십 투를 만들기 시작한다. 2012년에는 스페이스십컴퍼니를 버진갤럭틱이 사들여 아예 버진갤럭틱으로 이름을 바꾼다.

버트 루탄이 처음 우주로 쏘아 올린 스페이스십 원은 3명이 들어가는 우주선으로는 크기가 작았다. 하지만 새롭게 만드는 스페이스십 투는 파일럿 2명과 승객 6명이 탑승할 수 있을 정도로 스페이스십 원보다 2배 정도 더 컸다.

우주여행 티켓 가격은 20~25만 달러(2억 2,000~2억 7,500만 원) 정도이며 2021년 4월 기준으로 603장이 팔렸다고 한다. 티켓을 산 사람 중에는 애쉬튼 커쳐, 저스틴 비버, 레오나르도 디카프리오, 톰 행크스, 브래드 피트 등이 있다. 티켓 구매자들은 3일 정도의 트레이닝을 받고 뉴멕시코 사막에 있는 스페이스포트(Spaceport) 내 버진갤럭틱의 터미널에 초대되는 특전을 누린다. 버진갤럭틱의 전용 라운지에서 대기하고 있다가 우주선에 탑승하게 된다.

출발해서 다시 돌아오기까지의 우주여행 시간은 약 90분으로, 대기권 밖을 벗어나 지구를 감상하고 몇 분 동안 무중력 상태의 우주를 체험하고 나서 다시 지구로 돌아오는 코스다. 우주를 여행할 때 승객이 입는 버진갤럭틱의 우주복은 언더아머와 협업하여 제작했다. 재질은 경량 비행용 섬유 소재를 사용해 기능성과 편리성을 극대화했으며 각 승객의 체형에 맞춰 특별 제작한다.

#연이은 사고로 인한 연기

버진갤럭틱은 총 5대의 스페이스십 투와 2대의 화이트 나이트 투를 만들 계획이었다. 하지만 2007년 7월에 스페이스십 투의 로켓 모터 부품을 테스트하던 중 폭발이 나서 직원 3명이 죽고 3명이 크게 다치는 큰 사고가 발생한다. 이로 인해 우주선 개발이 미뤄졌다.

결국 모체인 화이트 나이트 투는 2008년 7월, 우주선인 스페이스십 투는 2009년 12월에서야 모습을 드러내게 된다. 그런데 새롭게 만든 우주선을 준궤도로 올려보내는 일은 정말 쉽지 않았다. 이후로도 여러 차례 테스트를 하고 난 2013년 4월에서야 공중에서 우주로 우주선을 날려 보내는 로켓 추진 테스트를 할 수 있었다. 스페이스십 원 때 3명의 승객을 태워서 보내는 것과 좀 더 안락하고 안전하게 만들어 8명을 우주로 보내 관광할 수 있게 하는 것 간에는 또 다른 큰 차이가 있었던 것이다.

그런데 2014년 다시 한번 버진갤럭틱에 안타까운 사고가 터진다. 모선에서 분리되어 우주로 날아가던 1세대 스페이스십 투급인 VSS 엔터프라이즈가 로켓 추진 중에 폭발해 파일럿 1명이 죽고 1명은 탈출해서 낙하산으로 하락하다 크게 다친 사고였다. 이로 인해 시스템을 다시 설계하면서 테스트도 다시 진행하게 됐다. 결국 버진갤럭틱의 민간 우주여행 일정은 뒤로 밀리게 된다.

#2세대와 3세대 우주선으로 진화

이후 버진갤럭틱은 좀 더 개선된 2세대 우주선인 VSS 유니티를 내놓는다[VSS는 '버진 스페이스십(Virgin Spaceship)'을 의미한다]. 2019년에 두 번의 우주여행을 성공적으로 마쳤던 2세대 VSS 유니티는 2020년에 시험 비행 일정이 잡혀 있었다. 그런데 2020년 전 세계를 강타한 코로나로 인해 버진갤럭틱의 기지가 있는 뉴멕시코에 전면적인 봉쇄조치가 내려져 미뤄졌다.

2021년 3월 30일 버진갤럭틱은 세 번째 모델인 VSS 이매진을 공개했다(참고로, 1세대 우주선은 폭발 사고가 난 VSS 엔터프라이즈, 2세대 우주선은 성공적으로 우주를 다녀온 VSS 유니티, 그리고 3세대 우주선은 VSS 이매진이다).

이번에 새로 공개된 VSS이매진은 거울처럼 빛나는 외관이 특징이다. 일부러 거울 같은 소재를 사용했다고 하는데 지상에서 하늘로, 그리고 다시 우주로 이동하면서 시시각각 주변 환경에 따라 색상이 변화하는 아름다운 모습을 보여줄 것이라고 한다. 또한, 동체, 객실, 날개, 꼬리 등을 모두 별도로 제작하는 모듈 방식으로 우주선을 설계해 유지 및 보수를 쉽게 하고 제작단가를 낮췄다.

2021년 5월 22일, 버진갤럭틱은 미국 뉴멕시코 사막에 있는 우주 공항인 스페이스 포트에서 세 번째 유인 시험 비행을 실시해 성공했다. 2세대 우주선인 VSS 유니티에 2명의 조종사가 탑승해 고도 89킬로미터 지점까지 올라간 뒤 무사히 귀환한 것이다.

버진갤럭틱은 민간인 대상의 우주 관광을 본격적으로 시작하기 전에 시험 비행을 3번 더 할 계획을 하고 있다. 다음 시험 비행에서는 버진갤럭틱 직원 4명이 승객으로 탑승하며 그다음 시험 비행에서는 리처드 브랜슨도 직접 탑승할 예정이라고 한다. 그리고 마지막 시험 비행은 미세 중력 실험을 하려는 이탈리아 공군이 200만 달러(22억 원)를 주고 예약했다고 한다.

#버진갤럭틱의 실적

버진갤럭틱은 2019년 10월에 차마스 팔라하피티야의 스팩인 소셜 캐피탈 헤도소피아와 합병해 상장되면서 주식 시장에서 거래되기 시작했다. 2021년 2월에는 시험 비행에 대한 기대감으로 60달러 이상까지 주가가 크게 올랐다가 다시 14달러대까지 큰 폭으로 하락하는 등 매우 큰 변동성을 보여주고 있다. 특히 2021년 5월 말에 시험 비행이 성공하자 주가는 다시 치솟아 2021년 6월 초에는 30달러대에 진입했다. 지금 주식 투자에 입문하는 초보 투자자인데 버진갤럭틱에 관심이 있다면 각별한 주의가 요구된다. 아직도 시험 비행을 진행하고 있어 그 결과에 따라 주가가 급등락하는 상황이 연출될 수 있기 때문이다.

버진갤럭틱의 최근 4년간 매출액을 살펴보자. 티켓 판매가 주 수입원인

[버진갤럭틱의 매출]

Annual Data | Millions of US $ except per share data		2020-12-31	2019-12-31	2018-12-31	2017-12-31
Revenue	ⅼⅲ	$0.238	$3.781	$2.849	$1.754
Cost Of Goods Sold	ⅼⅲ	$0.173	$2.004	$1.201	$0.488
Gross Profit	ⅼⅲ	$0.065	$1.777	$1.648	$1.266
Research And Development Expenses	ⅼⅲ	$158.757	$132.873	$117.932	$93.085
SG&A Expenses	ⅼⅲ	$116.592	$82.166	$50.902	$46.886
Other Operating Income Or Expenses		-	-	-	-
Operating Expenses	ⅼⅲ	$275.522	$217.043	$170.035	$140.459
Operating Income	ⅼⅲ	$-275.284	$-213.262	$-167.186	$-138.705
Total Non-Operating Income/Expense	ⅼⅲ	$-369.597	$-1.791	$29.194	$0.673
Pre-Tax Income	ⅼⅲ	$-644.881	$-215.053	$-137.992	$-138.032
Income Taxes	ⅼⅲ	$0.006	$0.062	$0.147	$0.155
Income After Taxes	ⅼⅲ	$-644.887	$-215.115	$-138.139	$-138.187
Other Income		-	-	-	-
Income From Continuous Operations	ⅼⅲ	$-644.887	$-215.115	$-138.139	$-138.187
Income From Discontinued Operations		-	-	-	-
Net Income	ⅼⅲ	$-644.887	$-215.115	$-138.139	$-138.187

• Revenue: 총매출액 / Cost of Goods Sold: 매출 원가 / Gross Profit: 매출 총이익 / Research And Development Expenses: 연구개발비 / SG&A Expenses: 판매관리비 / Operating Income: 영업 이익 / Net Income: 순이익
• 단위: 백만 달러 | 출처: macrotrends.net

데 아직 본격적으로 시작한 것이 아니라서 매출액이 매우 작다. 2019년에는 약 370만 달러(약 40억 원)였고 2020년에는 코로나의 여파로 인한 티켓 판매 중지로 매출이 거의 발생하지 않았다. 이런 와중에 매년 한화로 1,000억 원이 넘는 큰 금액을 연구개발비로 쓰고 있다. 2020년에만 약 1억 5,800만 달러(약 1,740억 원)를 쏟아부었다. 이러한 이유로 버진갤럭틱은 계속 적자 행진 중인데 당분간은 지속될 것으로 보인다.

보유하고 있는 현금은 현재 약 6억 7,800만 달러(약 7,500억 원)이다. 2019년에 상장을 하면서 투자자들로부터 큰 투자자금을 받을 수 있었기

[버진갤럭틱의 자산 현황]

Annual Data | Millions of US $ except per share data		2020-12-31	2019-12-31	2018-12-31	2017-12-31
Cash On Hand	📊	$678.955	$492.721	$81.368	$0.696
Receivables	📊	$0.47	$0.461	$1.279	-
Inventory	📊	$30.483	$31.855	$23.288	
Pre-Paid Expenses	📊	$17.949	$16.672	$4.195	$0.272
Other Current Assets	📊	$0.07	-	$8.967	$0.657
Total Current Assets	📊	$727.927	$541.709	$119.097	$1.626
Property, Plant, And Equipment	📊	$53.148	$44.295	$34.214	-
Long-Term Investments		-	-	-	-
Goodwill And Intangible Assets		-	-	-	-
Other Long-Term Assets	📊	$3.001	$2.615	$2.728	$691.941
Total Long-Term Assets	📊	$76.063	$63.837	$36.942	$691.941
Total Assets	📊	**$803.99**	**$605.546**	**$156.039**	**$693.567**
Total Current Liabilities	📊	$115.021	$115.845	$106.322	$0.357
Long Term Debt	📊	$0.546	$0.274		
Other Non-Current Liabilities	📊	$137.197	$124.33	-	$664.061
Total Long Term Liabilities	📊	$161.891	$146.471	$8.158	$688.211
Total Liabilities	📊	**$276.912**	**$262.316**	**$114.48**	**$688.567**
Common Stock Net	📊	$0.023	$0.02	-	$0.002
Retained Earnings (Accumulated Deficit)	📊	$-770.744	$-125.857	-	$1.331
Comprehensive Income	📊	$0.005	$0.059	$0.082	-
Other Share Holders Equity	📊	-	-	$41.477	-
Share Holder Equity	📊	**$527.078**	**$343.23**	**$41.559**	**$5**

• Cash On Hand: 보유 현금 / Receivables: 매출 채권 / Inventory: 재고 / Pre-Paid Expenses: 선급
비용 / Total Current Assets: 총 유동자산(1년 안에 현금화할 수 있는 자산) / Total Assets: 총자산
/ Total Current Liabilities: 단기 부채(1년 안에 만기가 돌아오는 부채) / Total Liabilities: 총부채 /
Share Holder Equity: 자기 자본
• 단위: 백만 달러 | 출처: macrotrends.net

때문이다. 총부채, 즉 빌린 돈은 약 2억 7,600만 달러(약 3,000억 원)인데 현금으로 약 6억 7,800만 달러(약 7,500억 원)를 보유하고 있어 재무적으로 당장 큰 문제는 없어 보인다.

그렇다면 투자자들에게 가장 중요한 미래 예상 매출을 살펴보자. 월가의 애널리스트들은 향후 예정된 시험 비행이 무사히 완료되고 2022년부터 실제로 티켓 구매자들을 대상으로 우주 관광을 시켜줄 수 있다면 티켓 매출이 크게 오를 것으로 예상했다. 2022년 예상 매출액은 약 5,700만 달러(약 630억 원)이고 이후 매년 매출이 증가해서 2030년에는 9억 6,600만 달러, 한화로 1조 원을 넘을 것으로 전망되고 있다.

[버진갤럭틱의 미래 예상 매출]

Fiscal Period Ending	Revenue Estimate	YoY Growth	FWD Price/Sales	Low	High	# of Analysts
Dec 2021	4.57M	1,818.99%	1,017.36	0.00	12.80M	9
Dec 2022	57.98M	1,169.59%	80.13	20.24M	85.00M	9
Dec 2023	197.72M	240.98%	23.50	122.51M	300.30M	7
Dec 2024	397.60M	101.10%	11.69	254.80M	516.00M	3
Dec 2025	523.83M	31.75%	8.87	316.50M	768.00M	3
Dec 2026	396.00M	-24.40%	11.73	396.00M	396.00M	1
Dec 2027	495.00M	25.00%	9.39	495.00M	495.00M	1
Dec 2028	618.00M	24.85%	7.52	618.00M	618.00M	1
Dec 2029	773.00M	25.08%	6.01	773.00M	773.00M	1
Dec 2030	966.00M	24.97%	4.81	966.00M	966.00M	1

- Fiscal Period Ending: 회계 연도 / Revenue Estimate: 예상 매출 / YoY Growth: 전년 대비 매출 성장률 / FWD Price/Sales: 예상 주가 매출 비율 / Low: 예상 매출 최저치 / High: 예상 매출 최고치 / # of Analysts: 매출 예상치 산정에 참여한 애널리스트 수
- 주: M은 밀리언 달러(100만 달러) | 출처: seekingalpha.com

물론 이것은 앞으로 남은 시험 비행이 성공적으로 완료되고 적어도 2022년부터 민간인들을 무사히 우주로 관광을 보낼 수 있다는 가정하에

나온 결과라는 점을 유념해야 한다. 만약 시험 비행에 문제가 생긴다든지 하면 내년 예상 매출액도 크게 줄어들고 주가도 큰 영향을 받을 수 있다. 버진갤럭틱에 투자하려고 한다면 이러한 큰 리스크를 반드시 숙지해야 한다.

이번에는 버진갤럭틱의 미래 예상 주당순이익을 살펴보자. 2023년까지는 적자였다가 2024년부터 흑자로 돌아설 것으로 예상되고 있다. 이것도 앞으로 남은 시험 비행이 성공적으로 잘 완료된다는 가정하에 가능하다고 할 수 있다.

[버진갤럭틱의 미래 예상 주당순이익]

Fiscal Period Ending	EPS Estimate	YoY Growth	Forward PE	Low	High	# of Analysts
Dec 2021	-1.05	16.11%	-	-1.24	-0.77	7
Dec 2022	-0.68	35.25%	-	-0.96	-0.52	7
Dec 2023	-0.25	62.77%	-	-0.38	-0.04	5
Dec 2024	0.39	NM	50.28	-0.11	1.12	3
Dec 2025	0.70	79.49%	28.01	0.03	1.98	3

• Fiscal Period Ending: 회계 연도 / EPS Estimate: 예상 주당순이익 / YoY Growth: 전년 대비 매출 성장률 / Forward PE: 예상 순이익 주가 비율 / Low: 예상 매출 최저치 / High: 예상 매출 최고치 / # of Analysts: 매출 예상치 산정에 참여한 애널리스트 수
• 주: 21년 4월 21일 기준 | 출처: seekingalpha.com

2000년 초반만 해도 우주 관광 사업을 한다고 했을 때 많은 사람은 불가능하다며 비웃었다. 하지만 우주에 대한 열정과 꿈을 절대 포기하지 않았던 사람들이 있었고 그 결과가 이제 버진갤럭틱을 통해 상용화를 눈앞에 두고 있다.

1990년대부터 우주에 대한 꿈을 품고 실패할지도 모르는 우주선 제작에 사비를 털면서까지 도전한 버트 루탄, 이를 뒤에서 물심양면으로 묵묵히 지원해준 (지금은 고인이 된) 마이크로소프트의 공동 창업자 폴 앨런, 사

람들에게 우주여행에 대한 동기를 유발하기 위해 100억 원이 넘는 돈을 상금으로 걸었던 사업가 아누셰흐 안사리, 그리고 그 바통을 이어받아 2004년부터 무려 16년이 넘게 엄청난 돈을 투자하며 여러 실패에도 불구하고 포기하지 않고 끊임없이 도전한 리처드 브랜슨, 그리고 보이지 않는 무대 뒤에서 이 사업을 성공시키기 위해 밤낮으로 일했던 수많은 엔지니어 등 스태프, 이렇게 많은 사람의 땀과 노력, 열정이 있었기에 세상을 바꾸는 혁신적인 일들이 우리에게 현실로 다가오는 것이 아닐까 하는 생각을 해본다.

[버진갤럭틱 투자 포인트]

- 버진갤럭틱은 일반인을 승객으로 태우는 우주선과 우주 관광 상품을 개발하는 기업이다.
- 버진갤럭틱 외에도 일론 머스크(테슬라 CEO)의 스페이스엑스, 제프 베조스(아마존 CEO)의 블루 오리진 등 억만장자들이 주도하는 우주 사업은 관광뿐 아니라 통신, 인터넷, 관측 등 다양한 분야에서 산업 혁신을 가져오면서 새로운 수입원이 될 수 있어 최근 투자자들에게 크게 주목받고 있다.
- 버진갤럭틱은 2021년 5월까지 3번의 유인 시험 비행을 성공적으로 마쳤으며 앞으로 3번 더 시험 비행을 추진할 계획이다.
- 앞으로 남은 시험 비행이 모두 성공할 경우 빠르면 2022년 말에 상업용 서비스가 시작될 것으로 예상된다. 2024년경에는 흑자 전환도 가능할 것으로 월가의 애널리스트들은 전망하고 있다.
- 반대로 시험 비행이 실패하거나 예상치 못한 문제가 발생한다면 주가가 급락하는 등의 문제가 발생할 수 있다. 주가의 변동성이 매우 클 수 있다는 말이다. 그러므로 버진갤럭틱의 비전과 위험 요소를 반드시 잘 이해하고 장기적으로 우주 사업에 투자한다는 관점에서 접근해야 한다.

마지막 3장에서는 필자가 기업을 분석할 때 어떻게 특정 기업에 대해 공부하는지, 그 노하우를 공유하려고 한다.

필자 역시 미국 주식에 투자하고 있다. 투자하기 전에 이번 장에서 소개하는 사이트에 들어가 필수적으로 알아야 할 정보를 확인하면서 충분히 공부한 다음, 해당 기업에 대한 확신이 들 때만 한다.

유튜브 '실리콘밸리 투데이'에 올리고 있는 기업 분석 동영상들은 해당 기업에 투자하려면 최소한 이 정도는 알고 있어야 한다고 생각하는 내용으로 되어 있다. 독자 여러분도 이번 장에 소개된 사이트들을 스마트폰이나 컴퓨터의 즐겨찾기에 등록해두고 궁금한 미국 기업이 있을 때마다 클릭해 들어가 찾아보면서 자신만의 기업 분석 노하우를 갖길 바란다.

먼저 CEO와 창업 스토리를 분석할 때 필요한 사이트와 분석 방법을 설명했다. 필자는 기업을 공부할 때 가장 먼저 누가 어떻게 해당 기업을 만들었고 성공시켰는지의 창업 스토리를 늘 찾아본다. 이를 통해 기업 투자 시 필자가 가장 중요하게 생각하는 창업자 혹은 CEO의 역경을 헤쳐나가는 사업 역량과 철학, 해당 기업의 저력과 미래 성장 방향을 가늠해볼 수 있기 때문이다.

그다음에는 해당 기업의 현재까지 실적을 알 수 있는 사이트를 소개했다. 사업을 통해 돈은 잘 벌고 있는지, 얼마나 이윤을 남기고 있는지, 아직 성장하고 있는 기업이라면 얼마나 많은 돈을 연구 · 개발에 사용하고 있는지, 파산할 위험은 없는지 등 해당 기업의 매출, 순이익, 비

3장

미국 기업의 정보를 내 방에서 보다

용 등 재무 정보를 연도별, 최근의 경우에는 분기별로 확인할 수 있다. 아무리 창업자가 뛰어나다고 해도 특별한 이유 없이 실적이 형편없다면 해당 기업은 숨기고 있거나 알려지지 않은 문제가 있을 가능성이 높다. 물론 당장의 수익보다 기업을 더 크게 성장하는 데 집중하기 위해 마케팅이나 연구·개발에 큰 비용을 지출하면서 매출을 지속적으로 확대하는 기업이라면 예외일 수 있지만 말이다.

마지막으로, 기업의 미래 성장성을 분석할 때 필요한 사이트를 소개했다. 해당 기업이 정말 타 경쟁사가 넘보기 힘든 독보적인 경쟁력을 가진 것이 맞는지 가늠해보는 상품 경쟁력 분석, 해당 기업의 사업이 미래에 얼마나 성장할 수 있는지를 가늠해보는 시장성 분석, 경쟁사로 인해 시장 점유율이 하락할 위험은 없는지를 판단하는 경쟁사 분석, 향후 어떤 투자 리스크가 있는지 살펴보는 위험 요소 분석 등을 할 수 있게 해주는 사이트를 소개했다.

미국 기업을 처음 분석하는 사람이라면 막막하게 느껴질 수 있겠지만 이번 장에서 소개하는 사이트와 분석 방법을 차근차근 따라해보면 어느샌가 자신만의 분석 방법을 터득할 수 있을 것이다. 그럼 자세한 내용을 살펴보자.

CEO 및 창업 스토리 분석

#위키피디아 _ en.wikipedia.org

필자는 기업에 대해 분석할 때 단순히 기업의 현재 사업과 재무적인 부분만 보지 않는다. 기업의 창업 및 성장 과정, 그리고 CEO가 어떤 사람인지를 관심 있게 찾아본다. 과거와 현재를 제대로 알아야 미래도 좀 더 잘 가늠해볼 수 있을 것 같아서다. 만약 필자에게 기업이 성장하는 데 가장 중요한 것 하나만 선택하라고 한다면 필자는 주저 없이 CEO라고 할 것이다. 기업이 망해가고 있어도 탁월한 CEO로 인해 기사회생한 경우, 반대로 별로인 CEO로 인해 잘 나가던 기업이 순식간에 나락으로 떨어지는 경우를 필자를 포함한 우리는 역사를 통해 수없이 봐왔다. 그래서 CEO가 정말 역량이 있는지, 어떻게 난관을 극복하고 기업을 운영해왔는지를 살펴보는 것은 매우 중요하다.

CEO 혹은 창업자에 관한 이야기가 가장 잘 정리된 사이트는 위키피디아다. 한글 사이트도 있지만 영어가 가능하다면 한국어판보다 영문판 사이트를 추천한다. 내용이 훨씬 깊이가 있고 풍부하기 때문이다. 유년시절, 학창시절, 커리어, 가족관계 등 다양한 정보가 알기 쉽게 정리되어 있고 주석을 통해 좀 더 상세하고 깊이 있는 정보를 찾아볼 수도 있다. 또한, 관련된 주변 정보들도 찾기가 매우 편리하다. 예를 들면, 스티브 잡스에 대해 찾아보다가 공동 창업자인 스티브 워즈니악에 대해 궁금해질 수 있다. 이때 파란색으로 표시된 '스티브 워즈니악'을 클릭하면 바로 스티브 워즈니악을 다룬 위키피디아 페이지로 이동한다.

#구글 _ www.google.com

필자가 창업자나 기업의 역사가 궁금할 때 가장 먼저 찾아보는 사이트가 위키피디아이긴 하지만 그렇다고 위키피디아만 보지 않는다. 위키피디아에 나온 내용 중 불분명하거나 더 깊이 있게 알고 싶으면 구글에 들어가 검색해서 영문으로 된 다양한 기사나 심층 인터뷰 기사, 유튜브에 나오는 인터뷰, 해당 기업 사이트에서의 자료 등을 찾아본다.

벨로다인을 분석하기 위해 구글에서 검색해보면 그동안 알지 못했던 내용, 예를 들어 창업자 데이비드 홀이 '로봇 워'에 출연했을 당시의 재미있는 뒷이야기를 정리한 기사를 통해 어떻게 2000년대 초반의 자율주행차 경주대회가 미국의 자율주행차 시장과 라이다 시장에 큰 영향을 주게 됐는지 등을 알게 된다.

이렇게 다양한 자료를 보면 입체적인 시각에서 인물과 기업을 분석할 수 있고 각 내용의 사실 여부를 다른 자료와 비교하며 확인할 수 있기 때문에 구글의 검색을 적극적으로 활용하고 있다.

미국 기업의 실적 및 주가 분석

#차트와 시가총액을 알고 싶다면, 트레이딩뷰*

현재 이용하고 있는 국내 증권사, 혹은 미국 증권사에서 좋은 차트를 제공한다면 그 차트를 봐도 무관하다.

필자의 경우 미국의 증권사 이트레이드를 사용하고 있는데 이트레이드의 차트도 나쁘지 않지만 갑자기 차트가 궁금할 때는 로그인을 해서 봐야하는 번거로움이 있다. 그래서 빠르게 차트를 확인하고 싶을 때는 미리 즐겨찾기에 북마크를 해놓은 트레이딩뷰에 들어간다. 특히 유튜브에 올릴 동영상을 제작할 때는 그래프가 깨끗하고 숫자가 크게 나오는 트레이딩뷰의 차트를 종종 사용한다. 유료 버전도 있지만 무료 버전으로도 주식 차트 확인이 얼마든지 가능하다.

---

* www.tradingview.com

[트레이딩뷰의 차트]

• 출처: tradingview.com

또한, 트레이딩뷰를 통해 시가총액 순위를 쉽게 확인할 수 있다. 기업의 시가총액을 영어로는 마켓 캡(Market Capitalization)이라고 하는데 한마디로 해당 기업이 시장에서 얼마의 가치 평가를 받고 있는지를 나타내는 지표다. 즉, 1주당 가격에 현재 시장에서 거래되는 주식 수를 곱한 수치다.

시가총액은 특정 기업이 타 기업 대비 시장에서 얼마에 평가받고 있는지, 저평가 혹은 고평가되었는지 등을 가늠해보는 데 사용되는 가장 기본적이면서도 중요한 정보 중 하나다. 야후 파이낸스(finance.yahoo.com)나 시킹 알파(www.seekingalpha.com) 등 다른 사이트에서도 쉽게 찾을 수 있지만 실시간으로 시가총액이 큰 기업들의 순위를 알고 싶을 때는 트레이딩뷰에서 제공하는 시가총액 톱 100을 정리한 표를 확인하자.* 즐겨찾기에 넣어두면 간단하게 그날그날의 미국 기업들의 시가총액 순위 및 규모뿐만 아니

---

* https://www.tradingview.com/markets/stocks-usa/market-movers-large-cap

라 PER(주가 수익 비율)과 EPS(주당순이익)도 빠르고 쉽게 확인할 수 있다.

[트레이딩뷰의 시가총액 순위]

Large-cap	Top gainers	Top losers	Most active	Most volatile	Overbought	Oversold	

Largest companies by market cap — US Stock Market

Market capitalization shows the value of a corporation by multiplying the stock price by the number of stocks outstanding. Companies are s
according to their market cap. Any public company with a market cap above $10 billion is generally considered to be a large cap company. I
stocks are usually industry and sector leaders, and represent well-known, established companies.

Overview	Performance	Valuation	Dividends	Margins	Income Statement	Balance Sheet	Oscillators

TICKER 100 MATCHES	LAST	CHG %	CHG	RATING	VOL	MKT CAP	P/E
AAPL ^D APPLE INC	130.48	2.46%	3.13	⪻ Strong Buy	96.905M	2.177T	28.58
MSFT ^D MICROSOFT CORP.	259.89	0.78%	2.00	⪻ Strong Buy	19.151M	1.957T	35.09
AMZN ^D AMAZON.COM, INC.	3383.87	1.11%	37.04	⌃ Buy	2.569M	1.707T	63.69
GOOGL ^D ALPHABET INC (GOOGLE) CLASS A	2448.91	0.77%	18.71	⪻ Strong Buy	1.105M	1.668T	32.35
GOOG ^D ALPHABET INC (GOOGLE) CLASS C	2527.04	0.52%	13.11	⪻ Strong Buy	1.127M	1.664T	33.47
FB ^D FACEBOOK, INC.	336.77	1.66%	5.51	⪻ Strong Buy	12.251M	954.9B	28.34

• 출처: tradingview.com

#연도별 재무제표를 알고 싶다면, 마크로트렌즈*

상장된 미국 기업의 연도별 재무제표는 미국 증권거래위원회(SEC)에서 해당 기업이 제출한 연간 보고서(10-K)나 분기별 보고서(10-Q)로 확인이 가능하다. 하지만 이러한 보고서는 최근 몇 년의 기록만 나와 있기 때문에 과거 수년간의 매출액이나 순이익 등의 변화를 한눈에 보기는 어렵다.

마크로트렌즈는 한눈에 상장 기업의 재무제표(재무상태표, 손익계산서, 현금흐름표 등)의 상세 내용을 연도별로 볼 수 있게 해줄 뿐만 아니라 미래 예상 주가 계산 시 활용되는 PER(주가 수익 비율)이나 PSR(주가 매출 비율) 등

∗ www.macrotrends.net

도 연도별로 한눈에 볼 수 있는 매우 유용한 정보를 제공해준다.

기업 분석 콘텐츠를 만들 때 기업의 매출액과 순이익을 비롯한 각 재무 데이터가 과거 10년간 어떻게 성장했는지 확인하는 것은 매우 중요하다. 마크로트렌즈는 무료로 이 모든 정보를 쉽게 열람할 수 있다.

[마크로트렌즈 연도별 손익계산서]

Format: Annual ▼		Search for ticker or company name...				⟳ View Annual Rep
Annual Data | Millions of US $ except per share data		2020-09-30	2019-09-30	2018 09-30	2017-09-30	2016-09-30
Revenue	📊	**$274,515**	**$260,174**	**$265,595**	**$229,234**	**$215,639**
Cost Of Goods Sold	📊	$169,559	$161,782	$163,756	$141,048	$131,376
Gross Profit	📊	**$104,956**	**$98,392**	**$101,839**	**$88,186**	**$84,263**
Research And Development Expenses	📊	$18,752	$16,217	$14,236	$11,581	$10,045
SG&A Expenses	📊	$19,916	$18,245	$16,705	$15,261	$14,194
Other Operating Income Or Expenses		-	-	-	-	-
Operating Expenses	📊	$208,227	$196,244	$194,697	$167,890	$155,615
Operating Income	📊	**$66,288**	**$63,930**	**$70,898**	**$61,344**	**$60,024**
Total Non-Operating Income/Expense	📊	$803	$1,807	$2,005	$2,745	$1,348
Pre-Tax Income	📊	**$67,091**	**$65,737**	**$72,903**	**$64,089**	**$61,372**
Income Taxes	📊	$9,680	$10,481	$13,372	$15,738	$15,685
Income After Taxes	📊	**$57,411**	**$55,256**	**$59,531**	**$48,351**	**$45,687**
Other Income		-	-	-	-	-

• 출처: macrotrends.net

#미래 예상 매출액을 알고 싶다면, 시킹알파*

어떤 기업의 미래 예상 주가를 산정해볼 때 가장 중요한 지표가 바로 미래 예상 매출액이다. 향후 5년간 혹은 10년간 매출액이 어떻게 성장할 것인가에 따라 미래 예상 주가를 계산할 때 결과가 크게 좌우되기 때문이다.

보통 미래 예상 매출액은 월가의 애널리스트들이 각각 전망하는데 이를 취합해 한눈에 보여주는 사이트로는 시킹알파가 거의 유일하다. 해당 자료를 개인이 수작업으로 일일이 취합하려면 엄청난 노력과 시간이 들어갈

＊www.seekingalpha.com

것이다. 그만큼 귀한 정보이기 때문에 시킹알파는 향후 2년까지의 미래 예상 매출액은 무료로 보여주고 그 이후의 예상 매출액은 유료회원이 되어야 볼 수 있게 해놨다. 필자는 기업을 분석하는 데 이 예상 매출액 정보가 핵심적으로 필요해서 유료회원으로 가입해 있다.

시킹알파는 예상 매출액 외에도 관심 있는 종목을 지정해놓으면 그 종목에 대한 다양한 뉴스와 분석 기사를 매일 이메일로 보내준다. 높은 수준의 정보를 거의 실시간으로 얻을 수 있어 매우 유용하다. 돈을 내는 것이 전혀 아깝지 않은 정말 좋은 미국 금융 정보 서비스 사이트다.

[시킹알파의 '아마존' 미래 예상 매출액]

Fiscal Period Ending	EPS Estimate	YoY Growth	Forward PE	Low	High	# of Analysts
Dec 2021	55.06	31.64%	58.23	42.68	69.28	42
Dec 2022	72.48	31.63%	44.23	45.11	106.25	42
Dec 2023	99.33	37.04%	32.28	77.40	149.42	18
Dec 2024	136.90	37.83%	23.42	105.53	200.41	8
Dec 2025	174.15	27.20%	18.41	125.81	234.37	7
Dec 2026	241.47	38.66%	13.28	187.69	299.05	5
Dec 2027	211.04	-12.60%	15.19	211.04	211.04	1
Dec 2028	232.69	10.26%	13.78	232.69	232.69	1
Dec 2029	254.53	9.39%	12.60	254.53	254.53	1
Dec 2030	278.06	9.24%	11.53	278.06	278.06	1

Investing Strategies for 2021

01 Hypergrowth Stocks for Long-Term Investors
02 Industry Leaders Driven By the Right Tech Trends
03 High-Conviction Stocks with +1,000% Potential
04 How to Invest in Potential Multibaggers EARLY
05 Bulletproof Trends for Pandemic And Beyond

• 출처: seekingalpha.com

#아크 펀드의 보유 종목을 알고 싶다면, 캐시스아크*

아크인베스트의 펀드(이하 '아크 펀드')는 2020년과 2021년 미국에서 가장 큰 주목을 받은 펀드다. CEO는 수많은 추종자가 있는 캐시 우드다.

---

* www.cathiesark.com

아크 펀드는 4차 산업혁명의 선두에 있는 파괴적인 혁신(Disruptive Innovation)을 이룰 것으로 기대되는 테크 및 바이오 기업에 집중적으로 투자하는 것으로 유명하다. 특히 테슬라를 가장 많이 보유하고 있는 것으로 유명해졌다.

수년 전, 테슬라가 곧 부도가 날 수도 있다며 언론에서 대서특필하고 모두가 테슬라를 부정적으로 보던 시기부터 줄곧 아크 펀드의 캐시 우드만은 '테슬라는 미래를 바꿀 기업'이라면서 '강력 매수' 의견을 내놓았다. 당시에는 세간의 조롱을 받기도 했다. 하지만 2020년에 테슬라가 시속적인 흑자 기조로 전환되고 S&P 500 지수 종목으로 편입되면서 주가가 무려 13배 이상 폭등하자 아크 펀드의 캐시 우드가 맞았다는 것이 증명됐다. 일약 캐시 우드는 타의 추종을 불허하는 초특급 스타가 됐다.

[아크 펀드의 테슬라 비중 변화]

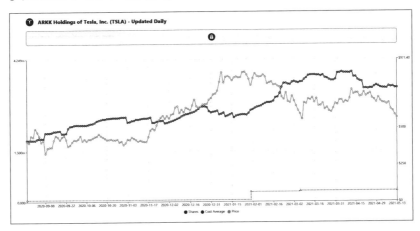

• 출처: cathiesark.com

게다가 아크 펀드가 보유한 많은 테크 기업의 주가가 2020년 코로나 이후 급등세를 탔고 새로 추가하는 종목들은 가격이 크게 오르고 매도하는 종목들은 하락하면서 더욱 주목을 받았다. 아크 펀드가 어떤 종목을 사고 파는지가 투자자들의 손익에 큰 영향을 주게 되자 아예 아크 펀드의 종목 보유량을 전문적으로 트래킹하는 사이트까지 생겨난 것이다.

현재 아크 펀드와 캐시 우드의 영향력이 미국 주식 시장에서 매우 크기 때문에 아크 펀드가 어떤 기업들을 매수하고 있고 매도하고 있는지를 확인하고 싶다면 캐시스아크 사이트가 매우 유용하다. 무료로 이용할 수 있으며 빠르고 쉽게 아크 펀드에 편입된 종목들의 보유량과 평균 매입 단가 등을 확인할 수 있다.

#월가의 투자 의견을 알고 싶다면, 팁랭스*

자신이 보기에 아무리 좋아 보여도 투자를 결정하기 전에 월가의 애널리스트들은 해당 기업에 대해 어떻게 생각하는지를 확인하고 싶을 것이다. 이때 참고하는 사이트가 바로 팁랭스다.

유료회원이라면 의견을 낸 애널리스트들이 어느 기관의 누구이며 관련된 기사 등 좀 더 상세하게 알 수 있지만 무료로도 관심 기업에 대해 최근 3개월간 매매 의견을 낸 월가 애널리스트들의 12개월 평균 목표 주가, 목표 주가 최고치 및 최저치를 손쉽게 확인할 수 있다. 의견을 낸 전체 애널리스트 중 몇 명이 매수 의견인지, 보유 의견인지, 매도 의견인지 역시 확인이 가능하다.

＊ www.tipranks.com

필자가 사용하는 이트레이드는 고객에 대한 서비스 중 하나로 팁랭스의 다양한 유료 정보를 확인할 수 있게 해주는데 일반 투자자라면 무료로 제공해주는 정보만 봐도 꽤 도움이 된다.

다음은 팁랭스에서 애플에 대한 월가 애널리스트들의 매매 의견을 확인한 화면이다. 12개월 목표 주가 평균은 159.55달러, 목표 주가 최고치는 185달러, 최저치는 125달러인 것을 알 수 있다. 왼쪽의 파이 차트(원그래프)를 보면 지난 3개월 동안 애플에 대한 의견을 낸 월가 애널리스트 수는 총 24명인데 그중 매수가 18명, 보유가 5명, 매도가 1명인 것을 알 수 있다. 매수 의견이 압도적으로 많다는 것도 알 수 있다.

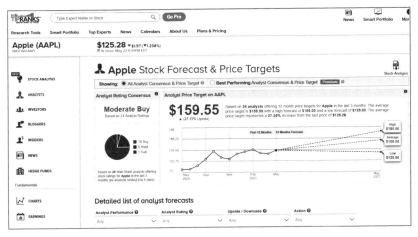

• 출처: tipranks.com

#락업 해제일을 알고 싶다면, 마켓비트*

상장한 지 얼마 되지 않은 기업들에 투자할 때 조심해야 하는 점이 있다.

＊www.marketbeat.com/ipos/lockup-expirations

해당 기업에 투자한 투자자, 투자 기관, 그리고 임직원 등은 상장 전부터 주식을 많이 보유하고 있다. 그래서 이들이 보유한 물량을 해당 기업이 상장한 후에 대량으로 매도하면 주가가 급락해 상장 직후 매수에 들어간 투자자들이 막대한 손해를 볼 가능성이 크다. 이러한 상황을 막고 상장 직후 들어간 투자자들을 보호하기 위해 상장하는 기업들은 락업 기간을 둔다. 상장한 이후 특정 기간 안에는 이들이 주식을 팔지 못하도록 매매 금지를 걸어놓는 것이다. 한마디로 이들이 보유한 주식을 '잠가놓는 것'이다.

[마켓비트의 락업 해제일]

IPO Lockup Expirations

A lock-up on an IPO prevents major shareholders and company insiders from selling shares in the company for a specified number of days following an IPO to prevent the market from being flooded with too much supply of a company's stock. Following the expiration of the lock-up period, restrictions preventing a company's employees and other major shareholders from selling their stock are lifted. Lock-up expirations often coincide with a 1-3% drop in the company's stock because of the increased number of available shares in the company. **More about lock-up periods.**

Company	Current Price	Expiration Date	Number of Shares	Initial Share Price	Offer Size	Date Priced
DBDRU Roman DBDR Tech Acquisition	$10.68	5/5/2021	22,000,000	$10.00	$220,000,000	11/6/2020
ADOCU Edoc Acquisition	$10.18	5/10/2021	9,000,000	$10.00	$90,000,000	11/10/2020
NOACU Natural Order Acquisition	$10.52	5/10/2021	20,000,000	$10.00	$200,000,000	11/11/2020
TSIAU TS Innovation Acquisitions	$11.42	5/10/2021	30,000,000	$10.00	$300,000,000	11/10/2020
BWACU Better World Acquisition	$10.76	5/12/2021	11,000,000	$10.00	$110,000,000	11/13/2020
CFACU CF Finance Acquisition Corp. III	$10.31	5/12/2021	20,000,000	$10.00	$200,000,000	11/13/2020

• 출처: marketbeat.com

일반적으로 락업 기간은 90일에서 180일이다. 이 락업 기간이 끝나면 (Expire) 거래 제한이 풀리기 때문에 그동안 주식을 팔지 못했던 임직원이나 기관 투자자들의 매도 물량이 대거 시장에 나와 주가가 급락하기도 한다. 단, 미국 증권거래위원회가 정한 의무적인 락업 기간은 없기 때문에 기업에 따라 락업 기간이 매우 짧을 수도 있고 아예 없을 수도 있다. 따라서 상장을 앞둔 기업이나 상장한 지 얼마 안 된 기업에 투자할 계획이라면 반드시 해당 기업의 락업이 언제 풀리는지를 확인할 필요가 있다. 이때 유용한 사이트가 바로 마켓비트다.

단, 기업에 따라 락업 해제일이 ○월 ○일로 명확하게 명시되지 않고 '내년 1분기 결산 발표일 이후 3일이 지난 후부터 락업 해제' 등으로 정해지는 경우 마켓비트는 대략 시기를 추정해서 넣어 놓기 때문에(분기 결산 발표일 이후에 정해지는 경우 현재로서는 락업 해제일을 알 수 없음) 관련 뉴스를 검색해서 좀 더 확인해야 한다. 만약 마켓비트에서 락업 해제일을 찾을 수 없다면 기업이 상장할 때 미국 증권거래위원회에 제출하는 'S-1'을 살펴봐야 한다. 락업에 관한 조항이 있는 경우 반드시 'S-1'에 표기되어야만 하기 때문이다.

마켓비트는 락업 해체일 외에도 애널리스트들의 목표 주가가 과거에서부터 현재까지 어떻게 변해왔는지 한눈에 볼 수 있게 정리한 표 등 기업 분석과 관련한 유용한 정보를 다양하게 제공하고 있으니 필요할 때마다 찾아보면 큰 도움이 될 것이다.

#대주주를 확인하고 싶다면, CNN 비즈니스*

특정 기업에 투자하기 전에 해당 기업의 주주 구성이 어떻게 되어 있는지도 확인해야 한다. 구글 검색창에 찾고자 하는 기업의 영문 이름을 쓴 다음, 영어로 주주인 'shareholders'를 같이 조합해 검색하면 쉽게 찾을 수 있다. 애플의 대주주 구성을 보고 싶으면 구글 검색창에 'Apple shareholders'

＊ www.cnn.com/business

라고 친다. CNN 비즈니스에서 제공하는 애플의 톱 10 주주 리스트와 각
주주가 보유한 주식 수 및 보유한 주식 가치, 최근 얼마나 매수 혹은 매도
했는지의 정보를 쉽게 확인할 수 있다.

애플, 구글, 아마존과 같은 빅 테크 기업들은 보통 미국에서도 유명한 초
대형 자산운용사(의 펀드)가 대주주인 경우가 거의 대부분이다. 예를 들어,
다음에 나온 애플의 톱 10 주주 리스트를 보자. 1대 주주는 자산운용업계
에서 운용자산 규모 기준으로 2위인 뱅가드그룹이고 2대 주주는 너무나도
유명한 투자의 귀재 워런 버핏의 버크셔 해서웨이이며 3대 주주는 운용자
산 규모 기준으로 세계에서 가장 큰 자산운용사인 블랙록이다.

이름만 들어도 유명한 자산운용사(의 펀드)들이 투자했다는 의미는 그만
큼 해당 기업에 대해 펀드 매니저들이 좋게 평가하고 있다는 의미가 된다.

CNN BUSINESS   Markets Tech Media Success Video

Top 10 Owners of Apple Inc

Stockholder	Stake	Shares owned	Total value ($)	Shares bought / sold	Total change
The Vanguard Group, Inc.	6.96%	1,168,888,431	153,662,073,139	-13,772,255	-1.16%
Berkshire Hathaway, Inc. (Investm...	5.28%	887,135,554	116,622,839,929	0	0.00%
BlackRock Fund Advisors	4.17%	700,657,568	92,108,443,889	-12,953,900	-1.82%
SSgA Funds Management, Inc.	3.71%	622,994,241	81,898,822,922	-15,172,311	-2.38%
Fidelity Management & Research Co...	1.88%	315,208,490	41,437,308,095	-14,082,282	-4.28%
Geode Capital Management LLC	1.49%	249,806,296	32,839,535,672	+1,829,212	+0.74%
T. Rowe Price Associates, Inc. (I...	1.20%	200,552,368	26,364,614,297	-9,922,280	-4.71%
Northern Trust Investments, Inc.(...	1.19%	198,866,995	26,143,055,163	-6,133,085	-2.99%
Norges Bank Investment Management	1.11%	185,950,602	24,445,066,139	-3,889,998	-2.05%
BlackRock Investment Management (...	0.72%	120,891,761	15,892,430,901	-1,849,175	-1.51%

• 출처: www.cnn.com/business

유명한 대형 자산운용사의 펀드 매니저들은 투자를 하기 전에 반드시 해당 기업을 철저하게 조사하고 왜 이 기업에 투자해야 하는지의 이유를 명확히 작성해 기록으로 남겨야 한다. 펀드에 들어가 있는 투자자들의 투자금을 부실한 기업에 투자해 큰 손실이 나면 해당 펀드를 운용하는 자산운용사의 명성은 훼손되는 것은 물론이고 투자금이 빠져나갈 수 있으며 투자자들이 소송을 걸기도 한다. 또한, 자산운용사가 큰 폭의 손실을 보면 그 파급력이 다른 금융기관으로까지 연쇄적으로 미쳐 더 큰 문제가 발생할 수 있다. 따라서 유명한 자산운용사가 많이 투자한 기업들은 그만큼 안정성과 성장성 측면에서 좋은 점수를 받고 있다는 의미이기도 하다.

반면, 사업성이 별로이거나 재무 상태가 부실한 기업들에는 이러한 유명한 자산운용사(의 펀드)들이 절대 투자하지 않는다. 대신 개인 투자자들이 큰 비중을 차지하는 경우가 대부분이다. 물론 개인 투자자가 큰 비중을 차지하고 유명한 자산운용사의 펀드가 대주주로 없다고 반드시 좋지 않은 기업이라고는 할 수 없다. 그렇다고 해도 잘 모르는 기업에 대해 투자하는 경우 현재 대주주가 누구인지 확인할 필요는 있다.

잘 모르는 기업이지만 유명한 자산운용사가 대거 들어가 있고 이후에도 유명한 자산운용사의 펀드들이 지속적으로 매수하고 있다면 그렇지 않은 기업보다는 시장에서 긍정적으로 평가받고 있다고 짐작해볼 수 있다.

기업의 미래 성장성 분석

#기업 홈페이지에서 사업보고서를 확인하라

지금까지 CEO와 창업 스토리, 기업의 주가 및 재무적 부분에 관해 알았다면 이제는 해당 기업이 현재 영위하고 있는 사업은 무엇이며 어떤 사업 전략을 갖고 있는지, 앞으로 어떻게 사업을 성장시킬지에 대한 계획도 투자하기 전에 반드시 확인해야 한다. 특히 내가 해당 기업의 CEO라면 어떻게 성장시킬지 생각해보면서 능동적으로 현재 사업 현황과 미래 사업 계획을 평가해보는 것도 필요하다.

페이스북을 예로 들어보겠다. 페이스북은 2016년에 이미 미래 10년 성장 로드맵을 발표했다. 로드맵에 따라 미래 먹거리로 선정한 사업들에 대한 투자 및 개발에 박차를 가하고 있다. 그중 하나가 증가현실 및 가상현실 기기, 인공지능 기술 개발에 대한 공격적인 투자다. 기존의 웹사이트와 모바일 중심의 사업에서 벗어나 미래에 더 큰 수익을 창출해줄 수 있는 사업에 집중하고 있는 것을 알 수 있다.

우리는 기업들의 현재 상황과 미래 성장에 대한 계획을 각 기업의 연간 및 분기별 사업보고서 또는 기업이 분기 실적 발표 때마다 내놓는 프레젠테이션 자료들을 통해 확인할 수 있다. 연간 보고서는 '10-K'라고 쓰인 자료를 보면 되고 분기별 보고서는 '10-Q'라고 쓰인 자료를 보면 된다.

예를 들어, 테슬라의 홈페이지에 들어가서 IR(Investor Relationship) 자료가 있는 페이지를 보면 분기별로 '10-K'와 '10-Q' 보고서들이 잘 정리된 것을 확인할 수 있다.

[테슬라의 IR 페이지]

• 출처: ir.tesla.com

소규모 기업을 제외하고 시장의 관심을 받는 기업들 대부분은 투자자들을 위해 현재 사업 및 미래 전략에 대한 다양한 자료를 공식 홈페이지에 올려놓고 널리 알리려고 한다. 투자자들에게 좋은 인상을 주기를 원하는 기업이라면 반드시 미래 성장에 대한 청사진을 미리 준비해서 실행으로 옮기고 있어야 한다. 아무리 현재 매출과 순이익이 좋다고 해도 미래에 대한 계획이 없는 기업이라면 갑자기 사업 환경이 변하거나 경쟁사가 들어올 경우 순식간에 기존 사업이 타격을 받아 휘청일 수 있다. 따라서 기업은 늘 현재의 사업 전략을 점검하고 꾸준하게 경영 환경의 변화를 감지하면서 그에 맞춘 성장 전략으로 보완 및 발전시킨 다음, 전략적으로 추진해야만 한다.

특히 특정 기업의 주식을 매수해놓고는 막연하게 앞으로 잘되기를 기도하는 것보다 분기마다 발표하는 분기별 보고서를 꼼꼼히 살펴보고 해당 기업이 제공하는 서비스나 제품에 대한 미래 수요의 변화, 관련 시장의 규모 및 성장성, 생산량 증대를 위한 공장 및 설비 착공 현황 등을 확인해 기업이 내가 생각했던 대로 잘 성장하고 있는지 파악하고 있어야 한다. 현재 좋은 평가를 받는 기업이라도 생각지 못했던 내부 또는 외부적인 변화에 따라 사업이 더 빠르게 성장할 수도 있고 반대로 악화할 수도 있기 때문이다.

#애널리스트 리포트를 확인하라

일반적으로 증권사들은 자사의 서비스를 이용하는 회원들에게 무료로 파트너십을 맺은 투자은행이나 자체 리서치센터가 만든 다양한 애널리스트 리포트를 제공한다. 고객에 대한 일종의 서비스다.

필자는 미국의 이트레이드(us.etrade.com)를 이용하는데 이트레이드에 로그인하고 관심 있는 종목을 검색하면 다음과 같이 유명한 투자은행들의 애널리스트 리포트를 무료로 받아 볼 수 있다.

국내 증권사의 경우에도 대형 증권사라면 대부분 해외증권팀을 보유하고 있다. 그러므로 국내 투자자라면 이 팀에서 제공하는 해외주식 관련 리포트를 참고할 수 있을 것이다.

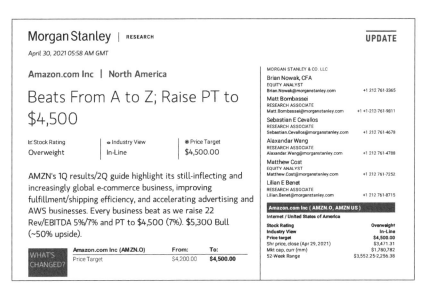

• 출처: us.etrade.com

증권사의 애널리스트 리포트 장점은 애널리스트들이 상세히 분석한 기업 가치, 즉 밸류에이션(Valuation) 정보와 증권사별로 생각하는 기업의 목표 주가를 확인할 수 있다는 것이다. 왜 그렇게 목표 주가를 산정했는지 이유도 확인이 가능하다.

모건스탠리, 골드만삭스, UBS 등 유명한 투자은행들의 리포트는 시중에서 무료로 구하기 어려우므로 가능하다면 이 은행들의 애널리스트들이 내놓는 리포트를 받아 볼 수 있는 미국 증권사를 이용하기를 권한다.

#기업 분석의 정보를 알고 싶다면, 시킹알파

필자는 시킹알파(www.seekingalpha.com)를 유료로 사용하고 있는데 제공해주는 다양한 정보를 보면 사실 유료로 내는 비용이 전혀 아깝지 않을 정도다.

시킹알파에서 관심 있는 종목을 검색하면 해당 기업에 대한 여러 애널리스트의 다양한 의견을 볼 수 있는데 이것이 큰 장점이라고 할 수 있다. 특히 관심 종목을 지정해놓으면 이메일로 매일 업데이트되는 기업 분석 관련 내용을 받아 볼 수 있어 정말 편리하다.

시킹알파가 제공하는 기업 분석의 내용은 투자은행의 애널리스트 리포트처럼 정해진 틀에 맞춰 밸류에이션과 목표 주가까지 제시하는 전통적인 형태의 정식적인 리포트라기보다 좀 더 가볍게 해당 기업의 가장 최신 정보들을 바탕으로 시장의 여러 의견을 접하게 해주는 분석 에세이 형태에 가깝다.

그렇다고 내용의 깊이가 얕다는 것은 결코 아니다. 해당 기업을 오랫동안 봐온 애널리스트들이 작성하는 기업 분석이라 값지고 유용한 정보가

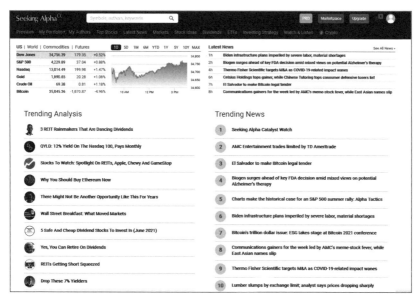

• 출처: seekingalpha.com

많다. 또한, 매수나 매도 등 다양한 의견까지 볼 수 있어 해당 기업에 대한 균형 잡힌 시각을 빠르게 얻는 데 매우 유용하다. 필자는 거의 매일 들어가서 최신 정보와 인사이트를 얻는 정말 좋은 사이트다.

#또 다른 기업 분석 제공 사이트, 모틀리풀

필자가 미국의 기업 분석과 관련해 좀 더 다양한 의견을 보고 싶을 때 시킹알파와 함께 자주 사용하는 사이트가 바로 모틀리풀(www.fool.com)이다.

모틀리풀도 수많은 애널리스트가 기업을 분석하고 매수 또는 매도 의견, 그리고 그 이유를 일목요연하게 정리해 설명하고 있다. 업무가 바빠서 되도록 정보를 빠르게 얻고 인사이트를 얻으려고 할 때 매우 유용하다. 게다가 무료다.

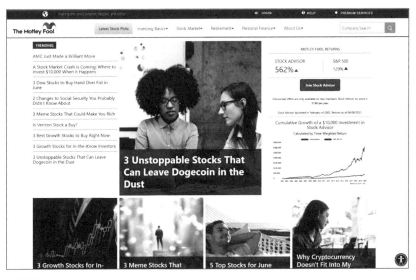

• 출처: fool.com

투자은행에서 발행하는 리포트 형식보다는 시킹알파처럼 핵심을 잘 정리해서 에세이에 가까운 형태로 제공하고 있어 읽기도 편하다.

에필로그

2020년에 발생한 코로나는 미국에서도 많은 것을 바꿔 놓았다. 특히 테크 기업들에 대한 관심이 매우 높아졌고 주식에 전혀 관심 없던 사람들까지도 주식에 대해 이야기하게 만들었다.

2021년 1월까지만 해도 테크 성장주들의 주가가 몇 개월 만에 2~3배 폭등하면서 큰돈을 벌었다는 이야기들이 주식 관련 커뮤니티에 많이 보였다. 그런데 최근에 조정장을 겪자 높은 가격에 매수했다가 손해를 보고 있는데 어떻게 해야 하냐는 하소연의 글이 점점 많아진 것 같다. 필자에게도 주식을 사야 하는지, 팔아야 하는지 물어보는 사람이 꽤 있다. 필자의 대답은 하나일 수밖에 없다. 미래에 크게 성장할 것 같은 좋은 기업을 찾아 해당 기업의 주가가 어떤 이벤트로 하락했을 때 장기 투자할 심산으로 분할매수를 한 다음, 인내심을 갖고 기다리는 수밖에 없다는 것이다.

이 세상에 아무리 대단한 사람이라도 어떤 주식이 언제 얼마나 오를지,

또는 내릴지 정확히 알 수 없다. 많은 공부와 경험, 그리고 뛰어난 감각 덕분에 시장을 잘 읽어 단타로 큰 수익을 올린 사람은 더러 있지만 그런 사람은 정말 소수일 뿐이다. 일반인이 단타로 돈을 벌려고 하다가는 오히려 큰 손해를 보는 경우가 더 많다. 시장을 정확하게 예측한다는 것 자체가 불가능한 일이기 때문이다.

미국에서 정말 큰 부자들을 보면 대부분 주식으로 돈을 벌었다. 이 책에 나오는 수많은 CEO처럼 창업해서 각고의 노력 끝에 상장시켜 수십조, 수백조 원의 기업 가치를 지닌 기업으로 성공시키거나 워런 버핏처럼 이러한 기업들을 찾아내 투자했다가 인내하면서 해당 기업의 성공과 함께 큰 재산을 일군 사람들이다.

본업이 있는 일반 투자자들이 주식 투자로 좋은 결과를 꾸준히 내기 위해서는 결국 좋은 기업을 찾아내 장기적으로 투자하는 수밖에 없다. 세계 제일의 투자가 워런 버핏 역시 투자하는 기업들의 한 달 후, 1년 후와 같은 단기적인 주가 흐름은 "전혀 예측할 수 없다"라고 이야기했다. 그 대신 미국의 경제가 장기적으로 우상향하며 계속 성장할 것이므로 좋은 기업을 사놓으면 장기적으로는 좋은 결과가 있을 것이라고 명확하게 이야기했다.

다시 말하면, 우리는 어떤 기업이 좋은 기업인지, 미래에 큰 성장을 할 수 있는 기업인지 스스로 공부를 통해 찾아봐야 하며 하루하루의 주가 변동에 일희일비하지 말아야 한다는 것이다. 또한, 장기적인 관점에서 주식을 매수해 해당 기업이 성장할 수 있도록 도와주고 이후에 같이 그 과실을 거두어들이는 '투자'의 개념으로 매매를 해야 한다는 것이다. 그러려면 우리는 해당 기업에 대해 알아야 할 뿐만 아니라 전체 산업의 구조가 어떻게 변화하고 있으며 세계 경제와 산업 성장의 트렌드도 어떻게 변화하고 있는지 거시적인 관점으로 시장을 볼 수 있어야 한다.

현재는 4차 산업혁명의 초입이며 전 세계 최고의 테크 기업들이 모여 있는 실리콘밸리는 앞으로도 더 크게 성장할 것이다. 따라서 지속적으로 실리콘밸리에서 무슨 일이 일어나고 있는지, 어떤 혁신적인 기술을 가진, 혹은 아이디어를 가진 기업들이 치고 올라오고 있는지 유심히 지켜봐야 한다.

미국에 있는 기업이라서 정보를 구하기 어렵다는 이야기도 이제는 더 이상 통하지 않는다. 필자가 책에서 소개한 대로 마음만 먹으면 얼마든지 해외 기업에 대한 정보를 얻을 수 있는 채널이 과거보다 정말 많이 생겼기 때문이다. 향후 성장할 기업을 찾으려면 스스로 기업에 대해 공부하고 창업자의 철학과 기업의 성장 과정을 여러 측면에서 보면서 다양하게 분석하고 정리할 줄 알아야 한다. 기업의 상황뿐만 아니라 창업자는 어떤 스타일이고 현재 CEO는 어떤 철학과 비전으로 기업을 이끌고 있는지, 그리고 미래를 위해 어떤 전략을 준비하고 있는지를 포함해서 말이다. 또한, 하나의 의견만을 듣지 말고 다양한 의견을 들으며 균형 잡힌 시각을 갖는 것도 중요하다.

기업에 대해, 그리고 창업자와 창업 스토리에 대해 공부하는 것은 투자뿐 아니라 스스로의 인생을 돌아보고 좀 더 성공적인 삶을 계획하는 데도 큰 도움이 된다. 독자 여러분은 이 책에 나와 있는 수많은 창업자와 CEO의 이야기를 읽으며 무슨 생각을 했는가? 필자는 성공하는 사람들의 원칙을 배울 수 있었다.

많은 사람이 하는 착각 중 하나가 성공한 창업자들은 처음부터 성공했다고 생각하는 것이다. 하지만 이 책에 나와 있듯 실제로 처음부터 큰 성공을 거둔 창업자는 많지 않다. 대부분 창업 초기에는 자신의 집 차고에 사무실을 차리는 등 영세하게 시작했다. 초기 수년 동안 큰 어려움을 겪고 부도 직전까지 간 경우도 수없이 많았다. 넷플릭스, 엔비디아, 스퀘어 등 지금 잘 나가는 기업들도 알고 보면 모두 부도 직전까지 가거나 힘들었던 때가 있었다. 그러나 창업자들은 엄청난 스트레스를 받으면서도 포기하지 않았고 그렇기 때문에 기회가 찾아왔을 때 성공의 발판으로 만들 수 있었다.

성공한 창업자들에게는 늘 좋은 조력자가 있었다는 점도 중요하다. 아무리 뛰어난 사람도 혼자서 모든 것을 다할 수 없다. 워크데이의 창업자 데이브 더필드는 예전 직장 동료인 아닐 부스리와 함께 창업했고 로쿠의 앤서니 우드는 넷플릭스의 CEO인 리드 헤이스팅스의 도움으로 사업을 일으킬 수 있었다. 페이팔의 창업자인 맥스 레브친이 스탠퍼드대학교에서 피터 틸을 만나지 못했다면 지금의 페이팔은 존재하지 않았을지 모른다. 스퀘어 역시 창업자 잭 도시의 친구인 짐 맥켈비의 아이디어로 사업이 시작됐다. 모두 보이지 않는 자리에서 묵묵히 리더를 서포트해줬던 수많은 조력자와 직원들이 있었기에 지금의 성공을 거둘 수 있었던 것이다.

미국은 여전히 이민자들이 아메리칸 드림을 꿈꿀 수 있는 최고의 장소다. 엔비디아의 젠슨 황, 줌의 에릭 유안, 스노우플레이크의 베누아 데이지빌 모두 이민자 출신이다. 특히 중국 시골에서 태어난 청년 에릭 유안은 어릴 적부터 자신감을 잃지 않고 꿈을 좇아 늘 도전하는 삶을 살았다. 미국 비자를 신청할 때에는 2년간 무려 8번이나 거절당했지만 포기하지 않았고 어떻게든 방법을 찾았기에 결국 비자를 받아 미국에 올 수 있었다. 그리고 실리콘밸리에서의 경험을 바탕으로 지금은 무려 100조 원이 넘는 기업 가치의 줌을 창업하게 된 것이다. 자신이 흙수저라고 환경 탓을 하는 것만큼 어리석은 사람도 없다. 끊임없이 도전하는 사람에게는 결국 운도, 기회도 주어진다는 것을 역사는 명확히 이야기해주고 있다.

기업에 대해 열심히 공부해서 좋은 기업을 찾았고 투자를 결정했다면 그때부터 기다리는 인내심이 필요하다. 아마 많은 사람이 애플, 마이크로소프트, 구글, 아마존, 테슬라와 같은 기업들의 주식을 수년 전에 매수했다면 좋았겠다고 생각할 것이다. 그런데 이 기업들 역시 모두 주가가 크게 하락한 적이 있었다. 애플은 2019년 말에 전고점에서 35% 이상 크게 폭락했다. 이때 애플 주식을 모두 처분했던 투자자도 있을 수 있다. 그 투자자는 지금 땅을 치고 후회하고 있을 것이다. 앞에서도 말했지만 그 당시 주가가 폭락하자 워런 버핏은 공개적으로 뉴스에 나와 애플 주식을 싸게 살 수 있어 너무 행복하다고 했다. 실제로 애플 주식을 추가로 더 매수했고 얼마 지나지 않아 애플 주가는 다시 상승하기 시작했다. 엄청난 수익을 얻은 것은 당연하다.

테슬라도 마찬가지다. 2년 전만 해도 테슬라는 곧 망한다는 기사가 수없이 나왔었다. 그러나 이후 주가는 10배 이상 폭등했고 사람들은 언제 그랬냐는 듯 다들 테슬라를 극찬한다.

워런 버핏의 명언 중에 '주식 시장은 인내심이 없는 사람으로부터 인내심 있는 사람에게 돈을 옮겨주는 장치다(The stock market is a device for transferring money from the impatient to the patient)'가 있다. 여기서 한 가지 중요한 점이 있다. 자신 스스로가 투자한 기업에 자신감이 없으면 불안해서 인내하기가 어렵다는 점이다. 그래서 기업에 대해 철저히 공부하는 것이 필요하다. 기업에 대해 잘 알고 있으면 시장이 흔들릴 때는 오히려 마음이 편하고 행복할 수 있다. 워런 버핏의 말처럼 좋은 주식을 싸게 살 수 있는 절호의 기회이기 때문이다.

남들이 주가가 많이 올라서 돈을 많이 벌었다고 해도 부러워할 필요가 없다. 시장은 인내하는 사람에게는 언제나 기회를 주기 때문이다. 주가는 절대로 계속 오르기만 하지 않는다. 크게 올라가다가도 이런저런 이유로 하락하는 때가 온다. 기업에 대해 미리 공부하고 좋은 주식 리스트를 만들어 놓은 다음, 매수 타이밍을 기다리고 있었던 사람들에게 주가 폭락은 오히려 기회가 된다.

주식 투자자라면 반드시 주가가 하락했을 때 추가로 더 사고 싶을 만큼 성장성이 좋다고 생각되는 기업에 투자해야 한다. 또한, 분산 투자를 통해 중소형 성장주와 대형 우량주 등 좋은 주식을 골고루 담아 놓는다면 좀 더 안정적으로 주식 포트폴리오를 운영할 수 있다.

좋은 기업을 찾아 장기적인 관점으로 분산 투자, 분할 매수를 한다면 기업과 같이 나의 자산도 동반성장을 하는 좋은 결과가 있을 것이다.